北京盾构机专业委员会
盾构工程技术
系列丛书

盾构工程技术问答

DUNGONG GONGCHENG JISHU WENDA

乐贵平◎主　编
王　良　关　龙◎副主编

人民交通出版社
China Communications Press

内 容 提 要

本书以问答的形式，从盾构工程技术的基本知识、盾构设备选型、盾构机的始发到达、盾构掘进、盾构施工管理、盾构管片预制拼装及盾构设备维护和保养等方面，对盾构工程技术进行了全面且系统的介绍。同时，本书还用一章的篇幅介绍了目前有关盾构工程管理、施工方面的国家和北京市制定的规范和标准。

本书可作为盾构工程技术培训教材，也可供盾构设计、施工、教学、科研等相关专业技术人员参考学习。

图书在版编目(CIP)数据

盾构工程技术问答/乐贵平主编. —北京：人民交通出版社，2013.11

ISBN 978-7-114-10964-5

Ⅰ.①盾… Ⅱ.①乐… Ⅲ.①隧道施工—盾构法—问题解答 Ⅳ.①U455.43-44

中国版本图书馆 CIP 数据核字(2013)第 257378 号

书　　名：盾构工程技术问答
著 作 者：乐贵平
责任编辑：刘彩云
出版发行：人民交通出版社
地　　址：(100011)北京市朝阳区安定门外外馆斜街 3 号
网　　址：http://www.ccpress.com.cn
销售电话：(010)59757973
总 经 销：人民交通出版社发行部
经　　销：各地新华书店
印　　刷：北京市密东印刷有限公司
开　　本：787 × 1092　1/16
印　　张：15.5
字　　数：336 千
版　　次：2013 年 11 月　第 1 版
印　　次：2013 年 11 月　第 1 次印刷
书　　号：ISBN 978-7-114-10964-5
定　　价：45.00 元

"盾构工程技术系列丛书"编委会

著作者简介

■ 乐贵平

教授级高工，毕业于清华大学土木工程系，现任北京市轨道交通建设管理有限责任公司副总经理、北京盾构机专业委员会副理事长。长期从事地下工程技术的研究、开发与施工工作，是北京市最早研究和使用现代盾构机技术的人员之一，获发明专利和实用新型专利多项，北京市科学技术进步二等奖 2 项、三等奖 2 项，发表论文 40 余篇，参与编制北京市地方标准《城市轨道交通工程质量验收标准　第 1 部分：土建工程》（DB11/T 311.1—2005）。

■ 王　良

教授级高工，现任北京城建集团有限责任公司轨道交通工程总承包部总经理、中国土木工程学会隧道及地下工程分会常务理事、北京盾构机专业委员会副理事长。主持完成北京地铁五号线盾构试验段工程，获国家建筑工程鲁班奖、北京市科学技术进步二等奖；主持完成北京地铁九号线盾构下穿玉渊潭工程，成功破解盾构穿越超大粒径漂石地层难题，多项技术获国家发明专利和实用新型专利。

■ 关　龙

高工，毕业于清华大学建筑工程系，历任北京市政四公司副总工程师、总工程师、副总经理、总经理，北京市政集团有限公司原总工程师，兼任北京盾构机专业委员会副理事长。因在城市基础设施建设领域有突出贡献，被国务院授予"特殊贡献专家奖"；主持的 ϕ2150 加泥式土压平衡顶管机技术，成功解决了北京地区砂石层顶管不需降水、微沉降、长距离顶进等技术难题，其成果填补了北京市机械化顶管的空白，获北京市科学技术进步三等奖。

本书编写人员

主　　编:乐贵平　北京市轨道交通建设管理有限责任公司副总经理,教授级高工

副 主 编:王　良　北京城建集团轨道交通总承包部总经理,教授级高工

关　龙　北京市政集团有限公司原总工程师,高工

参编人员:(按姓氏笔划排序)

马云新　北京建工土木工程有限公司项目副经理,高工

方依文　北京市市政第四建设工程有限公司总经理助理,高工

王锡军　北京建工土木工程有限公司项目经理,高工

朱宏军　北方工业大学原工学院书记、副院长,教授

阮　霞　北京盾构机专业委员会秘书长

何　云　北京市市政第四建设工程有限公司工程部部长

李乾斌　北京城建集团轨道交通总承包部项目经理,教授级高工

李天宇　中国人民解放军宣化炮兵指挥学院工程师

孟文霞　北京盾构机专业委员会秘书处秘书

恽　军　北京城建集团轨道交通总承包部总工程师,高工

桂轶雄　北京城建集团轨道交通总承包部盾构中心副经理,高工

蔡亚宁　北京城建建材工业有限公司总工程师,教授级高工

序

我国城市轨道交通正处于快速发展的时期，目前全国有三十多个城市正在进行城市轨道交通的规划、设计和建设工作，线路建设总里程达两千多公里。而在轨道交通建设过程中，盾构法以其安全、高效、对环境影响小等优点得到了广泛使用。

北京是国内最早修建地铁的城市，经过近50年的建设，目前北京市轨道交通运营里程已达456公里。由于北京地面文物建筑众多，建筑物密集，地下管网纵横交错，给明挖法、暗挖法施工都带来一定困难。2000年，盾构机首次应用于北京地铁五号线建设中，并在以后的地铁工程和南水北调工程建设中得以大规模推广使用。

北京的工程地质条件和水文地质条件复杂，尤其是非常软弱的黏土层、含水粉细砂层、砂卵石地层、卵石含量85%以上的卵石层、粒径1m以上的大粒径漂石地层、岩石地层等都在盾构施工中遇到了。在北京盾构施工过程中，工程技术人员通过不断实践、总结提高，摸索出了一套北京地区的盾构施工经验。

本书主编乐贵平先生、副主编王良先生和关龙先生及其他参编人员都是长期工作在盾构工程一线的专家、学者和工程技术人员。他们把实践中积累、总结的有关盾构工程技术方面的经验编辑出版，是对北京盾构工程技术发展的巨大贡献，有特别重要的意义，也将对其他城市盾构工程有很大的参考价值。

本书作为“盾构工程技术系列丛书”的第一册，以问答的形式介绍了盾构设备选型、设备维护保养、施工过程中的关键技术以及安全管理等方面的内容，并通过两个具体的工程案例，从不同角度介绍了实际工作中遇到问题时的处理方法，内容全面，实用性强，对盾构工程技术人员及研究人员有很大的参考和借鉴价值。

我愿意将这本书推荐给大家，特别是从事盾构工程的技术人员和大专院校的广大师生，相信都会有不同程度的收获。同时还期望“盾构工程技术系列丛书”的下一册尽快出版，为我国的盾构工程技术发展做出更多的贡献。

中国工程院院士 施仲衡

2013年9月

前 言

公元1825年，英国首次使用盾构法修建了横穿伦敦泰晤士河底的隧道。而因盾构法施工具有自动化程度高，掘进速度快，不受气候影响，开挖时可控制地面沉降、减少对地面建筑物的影响，施工安全性相对较高等一系列优点，180多年来，盾构法施工越来越多地被世界各国建筑工程界所关注，并在隧道工程、管道工程中得到越来越大规模的应用。

我国自20世纪50年代开始在隧道工程和管道工程中应用盾构法施工。改革开放后，随着我国经济的高速发展，公路、铁路建设尤其是城市轨道交通建设也随之快速发展，盾构法施工得到了越来越广泛的应用。以北京地铁建设为例，北京地铁从改革开放前运行里程40多公里增加到现在的423多公里，按照北京市规划，到2015年，北京地铁运行总里程将达到622公里。这些地铁建设中的隧道掘进工程，90%都是用盾构法施工。据不完全统计，目前北京用于盾构法施工的盾构机已经超过100台。

虽然盾构法在隧道工程和管道工程施工中具有其他施工方法所不能比拟的优点，但由于盾构法施工是集开挖切削岩土体、输送土和石渣、拼装隧道衬砌、测量导向于一体，同时涉及地质、土木、机械、液压、电气、控制、测量等多门学科的一种复杂施工技术，对施工管理和施工操作的要求很高。加之隧道掘进中地质情况和施工环境的复杂多变性，如若施工管理人员和操作人员对施工技术没有全面、系统的掌握或仅仅从理论上了解而无施工实践经验的积累，就有可能在遇到一些问题时不能进行及时、有效的处理，从而造成不同程度的工程事故，这在我国各地盾构施工中屡见不鲜。

本书由北京盾构机专业委员会组织编写。北京盾构机专业委员会（简称“专委会”）是以北京市与盾构有关的管理、设计、施工、盾构设备维修保养等企事业单位和高校、科研院所为主要会员单位的专业性协会组织。其主要任务是为城市轨道交通建设、市政工程建设有关单位的管理及工程技术人员搭建了一个学术及技术研讨、信息交流、人才培训和技术服务的平台。自2012年开始，专委会常务理事会就酝酿要充分发挥成员单位人才集中的优势，编著一套有关盾构工程技术的系列丛书。为此，专委会从会员单位中遴选了多年从事盾构工程管理、施工、设计及研究的专家和学者组成了“盾构工程技术系列丛书”编委会。经编委会研究，认为目前在盾构工程行业中，最为迫切的问题是如何让盾构施工管理及施工操作人员比较全面、系统地了解和掌握盾构施工技术，而且不仅是理论上的了解和掌握，更需要在施工过程中遇到一些问题时能够及时进行处理。由此，编委会决定“盾构工程技术系列丛书”的第一册为本书——《盾构工程技术问答》。

本书是根据盾构工程施工的基本流程，从盾构设备选型、进场始发与到达，盾构掘进管理，混凝土管片制作与拼装，到盾构设备的维护和保养，以问答的形式作了全面系统的阐述，其中很多问题是编著者多年在盾构工程一线的工作经验、教训，对广大盾构工程管理和施工人员应该具有很大的借鉴和参考价值。为了让读者全面了解目前盾构法施工管理方面的有关规定和制度，第八章专门介绍了北京轨道交通建设及其他有关部门制定的盾构法施工过程中一系列规范和规定，同时在第九章还特别介绍了北京地铁盾构施工中两个实际案例，以使读者可以结合实际案例对本书有关内容作进一步的理解。

本书由北京市轨道交通建设管理有限责任公司副总经理、教授级高工乐贵平担任主编，北京城建集团有限责任公司轨道交通工程总承包部总经理、教授级高工王良和北京市政建设集团有限责任公司原总工程师、高级工程师关龙担任副主编。具体分工如下：第一章由王良总经理编写；第二章由北京市市政第四建设工程有限公司总经理助理方依文高工和工程部部长何云共同编写；第三章由北京建工土木工程有限公司项目经理王锡军高工和项目副经理马云新高工共同编写；第四、第五章由北京城建集团有限责任公司轨道交通总承包部盾构中心副经理桂轶雄高工编写；第六章由北京城建集团有限责任公司工程总承包部副总工程师、教授级高工蔡亚宁编写；第七章由北京城建集团有限责任公司轨道交通工程总承包部盾构中心总工程师恽军高工编写；第八章由关龙总工编写；第九章中的“案例一”由马云新高工编写，“案例二”由北京城建集团有限责任公司轨道交通工程总承包部项目经理、教授级高工李乾斌编写；中国人民解放军宣化炮兵指挥学院李天宇工程师参加了一些章节的编写和校对工作。全书由北方工业大学朱宏军教授负责统稿，专委会秘书长阮霞女士在本书编写及出版的组织方面做了大量工作。

本书编写过程中，得到了编写人员单位有关领导的大力支持，同时也得到了专委会其他专家的帮助，专委会秘书处孟文霞女士在文稿传递、编委会会议记录及整理方面付出了很多辛劳，在此一并表示衷心感谢！

还要特别感谢施仲衡院士在百忙中为本书作序。

由于编写人员都是施工管理一线的领导和专家，日常工作十分繁忙，因此在编写过程中难免会出现一些疏漏和错讹，诚望同行专家不吝指正和赐教。

作者谨识

2013 年 9 月

目 录

第一章　盾构机选型 …… 1
第一节　盾构机适用性 …… 1
1. 盾构机主要分为哪些类型? …… 1
2. 什么叫土压平衡盾构机,什么叫泥水盾构机,各自有哪些特点? …… 3
3. 土压平衡盾构机适用何种地层? …… 4
4. 泥水盾构机适用何种地层? …… 4
第二节　盾构机刀盘适用性 …… 4
5. 盾构机刀盘有哪些类型? …… 4
6. 面板式刀盘与辐条式刀盘的特点是什么? …… 6
7. 如何增加刀盘的耐磨性能? …… 7
第三节　刀具适用性 …… 7
8. 盾构机刀具有哪些类型? …… 7
9. 刀具配置应注意哪些问题? …… 10
10. 盾构机不同刀具的损坏形式有哪几种? …… 11
11. 刀具磨损检测报警的方式有哪些? …… 13
第四节　盾构机铰接 …… 13
12. 盾构机为何要设铰接装置? …… 13
13. 盾构机铰接有哪些类型? …… 13
14. 主动铰接与被动铰接的优缺点是什么? …… 14
第五节　盾构壁后注浆适用性 …… 15
15. 盾构同步注浆的作用是什么? …… 15
16. 盾尾注浆分哪些类型,各自优缺点是什么? …… 16
17. 盾构同步注浆参数如何确定? …… 16
第六节　渣土改良系统 …… 17
18. 渣土改良系统的作用是什么? …… 17
19. 渣土改良材料主要有哪些? …… 18
第七节　盾构螺旋输送机 …… 19

20. 盾构螺旋输送机的作用有哪些？ …… 19
21. 盾构螺旋输送机有哪些防喷涌设计？ …… 19
22. 盾构螺旋输送机有哪些类型？ …… 20
23. 盾构螺旋输送机的相关参数如何确定？ …… 20
第二章　盾构掘进管理 …… 21
第一节　盾构掘进组织管理 …… 21
1. 一般盾构施工组织中包含哪些主要管理岗位,各岗位的职责是什么？ …… 21
2. 常规的盾构施工班组人员应怎样配备？ …… 21
3. 盾构掘进质量管理体系如何建立？ …… 22
4. 盾构施工中职工健康、安全管理有哪些基本职责？ …… 22
第二节　盾构掘进系统及通信系统 …… 23
5. 盾构掘进管理系统如何构成？ …… 23
6. 常规盾构通信系统如何布设？ …… 23
7. 如何进行盾构掘进参数设定？ …… 24
第三节　土压(泥压)管理 …… 25
8. 如何计算目标控制土压？ …… 25
9. 土压力异常时的掘进注意事项有哪些？ …… 25
10. 不同土层中土压力的控制区间有何不同？ …… 25
11. 出土量过多会造成什么后果？出土量显示过少,土压力正常,会造成什么后果,其原因是什么？ …… 26
12. 面板式刀盘和辐条式刀盘土压力有什么区别？ …… 26
13. 砂卵石地层中怎样有效进行土体改良？ …… 26
第四节　测量、监控管理及线形调整 …… 26
14. 目前主流的测量系统有哪几种？ …… 26
15. 盾构施工测量的工作内容有哪些？ …… 26
16. 如何进行始发测量？ …… 27
17. 怎样合理安排盾构正常掘进中的测量工作？ …… 27
18. 如何进行管片测量？ …… 27
19. 如何进行贯通测量？ …… 27
20. 怎样合理布设地面沉降监测点？ …… 27
21. 盾构穿越段影响范围内的建筑物监测点如何布设？ …… 28
22. 测量与质量、安全有什么关系？ …… 28
23. 监控量测的主要目的是什么？ …… 28
24. 监控量测项目设置的原则是什么？ …… 29
25. 盾构法施工监控量测的项目有哪些？ …… 29
26. 地铁盾构法施工监控量测值控制标准是什么？ …… 30
27. 监测数据应怎样处理？ …… 30
28. 怎样进行监控量测的信息处理与反馈？ …… 30

29. 怎样组织信息化的施工？ …… 31
30. 信息化施工的一般流程是什么？ …… 31
31. 信息反馈包括哪些流程？ …… 32
32. 盾构始发时姿态如何控制？ …… 32
33. 如何控制盾构掘进轴线偏差？ …… 33
34. 如何进行盾构到达段轴线偏离设计？ …… 33
第五节　同步注浆管理 …… 34
35. 水泥砂浆在盾构施工中的作用是什么？ …… 34
36. 水泥砂浆的分类有哪些,各适用哪些地层？ …… 34
37. 对壁后注浆的浆液有哪些要求？ …… 34
38. 如何正确设定注浆压力及注浆量？ …… 35
39. 二次补注浆有何意义？ …… 35
40. 如何处理单液注浆浆管堵塞？ …… 35
41. 如何处理双液注浆浆管堵塞？ …… 36
第六节　管片拼装管理 …… 36
42. 为什么管片拼装中和成型后会产生错台,如何控制？ …… 36
43. 负环管片安装有哪些注意事项？ …… 37
44. 负环管片位置如何确定？ …… 38
45. 管片拼装有哪些注意事项？ …… 38
46. 怎样判断计算出的楔形量的对错？ …… 38
47. 上楔形 43,左楔形 18,如何调整楔形量？ …… 39
48. 间隙量怎样保证？理论推算出来的管片排版在施工过程中如何顺利实施,应注意哪些环节？推进 191 环时,C 块在 2 号镐位,指出在 195、196 环用左右转弯环调整楔形量,怎样保证调整措施的顺利实施？ …… 39
49. 如果水平曲线半径 500m,在不考虑垂直方向楔形量的前提下,如何给出一组调整楔形量的管片排版(标准:楔形)？ …… 39
50. 油缸行程差与盾尾间隙的关系是怎样的？ …… 39
51. 拼装点位与盾尾间隙的关系是怎样的？ …… 40
52. 盾构机盾尾间隙变化有哪几种情况？ …… 40
53. 管片衬砌环有哪几种组合形式？ …… 41
54. 相对传统管片形式,通用楔形管片有什么特点？ …… 42
55. 管片端面不平整对拼装有何影响,造成的原因有哪些,如何预防？ …… 42
56. 管片拼装纵缝质量好坏对工程质量有何影响,造成拼缝质量问题的原因有哪些,如何预防？ …… 42
57. 管片拼装环缝质量不符合要求的原因有哪些,如何预防？ …… 43
58. 错缝拼装管片碎裂的原因有哪些,如何预防？ …… 44
59. 拼装成环后发生整环旋转的原因是什么,如何预防？ …… 44
60. 管片椭圆度过大的原因是什么,如何预防？ …… 45
61. 管片接缝产生渗漏的原因有哪些,如何预防？ …… 45

第七节　运输系统管理 …… 46
62. 盾构工序的主线路是什么? …… 46
63. 运输系统管理要达到什么目的? …… 46
64. 垂直运输系统都包含哪些设备,主要工作有哪些? …… 46
65. 垂直运输系统管理要达到什么目的,有哪些保证措施? …… 46
66. 水平运输系统都包含哪些设备,主要工作有哪些? …… 46
67. 水平运输系统管理要达到什么目的,有哪些保证措施? …… 46
第八节　盾构施工时地面沉降控制 …… 47
68. 盾构施工时地面沉降产生的原因有哪些? …… 47
69. 盾构施工时地面发生沉降(或隆起)的类型有哪些? …… 47
70. 如何防止由注浆效果不佳引起的地表沉降? …… 48
第九节　刀具磨损与更换 …… 48
71. 在辐条式刀盘中,刀具如何分类? …… 48
72. 如何合理进行刀具布置? …… 49
73. 如何测算刀具合金的磨损量? …… 50
74. 常压开仓的操作步骤及注意事项有哪些? …… 50
第十节　穿越建(构)筑物施工管理 …… 51
75. 一般性穿越建(构)筑物的保护方法有哪些? …… 51
76. 穿越建(构)筑物施工注意事项有哪些? …… 51
77. 如何进行风险源分析? …… 52
78. 如何进行风险分级上报及处置? …… 52
第十一节　工程资料管理 …… 54
79. 拼装记录应保留哪些必需数据,各数据的意义是什么? …… 54
80. 掘进资料管理的意义是什么? …… 54
81. 设备维保资料管理的目的是什么? …… 54
82. 材料进场试验管理的目的是什么? …… 54
83. 技术及安全交底资料管理的目的是什么? …… 54
第三章　盾构机始发与到达 …… 55
第一节　盾构机始发及对始发井的要求 …… 55
1. 什么叫盾构机分体始发? …… 55
2. 什么叫盾构机整体始发? …… 55
3. 盾构机分体始发对始发井的结构尺寸有何要求? …… 55
4. 盾构机整体始发对始发井的结构尺寸有何要求? …… 56
5. 始发井结构应满足盾构机下井吊装的哪些要求? …… 56
第二节　盾构机始发条件及其验收 …… 56
6. 为何盾构机始发前需要进行条件验收? …… 56
7. 盾构机始发条件验收应包括哪几方面内容? …… 56
8. 如何进行盾构机始发前条件验收? …… 57

第三节　盾构机始发管理 …… 58
9. 盾构机始发的一般流程是怎样的？ …… 58
10. 盾构机始发时如何定位？ …… 58
11. 盾构机始发段处于水平曲线线路上时，水平偏差超标的原因是什么，如何避免？ …… 59
12. 设置初始掘进段的目的是什么？ …… 60
13. 始发掘进的要点是什么？ …… 61
14. 始发洞门凿除作业应注意哪些要点？ …… 61
15. 为什么在盾构机始发前需安装洞门临时密封装置，安装要求是什么？ …… 62
16. 盾构机分体始发时还应特别注意哪些问题？ …… 62
17. 盾构机始发时易出现哪些问题？ …… 63
18. 怎样处理盾构机始发时发生的问题？ …… 63
19. 盾构机在含水地层始发时易发生哪些问题和事故？ …… 64
20. 盾构机在含水地层始发时应采取哪些措施来预防和避免一些事故发生？ …… 64
第四节　盾构机接收条件及其验收 …… 65
21. 盾构机接收和吊出作业对接收井的结构尺寸有何要求？ …… 65
22. 盾构机接收前为何需先进行条件验收？ …… 65
23. 盾构机接收条件验收应包括哪几方面内容，如何进行盾构机接收前验收？ …… 65
第五节　盾构机接收管理 …… 66
24. 盾构机接收的一般流程是怎样的？ …… 66
25. 盾构机接收时为何要划分出接收掘进段？ …… 66
26. 盾构机接收掘进的要点是什么？ …… 66
27. 为何盾构机接收前需要进行联系测量？ …… 67
28. 怎样实施盾构机接收前的联系测量？ …… 67
29. 接收洞门的凿除应注意哪些事项？ …… 67
30. 接收洞门密封装置应该如何安装？ …… 67
31. 盾构机接收施工的要点有哪些？ …… 68
32. 盾构机在曲线段接收时应注意哪些问题？ …… 69
33. 盾构机接收时易发生哪些事故，事故的原因有哪些，怎样预防？ …… 70
34. 在自稳性差的地层接收盾构机时，还应关注哪些重大的风险？ …… 71
35. 含水地层接收盾构机发生事故的原因是什么？ …… 72
36. 如何预防和应对在含水地层接收盾构机所发生的事故？ …… 72
第六节　联络通道施工 …… 72
37. 北京地区联络通道土体加固的常用方法有哪些？ …… 72
38. 联络通道明挖法施工和暗挖法施工各有哪些特点？ …… 73
39. 联络通道开洞门前，在洞门位置的盾构隧道内搭建的内支撑有哪些结构形式？ …… 73
40. 联络通道位置的盾构隧道内支撑搭建时应注意哪些问题？ …… 73
第七节　盾构机组装、过站、过风道、调头及解体 …… 74
41. 盾构机组装调试的一般流程是什么？ …… 74

42. 盾构机调试一般分为几个阶段？ …… 74
43. 怎样进行盾构机调试？ …… 74
44. 盾构机整体过站的常用方法有哪些？ …… 76
45. 盾构机过站施工要注意哪些事项？ …… 76
46. 盾构机过站施工时，车站结构需要满足哪些要求？ …… 77
47. 盾构机过风井施工要注意哪些事项？ …… 77
48. 盾构机平移和调头一般采用哪些方式？ …… 78
49. 盾构机解体吊出的一般流程是什么？ …… 78
50. 盾构机解体时应注意哪些事项？ …… 79
第四章　盾构机维护保养及安全施工 …… 80
第一节　盾构机维护保养概述 …… 80
1. 盾构机维护保养的意义是什么？ …… 80
2. 盾构机维护保养的主要内容是什么？ …… 80
3. 盾构机维护保养的原则是什么？ …… 80
4. 盾构机维护保养人员应具备哪些基本条件？ …… 81
5. 如何做好盾构机的维护保养工作？ …… 81
6. 盾构机的维护保养方法有哪些？ …… 81
7. 土压平衡盾构机主要由哪些系统组成，各系统的主要作用是什么？ …… 81
8. 盾构机维护保养工作有哪些安全规定？ …… 83
9. 盾构机维护保养工作有哪些环境保护规定？ …… 83
第二节　盾构机维护保养计划制订与实施 …… 84
10. 如何制订盾构机维护保养计划？ …… 84
11. 盾构机维护保养的工作流程是什么？ …… 84
12. 盾构机维护保养的作业人员应如何配备？ …… 84
13. 盾构机维护保养计划包括哪些内容？ …… 85
14. 盾构机日常保养与维修的具体内容是什么？ …… 85
15. 盾构机周保养与维修的主要内容是什么？ …… 85
16. 盾构机月保养与维修的主要内容是什么？ …… 86
17. 盾构机季保养与维修的主要内容是什么？ …… 86
18. 盾构机半年保养与维修的主要内容是什么？ …… 87
19. 盾构机年保养与维修的主要内容是什么？ …… 87
第三节　盾构机各组成系统维护保养技术知识 …… 87
20. 盾构机刀盘检查的要点是什么？ …… 87
21. 盾构机刀具检查的要点是什么？ …… 88
22. 滚刀的主要失效形式有哪些？ …… 88
23. 刮刀的主要失效形式有哪些？ …… 88
24. 刀具与刀盘的主要连接形式有哪些，拆装刀具应注意什么？ …… 89
25. 盾构机常压开仓应注意哪些技术要点？ …… 89

26. 盾构机加压开仓应注意哪些技术要点？ …… 91
27. 通过人闸系统进行加压换刀作业的流程是什么？ …… 92
28. 盾构机中心旋转接头检查的要点是什么？ …… 93
29. 盾构机主驱动系统包含哪几部分？ …… 93
30. 主驱动轴承的检查与保养事项有哪些？ …… 93
31. 如何有效延长主驱动密封的使用寿命？ …… 94
32. 主驱动变速箱保养的要点是什么？ …… 95
33. 主驱动变频电机或液压马达保养的要点是什么？ …… 95
34. 人闸维护保养的要点是什么？ …… 95
35. 推进及铰接液压油缸维护保养的要点是什么？ …… 96
36. 盾构始发前如何做好盾尾密封刷手涂油脂工作？ …… 96
37. 盾构掘进过程中如何正确加注盾尾密封油脂？ …… 97
38. 盾构机如何实现洞内更换盾尾密封刷？ …… 97
39. 盾尾密封油脂泵维护保养的要点是什么？ …… 98
40. 管片吊机维护保养的要点是什么？ …… 98
41. 管片拼装机维护保养的要点是什么？ …… 99
42. 渣土改良及排渣系统主要包括哪些装置？ …… 99
43. 泡沫系统维护保养的要点是什么？ …… 99
44. 膨润土泥浆注入系统维护保养的要点是什么？ …… 100
45. 螺旋输送机维护保养的要点是什么？ …… 100
46. 皮带输送机维护保养的要点是什么？ …… 100
47. 皮带机跑偏如何进行调整？ …… 101
48. 同步注浆系统维护保养的要点是什么？ …… 101
49. 盾构同步注浆易出现哪些问题，有哪些预防措施和解决方法？ …… 102
50. 如何正确使用液压油、齿轮油？ …… 102
51. 如何正确更换液压油过滤器滤芯？ …… 103
52. 如何正确更换回流过滤器滤芯？ …… 103
53. 如何正确更换分流过滤器滤芯？ …… 104
54. 如何正确更换压力过滤器滤芯？ …… 105
55. 什么叫开式回路和闭式回路液压传动系统，各有什么优缺点？ …… 105
56. 盾构机液压动力系统检查及维护保养的要点是什么？ …… 105
57. 盾构机电气控制系统主要包括哪些部分？ …… 106
58. 盾构机高压电缆检查维护的要点是什么？ …… 106
59. 盾构机电缆卷筒检查维护的要点是什么？ …… 106
60. 盾构机主变压器维护保养的要点是什么？ …… 106
61. 盾构机高低压配电柜维护保养的要点是什么？ …… 107
62. 盾构机控制系统软硬件维护保养的要点是什么？ …… 107
63. 盾构机各类传感器使用及维护的要点是什么？ …… 108

64. 测量导向系统维护保养的要点是什么? …… 108
65. 车架结构维护保养的要点是什么? …… 109
66. 水冷却系统维护保养的要点是什么? …… 109
67. 通风系统维护保养的要点是什么? …… 109
68. 盾构机运转过程中有哪些常见故障,如何排除? …… 109
第四节　盾构施工安全技术管理 …… 112
69. 北京市有关地铁盾构施工专项安全管理的规范及规定有哪些? …… 112
70. 盾构施工安全技术要点包含哪些方面内容? …… 112
71. 盾构机始发与接收安全技术措施有哪些? …… 113
72. 盾构掘进与同步注浆安全技术措施有哪些? …… 114
73. 盾构管片拼装作业安全技术措施有哪些? …… 114
74. 盾构施工垂直起升龙门吊安全操作规程是什么? …… 115
75. 盾构施工水平运输电机车安全操作规程是什么? …… 116
76. 盾构施工用电安全技术措施有哪些? …… 117
第五章　盾构机附属设备 …… 118
第一节　盾构施工附属设备及设施概述 …… 118
1. 土压平衡盾构机施工一般应配备哪些附属设备,其用途是什么? …… 118
2. 土压平衡盾构机施工附属设施有哪些? …… 118
3. 盾构机配套设备选用原则是什么? …… 118
第二节　盾构隧道施工水平运输设备 …… 121
4. 盾构施工水平运输机车编组的一般技术要求是什么? …… 121
5. 40t 变频电机车有哪些技术参数? …… 121
6. 如何正确使用电机车铅酸蓄电池? …… 122
7. 17m^3 渣土运输车有哪些技术参数? …… 123
8. 6m^3 砂浆运输车有哪些技术参数? …… 124
9. 管片运输车有哪些技术参数? …… 125
第三节　盾构隧道施工垂直运输设备 …… 125
10. 盾构施工中垂直运输设备一般技术要求是什么? …… 125
11. 盾构施工中龙门吊与通用龙门吊的区别是什么? …… 125
12. 盾构施工专用吊索具有哪些,如何正确使用? …… 126
13. 45t/15t 双主梁门式起重机(跨度 20m)有哪些技术参数? …… 126
第四节　盾构施工水、电、气、浆液供应设备 …… 127
14. 盾构施工循环水的用途和要求是什么? …… 127
15. 如何配置盾构工程施工用电? …… 127
16. 盾构用 10kV 高压输电电缆技术要求是什么? 高压电缆接头有哪些形式? …… 128
17. 盾构隧道正常施工所需空气质量标准是什么? …… 128
18. 盾构施工通风有什么规定,通风机械的性能参数是什么? …… 128
19. 盾构隧道施工有害气体如何监测,可采取哪些预防措施? …… 129

20. 盾构用砂浆搅拌站的主要技术性能参数是什么？ …… 129
21. 盾构施工同步注浆单液浆如何拌制和输送？ …… 130
第五节 盾构施工辅助设施 …… 130
22. 盾构始发和接收施工时基座一般如何设置？ …… 130
23. 盾构半环始发时反力架应如何设置？ …… 131
24. 盾构施工始发与接收时洞口密封如何设置？ …… 131
25. 盾构施工一般选用何种形式的道岔？ …… 131
第六章 预制钢筋混凝土盾构管片 …… 132
第一节 钢筋混凝土盾构管片预制基础知识 …… 132
1. 钢筋混凝土管片与管环的内涵是什么？ …… 132
2. 管片如何分类？ …… 132
3. 何为钢纤维混凝土？改善钢纤维混凝土性能的方法有哪些？钢纤维混凝土管片的优缺点是什么？ …… 132
4. 管环如何分类？ …… 133
5. 通用管环的优点有哪些？ …… 133
6. 北京盾构施工中使用过的钢筋混凝土管片有哪几种？ …… 134
7. 北京的钢筋混凝土管片生产厂家需要具备哪些条件？ …… 134
8. 钢筋混凝土管片生产厂的场地规划与布置需要考虑哪些因素？ …… 134
9. 钢筋混凝土管片生产工艺有哪些，各有什么优缺点？ …… 135
10. 钢筋混凝土管片厂家需要几个车间，车间布置需要考虑哪些因素？ …… 135
11. 生产钢筋混凝土管片的主要配套设施和设备有哪些？ …… 136
12. 钢筋混凝土管片模具的作用是什么，基本结构是什么，如何分类？ …… 136
13. 钢筋混凝土管片模具选择应注意哪些问题？ …… 137
14. 自动化流水生产线有什么优缺点，其设计产能与生产实际效能的关系是什么？ …… 137
15. 钢筋加工主要包括哪些工艺？ …… 138
16. 加工钢筋混凝土管片的钢筋加工工艺有哪些，每种工艺的具体工作内容是什么？ …… 138
17. 北京地铁工程用钢筋混凝土管片与其他工程用钢筋混凝土管片在技术要求方面有什么区别？ …… 139
第二节 钢筋混凝土管片预制 …… 139
18. 钢筋混凝土管片预制前需要做哪些准备工作？ …… 139
19. 钢筋混凝土管片如何预制？ …… 140
20. 新购模具如何验收？ …… 140
21. 模具使用过程中应注意哪些方面？ …… 141
22. 钢筋混凝土管片生产过程中，模具检验的内容有哪些？ …… 141
23. 模具长期不使用时，应如何存放？ …… 142
24. 如何优选钢筋？ …… 142
25. 钢筋加工的主要质量控制点有哪些？ …… 142
26. 骨架采用点焊时，应注意哪些问题？怎样才能确保钢筋加工的质量？ …… 142

27. 钢筋骨架入模应具备什么条件？ …… 143
28. 钢筋分项验收有哪些内容？ …… 143
29. 钢筋隐蔽工程检验包含哪些内容？ …… 143
30. 钢筋混凝土管片选用混凝土原材料的注意事项有哪些？ …… 143
31. 钢筋混凝土管片在混凝土配合比设计中应考虑哪些因素？ …… 143
32. 如何提高钢筋混凝土管片中的混凝土耐久性？ …… 143
33. 钢筋混凝土管片混凝土搅拌、浇筑和运输时，应做好哪些工作？ …… 144
34. 钢筋混凝土管片混凝土试件应如何留置？ …… 144
35. 同条件养护试件的作用是什么？ …… 145
36. 怎样进行混凝土收面工作？ …… 145
37. 钢筋混凝土管片混凝土如何养护？早期养护应怎样进行？ …… 145
38. 钢筋混凝土管片脱模时应具备什么条件？ …… 146
39. 钢筋混凝土管片后期养护一般怎样进行？ …… 146
40. 钢筋混凝土管片如何存放？ …… 146
41. 冬期预制管片应注意哪些问题？ …… 146
42. 钢筋混凝土管片成品的检验项目有哪些？ …… 147
43. 钢筋混凝土管片水平拼装检验的意义是什么？ …… 147
44. 钢筋混凝土管片常见的表观质量缺陷有哪些，如何处理？ …… 147
45. 与钢筋混凝土管片混凝土相比，生产钢纤维管片混凝土应注意哪些事项？ …… 148
46. 钢筋混凝土管片生产过程中应留有哪些技术资料？ …… 149
第三节　钢筋混凝土管片使用 …… 150
47. 橡胶止水条和缓冲垫的材质分别是什么？ …… 150
48. 粘贴橡胶止水条和缓冲垫需要注意哪些事项？ …… 150
49. 钢筋混凝土管片出厂应具备什么条件？ …… 150
50. 钢筋混凝土管片使用过程中应注意哪些事项？ …… 150
第七章　北京盾构工程概况 …… 152
第一节　北京盾构工程发展历程 …… 152
1. 北京盾构工程经历了怎样的发展历史？ …… 152
2. 北京第一个采用盾构法施工的地铁隧道工程是哪一个？ …… 153
3. 北京第一台地铁盾构机的主要配置情况是怎样的？ …… 154
4. 北京第一个采用盾构法施工的排水工程及盾构机配置情况是怎样的？ …… 157
5. 目前北京最大的土压平衡盾构机是哪一个？ …… 159
6. 目前北京泥水盾构施工技术应用的情况是怎样的？ …… 160
7. 北京使用过敞开式盾构机吗？ …… 161
第二节　北京工程地质、水文地质介绍 …… 164
8. 北京地区工程地质情况是怎样的？ …… 164
9. 北京地区水文地质情况是怎样的？ …… 167
10. 北京区域地质条件的特点有哪些？ …… 168

第三节　北京盾构工程施工材料使用情况 …… 170
11. 目前北京主要使用的盾构管片密封橡胶垫有哪几种? …… 170
12. 盾构施工渣土改良的目的是什么? …… 170
13. 膨润土泥浆是如何进行渣土改良的? …… 171
14. 土体改良泡沫剂的主要作用是什么,泡沫剂原液有何特性? …… 173
15. 如何鉴别泡沫剂的性能? …… 174
16. 高分子聚合物在盾构掘进中起什么作用? …… 174
17. 分散剂在盾构施工中有什么用途? …… 176
18. 盾尾密封油脂主要作用是什么,有何主要特性? …… 176
19. 注入盾尾密封油脂有哪些注意事项? …… 177
20. 北京常用的盾构刀具有哪些类型? …… 179
第八章　盾构工程有关管理制度及规定 …… 180
第一节　盾构工程有关管理制度 …… 180
1. 施工单位应履行哪些安全生产管理职责?(京建发〔2011〕4号第三条) …… 180
2. 对盾构标段的施工、监理单位主要负责人资历有哪些要求?(轨道监控字〔2012〕69号第六条) …… 180
3. 对盾构从业人员上岗有哪些要求?(轨道监控字〔2012〕69号第七条) …… 181
4. 盾构机技术档案包括哪些内容?(轨道监控字〔2012〕69号第九条) …… 181
5. 施工单位在盾构设备进场前6个月应做什么工作?(轨道监控字〔2012〕69号第十条) …… 181
6. 盾构设备进场前施工单位要完成的盾构设备适用性自评估报告至少有哪些内容?(轨道监控字〔2012〕69号第十一条) …… 181
7. 盾构设备进场前、现场组装前、组装完成后的审查审核验收有什么要求?(轨道监控字〔2012〕69号第十二~十四条) …… 181
8. 北京对盾构机吊装方案的制订、论证、执行的规定有哪些要求?(京建发〔2011〕4号 第四条) …… 182
9. 盾构机吊装前安全技术交底应由谁做,吊装设备、施工人员、作业范围有什么要求?(京建发〔2011〕4号 第五条) …… 182
10. 与盾构施工相关的哪些专项方案需要论证,论证时需要哪些人员参加?(轨道监控字〔2012〕69号第十五条) …… 182
11. 盾构施工过程中突发重大设备故障或由于地质、障碍等原因无法推进时需采取哪些措施、方案和论证?(轨道监控字〔2012〕69号第十七、十八条) …… 182
12. 哪些盾构工序在施工前应进行条件验收?(轨道监控字〔2012〕69号第十六条) …… 183
13. 盾构始发与到达有哪些关键工序管理要求?(轨道监控字〔2012〕69号第二十一条) …… 183
14. 盾构施工过程中对土压管理有哪些要求?(道监控字〔2012〕69号第二十二条) …… 183
15. 盾构穿越重大风险工程影响范围如何界定?(道监控字〔2012〕69号第二十七条) …… 183
16. 穿越重大风险工程时出现什么情况监理需下监理通知或工程暂停令?(道监控字〔2012〕69号第二十九、三十条) …… 184
17. 盾构吊装对盾构机吊装单位资质有哪些规定? …… 184
18. 盾构吊装对盾构机吊装单位及人员有什么要求? …… 184
19. 盾构吊装方案应包括哪些内容? …… 184

第二节　盾构施工测量及控制的有关规定 …… 185
20. 盾构施工测量包括哪些内容？（见 GB 50446—2008 的 5.1.1 条） …… 185
21. 盾构施工贯通测量中误差有哪些规定？（见 GB 50446—2008 的 5.1.4 条） …… 186
22. 对同一贯通区间内始发和接收工作井所使用的地面近井控制点有什么要求？（见 GB 50446—2008 的 5.1.5 条） …… 186
23. 隧道贯通后地下控制网有什么要求？（见 GB 50446—2008 的 5.1.6 条） …… 186
24. 地面控制网测量技术要求有哪些规定？（见 GB 50446—2008 的 5.2.3 条） …… 186
25. 联系测量主要包括哪些内容？（见 GB 50446—2008 的 5.3.1 条） …… 187
26. 当采用联系三角形方法进行工作井定向测量时应符合哪些规定？（见GB 50446—2008 的 5.3.3 条） …… 187
27. 联系测量采用陀螺经纬仪和垂准仪组合定向时应符合哪些规定？（见 GB 50446—2008 的 5.3.4 条） …… 187
28. 地下控制测量主要有哪些内容？（见 GB 50446—2008 的 5.4.1 条） …… 187
29. 对地下控制测量起算点有哪些要求？（见 GB 50446—2008 的 5.4.2 条） …… 187
30. 施工控制导线应满足哪些技术要求？（见 GB 50446—2008 的 5.4.6 条） …… 188
31. 盾构掘进施工测量标志点应符合哪些规定？（见 GB 50446—2008 的 5.5.2 条） …… 188
32. 盾构竣工测量主要内容有哪些？（见 GB 50446—2008 的 5.7.2 条） …… 188
第三节　盾构施工中管片制作有关规定 …… 188
33. 对钢筋混凝土管片原材料有什么要求？（见 GB 50446—2008 的 6.3.1 条） …… 188
34. 对钢筋混凝土管片模具的基本要求？（见 GB 50446—2008 的 6.4.1 条） …… 188
35. 钢筋混凝土管片模具验收符合规定有什么要求？（见 GB 50446—2008 的 6.4.3 条） …… 189
36. 对钢筋混凝土管片加工合模、开模与出模的规定？（见 GB 50446—2008 的 6.4.4 条） …… 189
37. 模具周转 100 环时应进行哪些检查？（见 GB 50446—2008 的 6.4.5 条） …… 189
38. 管片钢筋骨架成型应符合哪些规定？（见 GB 50446—2008 的 6.5.3 条） …… 189
39. 管片钢筋及骨架制作与安装质量应符合哪些规定？（见 GB 50446—2008 的 6.5.4 条） …… 190
40. 钢筋混凝土管片应做哪些标识？（见 GB 50446—2008 的 6.7.1 条） …… 190
41. 管片的质量要求应符合哪些规定？（见 GB 50446—2008 的 6.7.2 条） …… 190
42. 每生产 200 环管片后应进行什么检查？检查标准是什么？（见 GB 50446—2008 的 6.7.2 条） …… 191
第四节　盾构掘进施工有关规定 …… 191
43. 盾构施工掘进一般划分哪三个阶段？（见 GB 50446—2008 的 7.1.2 条） …… 191
44. 盾构掘进时遇到什么情况要及时处理？（见 GB 50446—2008 的 7.1.8 条） …… 191
45. 盾构掘进参数应根据哪些因素制定？（见 GB 50446—2008 的 7.5.1 条） …… 192
46. 盾构姿态控制一般有哪些注意事项？（见 GB 50446—2008 的 7.8.1 ~ 5 条） …… 192
47. 带压更换刀具应符合哪些规定？（见 GB 50446—2008 的 7.9.5 条） …… 192
48. 管片拼装有哪些一般规定？（见 GB 50446—2008 的 9.1 条） …… 192
49. 管片拼装前应做哪些准备工作？（见 GB 50446—2008 的 9.2 条） …… 193
50. 管片拼装作业时应注意哪些环节？（见 GB 50446—2008 的 9.3 条） …… 193
51. 管片拼装质量控制有哪些控制项目？（见 GB 50446—2008 的 9.4 条） …… 193

52. 注浆参数选择应考虑哪些因素？（见 GB 50446—2008 的 10.2 条） …… 194
53. 接缝防水有哪些要求？（见 GB 50446—2008 的 11.2 条） …… 194
第五节　施工监测有关规定 …… 194
54. 盾构法施工监控量测项目有哪些？（见 DB 11/490—2007 的 5.0.1 条） …… 194
55. 地表沉降监测有哪些要求？（见 DB 11/490—2007 的 5.0.4 条） …… 195
56. 管片衬砌变形监测有哪些要求？（见 DB 11/490—2007 的 5.0.5 条） …… 196
57. 土体分层沉降和水平位移监测要点是什么？（见 DB 11/490—2007 的 5.0.6 条） …… 197
第六节　施工环境有关规定 …… 197
58. 隧道内照明有哪些规定？（见 DBJ 01-87—2005 的 4.2.19 条） …… 197
59. 隧道施工对通风量、风速有哪些要求？（见 DBJ 01-87—2005 的 16.2～3 条） …… 198
60. 隧道内作业环境有哪些规定？（见 DBJ 01-87—2005 的 16.6.1 条） …… 198
61. 隧道出现瓦斯时如何应对？（见 DBJ 01-87—2005 的 16.4 条） …… 198
62. 隧道通风对供气、风速有哪些要求？（见 DGJ 01-87—2005 的 16.2.2～3 条） …… 199
第七节　盾构施工安全用电有关规定 …… 199
63. 盾构施工对高压闭电所有哪些要求？（见 DBJ 01-87—2005 的 4.2.1～2 条） …… 199
64. 盾构施工对隧道内变压器有哪些要求？（见 DBJ 01-87—2005 的 4.2.3-6 条） …… 199
65. 盾构施工隧道内对保护接地有哪些规定？（见 DBJ 01-87—2005 的 4.2.7 条） …… 200
66. 盾构施工隧道内对电缆敷设有哪些规定？（见 DBJ 01-87—2005 的 4.2.8 条） …… 200
67. 隧道内对 10kV 电缆中间接头有哪些规定？（DBJ 01-87—2005 的 4.2.9 条） …… 201
68. 盾构始发阶段对电缆展放有哪些规定？（见 DBJ 01-87—2005 的 4.2.11 条） …… 201
第九章　盾构施工工程案例 …… 202
第一节　北京地铁 6 号线慈寿寺站—花园桥站区间盾构施工 …… 202
1. 工程概况 …… 202
2. 工程风险源 …… 203
3. 分体始发 …… 203
4. 砂卵石地层掘进施工 …… 206
5. 刀具管理 …… 207
6. 穿越风险源的施工 …… 210
7. 盾构接收段施工 …… 212
第二节　北京地铁 9 号线玉渊潭区间盾构施工 …… 215
1. 工程概况 …… 215
2. 存在的主要问题 …… 216
3. 解决措施 …… 217
4. 施工主要措施 …… 219
5. 推进情况分析 …… 220
6. 工艺改进方向 …… 220
7. 结论及建议 …… 221
参考文献 …… 222

第一章 盾构机选型

第一节 盾构机适用性

1. 盾构机主要分为哪些类型？

答：根据不同的分类方法，盾构机主要分为以下几种类型。

（1）按照盾构掘进地层岩土的类型分类：①硬岩盾构机（见图 1-1）；②软岩盾构机；③软土盾构机（见图 1-2）；④（软土、硬岩）复合盾构机。

图 1-1 硬岩盾构机

图 1-2 软土盾构机

（2）按照盾构掘进的断面形状分类：①半圆形盾构机（见图 1-3）；②圆形盾构机（见图 1-4）；③椭圆形盾构机；④马蹄形盾构机；⑤双圆盾构机（见图 1-5）；⑥三圆盾构机（见图 1-6）；⑦矩形盾构机；⑧异形盾构机（见图 1-7）。

图 1-3 半圆形盾构机

图 1-4 圆形盾构机

图 1-5　双圆盾构机

图 1-6　三圆盾构机

图 1-7　异形盾构机

(3)按照盾构掘进断面的大小分类:①超小型盾构机($\phi<1\text{m}$);②小型盾构机($1\text{m}\leqslant\phi<3.5\text{m}$);③中型盾构机($3.5\text{m}\leqslant\phi<6\text{m}$);④大型盾构机($6\text{m}\leqslant\phi<14\text{m}$);⑤超大型盾构机($14\text{m}\leqslant\phi<18\text{m}$);⑥特大型盾构机($\phi\geqslant18\text{m}$)。

(4)按照切削面的敞开程度分类:①全敞开式盾构机(见图 1-8);②部分敞开式盾构机(见图 1-9);③封闭式盾构机(见图 1-10)。

图 1-8　全敞开式盾构机

图 1-9　半敞开式盾构机

(5)按照掘削面的加压平衡方式分类:①外加支撑式盾构机;②气压式盾构机;③泥水盾构机;④土压平衡盾构机。

(6)按照盾构综合分类法分类:如图 1-11 所示。

图 1-10　封闭式盾构机

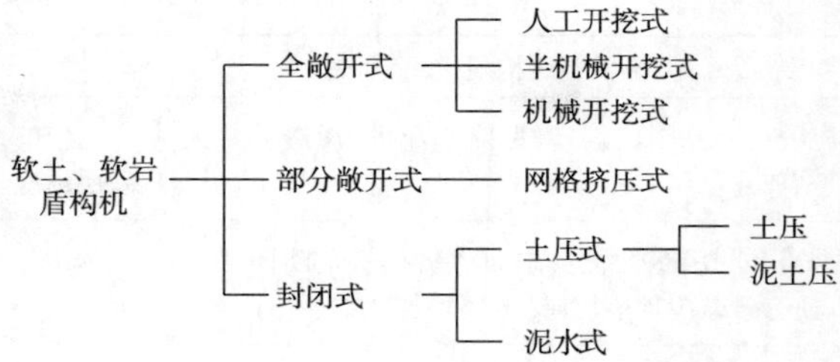

图 1-11　盾构综合分类法

北京地铁目前使用的主要是直径 6m 级别的土压平衡盾构机，刀盘形式既有面板式也有辐条式。

2. 什么叫土压平衡盾构机，什么叫泥水盾构机，各自有哪些特点？

答：土压平衡盾构机是利用安装在盾构机最前面的全断面切削刀盘，使正面土体切削下来进入刀盘后面的储留密封舱内，并使仓内具有适当压力与开挖面水土压力保持平衡，以减少盾构机推进对地层土体的扰动，从而控制地表沉降。在出土时，由安装在密封舱下部的螺旋输送机向排土口连续地将渣土排出。

其特点如下：

(1) 施工中基本不使用土体加固等辅助施工措施，节省技术措施费，并对环境无污染；

(2) 可根据土压变化调整出土和盾构推进速度，易达到工作面的稳定，减少地层变形；

(3) 对土体开挖能形成自动控制管理，机械自动化程度高、施工速度快。

泥水盾构机是在支撑环前面装置隔板的密封舱中，注入适当压力的泥浆使其在开挖面形成泥膜，支撑正面土体，并由安装在刀盘上的刀具切削土体表层泥膜，与泥水混合后，形成高密度泥浆，由排浆泵及管道输送至地面处理，整个过程通过建立在地面中央控制室内的泥水平衡自动控制系统统一管理。其特点如下：

(1) 在易发生流砂的地层中能稳定开挖面，可在正常大气压下施工作业，无需用气压法施工；

(2) 泥水压力传递速度快而均匀，开挖面平衡土压力的控制精度高，对开挖面周边土体的干扰少，地面沉降量的控制精度高；

(3) 盾构出土由泥水管道输送，速度快而连续；

(4) 减少了电机车的运输量，施工进度快；

(5) 刀具、刀盘磨损小，易于长距离盾构施工；

(6) 刀盘所受扭矩小，更适合大直径隧道的施工；

(7) 需要较大规模的泥水处理设备及设置泥水处理设备的场地。

土压平衡盾构机与泥水盾构机的特点对比见表 1-1。

土压平衡盾构机与泥水盾构机的特点对比表　　　　表1-1

土压平衡盾构机	泥水盾构机
能够适应的地层范围比较广，但对水压大、渗透系数大的地层施工有难度	适应的地层范围有限，但对地下水压较大、渗透系数大的砂层适应性好
可以根据需要利用塑性土及添加材料提供全断面的压力平衡，以便有效减少地表沉降，但要增加成本	利用泥浆提供全断面的压力支撑，易于平衡掌子面，地表沉降较小
可以封闭，能够控制地下水损失程度	全封闭系统，无地下水损失
刀盘驱动所需扭矩与渣土改良性能关系很大，当盾构机尺寸大时，难以提供较大扭矩，对刀盘及螺旋输送机的磨损较大	所需刀盘驱动扭矩比较小，可做成较大尺寸的盾构机，对盾构机刀盘的磨损也比较小
需要不同种类的渣土改良设备	需要泥水分离和运输设备
采用螺旋输送机出渣，出渣尺寸受螺旋输送机尺寸限制，一般不大于500mm	渣土直径受液压破碎钳和管路影响，可以破碎较大粒径卵石，但一般不大于500mm
盾构掘进速度与添加剂的效果及隧道运输能力有关	盾构掘进速度和地面泥水处理速度之间的联系密切，相互影响比较大
渣土直接经渣车运出地面，可以直接弃掉，对环境基本无污染	施工渣土不能立即运走弃掉，直接泵出到地面处理系统，对地面环境污染严重
需要的施工场比较小，施工成本造价相对便宜	需要的工作场地较大，施工能耗高，成本较高
施工中更换刀具相对容易	施工中不易更换刀具

3. 土压平衡盾构机适用何种地层？

答：土压平衡盾构机在粉质黏土、粉质砂土地层中最为适用，随着盾构施工技术的发展，在黏土、砂、砂砾等压密程度低、软硬相间的地层以及砾石层、风化岩层等多种环境和地层中亦可使用。

4. 泥水盾构机适用何种地层？

答：泥水盾构机适用于各种松散地层，有无地下水均可。

第二节　盾构机刀盘适用性

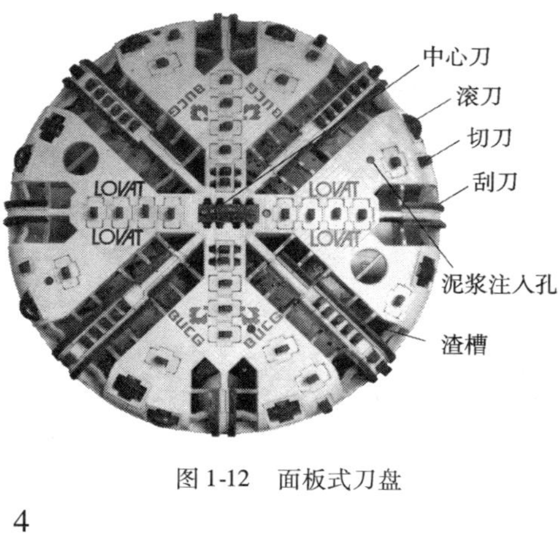

图1-12　面板式刀盘

5. 盾构机刀盘有哪些类型？

答：根据不同的分类方法，盾构机刀盘有以下几种类型。

1）根据刀盘结构形式分类

盾构机刀盘由钢结构构件焊接而成，目前其主流形式有面板式和辐条式两种。另外，还有介于两者之间的辐板式（由辐条和辐板组成）。

面板式刀盘（见图1-12）一般为焊接箱形结构，其上设置刀座、刀具、开口、添加剂注入口及与主轴承连接部件。切刀布置在面板上开口的两侧，面板上布置滚刀刀座。刀盘开口率较小，在30%左右，属闭胸式。目前，我国使用的盾构机大部分为面板式刀盘结构，如上海地铁施工用的法国FCB盾构机，北京、广州、深圳及南京等地用的海瑞克盾构机等。

辐条式刀盘（见图1-13）主要由轮缘、辐条及布设在辐条上的刀具组成。刀具布置在辐条的两侧，一般较难布置滚刀。刀盘开口率很大，在60%～70%之间。过去辐条式刀盘应用较少，近年来，尤其在北京地铁工程中辐条式刀盘应用开始增多。

辐板式刀盘（见图1-14）兼有面板式和辐条式刀盘的特点，由较宽的辐条和小块辐板组成，切刀和滚刀分别布置在宽辐条的两侧和内部，开口率在35%～50%之间。

图1-13　辐条式刀盘

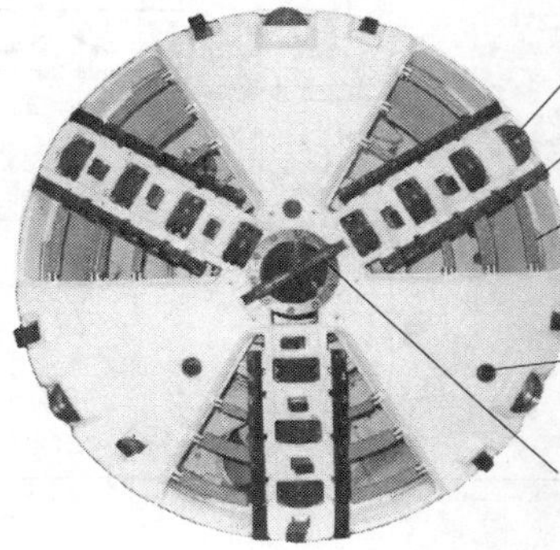

图1-14　辐板式刀盘

2）根据刀盘适用地层分类

地层不同，刀盘的结构及其刀具的组合布置、刀具性能的要求也不同。根据地层的差异，可把刀盘分为软岩刀盘、硬岩刀盘和复合型刀盘三类，如图1-15所示。

a)软岩刀盘　b)硬岩刀盘　c)复合型刀盘

图1-15　盾构机刀盘

软岩刀盘适用于未固结成岩的软土地层和某些全风化或强风化的软岩地层，一般破岩能力在单轴抗压强度20MPa以下。对于北京、上海、天津、西安、郑州等地区的软土地层，通常只安装软土刀具。这类刀盘结构相对简单，通常选用辐条式或幅板式刀盘结构。

硬岩刀盘适用于硬岩地层，对于均一的全断面硬岩地层通常只用滚刀（配以刮板）。铁路、公路隧道、引水工程隧道大多属此类地层，通常选用适宜盘型滚刀安装的面板式刀盘结构。

复合型刀盘适用于从软土到硬岩的均质或软硬不均的大部分地层，这时刀盘的刀具不但要有滚刀，还要有刮刀，既可安装滚刀，也可安装切削刀，这样的刀盘通常称为复合型刀盘或混合刀盘。

6. 面板式刀盘与辐条式刀盘的特点是什么？

答：面板式刀盘与辐条式刀盘的特点对比详见表 1-2。

面板式刀盘与辐条式刀盘的特点对比表　　表 1-2

<table>
<tr><th>序号</th><th>比 较 项 目</th><th>面板式刀盘</th><th>辐条式刀盘</th></tr>
<tr><td rowspan="2">1</td><td>刀盘土仓构造（典型）</td><td>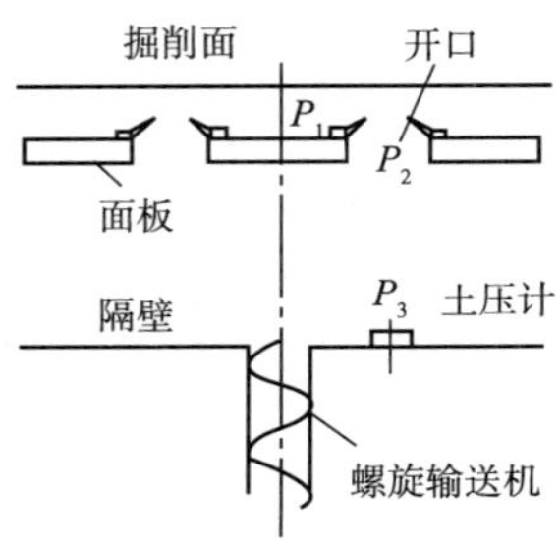
</td><td>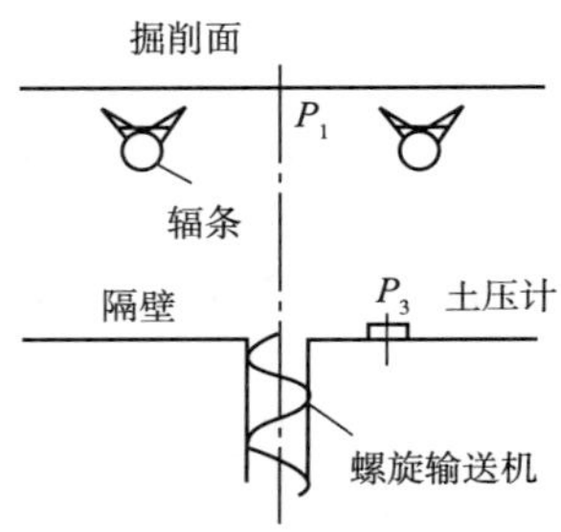
</td></tr>
<tr><td>开挖面与土仓内水土压力的关系</td><td>一般存在 3 个压力：开挖面与面板之间压力 P_1；面板开口、进出口之间的压力 P_2；面板与密封舱内壁之间的压力 P_3；其中，P_2 是由扭转产生的抵抗压力，受面板开口影响不易确定，而 $P_3 = P_1 - P_2$ 开挖面压力不易控制，同时控制压力实际低于开挖面压力</td><td>只有一个压力 P，密封舱内土压计压力与开挖面的压力相等，$P_1 = P_3$，因而平衡压力易于控制</td></tr>
<tr><td>2</td><td>开挖面稳定原理与土压保持的容易性</td><td>开挖面土压是每次刀盘面板（回转体）受压→开挖面土压是从面板开口经过到土仓内隔壁土压计查出后进行土压管理</td><td>开挖面土压是每次刀盘面板（固定体）受压→开挖面土压是直接从土仓内隔壁土压计查出后进行土压管理</td></tr>
<tr><td>3</td><td>开挖面砂土的流进性</td><td>砂土从刀盘面板的开口经过并流进土仓内，砂土流进性影响开口形状及尺寸；开口部的砂土容易产生附着和凝结</td><td>没有面板，砂土流进性很好</td></tr>
<tr><td rowspan="2">4</td><td rowspan="2">开挖面的不稳定因素（土压管理失败时）</td><td colspan="2">通常情况下都没问题，两种方式（加泥材料、气泡材料的注入和搅拌）砂土流动性改良都有可能</td></tr>
<tr><td>土压管理值 $P_3 = P_1$ 时，开口部发生附着凝结，刀盘土仓内闭塞，刀盘扭矩增大，导致不能掘削，P_3 的控制很困难，砂土性质决定 P_2 的变化</td><td>土压管理值 $P_3 < P_1$ 时，开挖面砂土流进过多，致使开挖面不稳定，但因没有面板，P_3 的控制（目标土压 $P_1 = P_3$）较容易</td></tr>
</table>

续上表

序号	比较项目	面板式刀盘	辐条式刀盘
5	刀盘负荷和扭矩	刀盘扭矩阻力大，需增加设备能力，造价高	刀盘扭矩阻力小，设备造价低
6	掘进途中换刀或土仓内检查	面板方式的止土效果好，较辐条方式安全	没有面板，土仓内作业时比面板方式的安全性低，加固土体费用高
		两种方式都须采用气压或注浆等辅助工法加固开挖面	
7	开挖面出现障碍物时	出现大粒径障碍物时，螺旋输送机都无法排出，必须由作业人员进入到开挖面或土仓内人力清除，两种方式无差异	
8	注浆施工或注入机械设置的自由程度(从机械内部到开挖面注入)	注浆施工从刀盘面板经过到开挖面，注浆制约范围比辐条式大，刀盘回转/停止频繁，掘进速度与效率不高	没有面板，注浆施工比面板式的自由度大
9	对(大粒径)砂卵(砾)石地层的适应性	可以配置重型撕裂刀、滚刀破碎大砾石，其适应性好，但刀盘面板磨损严重	无法配置滚刀，适应性差，若不需配置滚刀，因其无面板，砂土流动阻力小，适应性好
10	实际施工业绩	两种刀盘方式的施工业绩都很多，最近在北京地铁工程中辐条式刀盘应用增多	
11	综合评价	在北京地区各有长短，但除超大粒径卵(砾)石地层外，推荐使用辐条式刀盘(理由是辐条式刀盘具有装备扭矩低、减少砂土结泥饼或闭塞、施工更为经济等优势)	

7. 如何增加刀盘的耐磨性能？

答：一般可通过采用适宜的材料与合理的工艺来提高刀盘及刀具的耐磨性，具体有如下几点：

(1)刀盘的面板焊接网状耐磨条；

(2)刀盘的外圈焊接高强度的耐磨板；

(3)对刀盘开口部位的表面进行硬化；

(4)刀具均采用高耐磨的合金钢碳化钨刀具，以确保刀具的高耐磨性；

(5)在搅拌棒的表面堆焊网状耐磨条，网状耐磨条的网眼尺寸一般为80mm×80mm，耐磨条的高度约为5mm，宽度为10mm。

第三节　刀具适用性

8. 盾构机刀具有哪些类型？

答：盾构机刀具一般可根据切削原理、刀具的形状功能和使用部位进行分类。

1)按刀具切削原理分类

按切削原理，盾构机刀具一般分为刮削刀具和滚动刀具两大类，如图1-16所示。

刮削刀具是指只随刀盘转动而没有自转的破岩刀具。刮削刀具的种类繁多，目前盾构机上常用的刮削刀具有边缘刮刀、刮刀、齿刀、先行刀、贝壳刀、鱼尾刀等。

滚动刀具是指不仅随刀盘转动，还同时作自转运动的破岩刀具。根据刀刃的形状，滚刀可

a)刮削刀具　　b)滚动刀具

图 1-16　盾构机刮削刀具和滚动刀具

分为齿形滚刀（钢齿滚刀和球齿滚刀）、盘形滚刀（钢刀圈滚刀和球齿刀圈滚刀）。

2）按刀具的形状功能和使用部位分类

（1）切刀（齿刀、刮刀）

切刀（见图 1-17）是软土刀具，布置在刀盘开口槽的两侧，其切削原理是盾构机向前推进的同时，切刀随刀盘旋转对开挖面土体产生轴向（沿隧道前进方向）剪切力和径向（刀盘旋转切线方向）切削力，在刀盘的转动下，刀刃和刀头部分插入到地层内部，不断将开挖面前方土体切削下来。切削刀一般适用于粒径小于 400mm 的砂、卵石、黏土等松散体地层。

图 1-17　切刀

（2）先行刀（超前刀）

先行刀（见图 1-18）是先行切削土体的刀具，超前切刀布置。先行刀在设计时主要考虑与其他刀具组合协同工作。先行刀在切刀切削土体之前先行切削土体，将土体切割分块，为切刀创造良好的切削条件。先行刀的切削宽度一般比切刀窄，切削效率较高。采用先行刀，可显著增加切削土体的流动性，大大降低切刀的扭矩，提高切刀的切削效率，减少切刀的磨耗。在松散体地层尤其是砂卵石地层，先行刀的使用效果十分明显。

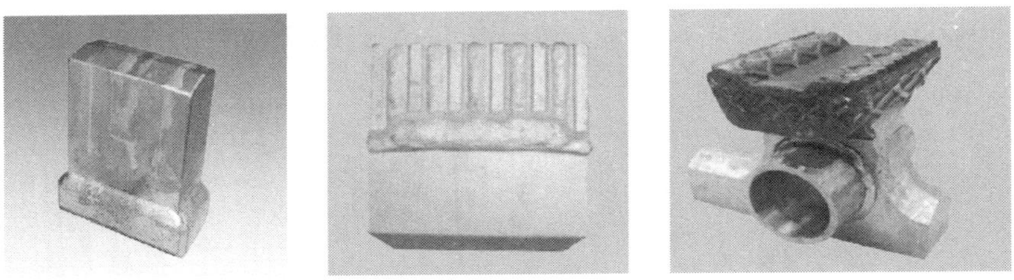

图 1-18　先行刀片

（3）贝形刀

贝形刀（见图 1-19）实质上是超前刀。盾构机穿越砂卵石地层，特别是大粒径砂卵石地层时，将其布置在刀盘盘圈前端面，专用于切削砂卵石。

（4）中心刀（鱼尾刀、双刃或三刃滚刀、锥形刀、中心羊角刀）

在软土地层掘进时，因刀盘中心部位不能布置切刀，为改善中心部位土体的切削和搅拌效果，可在中心部设计一把尺寸较大的鱼尾刀（羊角刀），一般鱼尾刀超前 600mm 左右。鱼尾刀的设计和配置方式如下：其一，盾构机分两步切削土体，利用鱼尾刀先切削中心部位小圆断面土体，而后扩大到全断面切削土体，即将鱼尾刀与其他切刀设计在不同平面上，鱼尾刀超前切刀布置，保证鱼尾刀最先切削土体；其二，将鱼尾刀根部设计成锥形，使刀盘旋转时随鱼尾刀切削下来的土体，在切向、径向运动的同时，增加翻转运动，既可解决中心部分土体的切削问题，又可改善切削土体的流动性和搅拌效果，提高盾构机整体掘进效率。

在纯硬岩地层掘进时，刀盘中心位置布置双刃或三刃滚刀。中心刀各种刀具如图1-20所示。

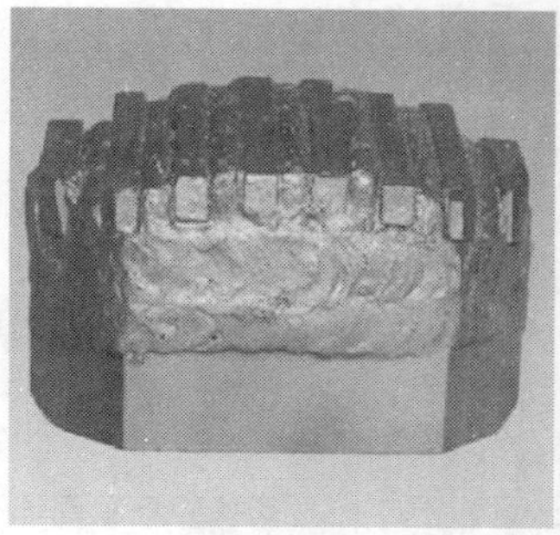

图1-19　贝形刀

(5)仿形刀

盾构机一般设计两把仿形刀(见图1-21)，一把备用，布置在刀盘的边缘上。施工时可以根据超挖多少和超挖范围的要求，从边缘径向伸出和缩回仿形刀。仿形刀伸出最大值一般在70～150mm之间。盾构机在曲线段推进、转弯或纠偏时，通过仿形刀超挖切削土体扩大空间空隙，保证盾构机在超挖少、对周边土体干扰小的条件下，实现曲线推进和顺利转弯及纠偏。

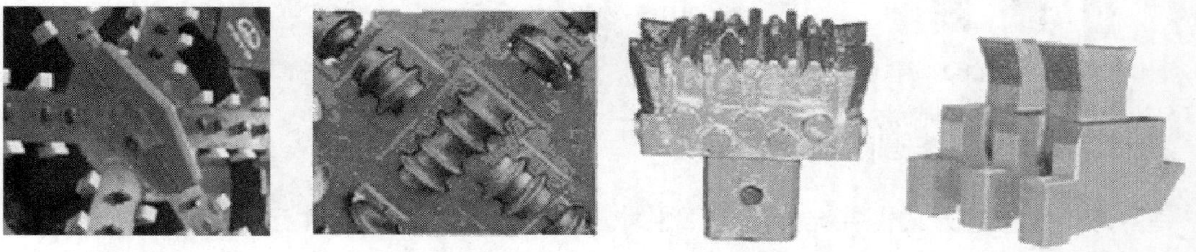

a)中心鱼尾刀　b)中心双刃或三刃滚刀　c)中心锥形刀　d)中心羊角刀

图1-20　各种中心刀

图1-21　仿形刀

(6)盘形滚刀和齿形(球齿、楔齿)滚刀

在纯硬岩地层掘进时，采用滚刀破岩。滚刀破岩的原理是依靠刀具滚动产生冲击压碎和剪切碾碎的作用达到破碎岩石的目的。滚刀的类型、数量、布置方式、位置、超前量根据岩层的强度和整体性、掘进距离、含砂量等特点确定。穿越松散地层但有大粒径的砾石(粒径大于400mm)且砾石含量达到一定比例时，可采用滚刀。在隧道地质条件复杂多变、岩石(强度<30MPa)与一般土体(或黏土或砂土)交错频繁出现的情况，也有可能采用滚刀，即在复合式盾构机中采用。

滚刀刀圈的材质是滚刀能否破岩的关键。盘形滚刀(见图1-22)根据刀圈不同一般有以下四种类型：

①耐磨层表面刀圈：适用于掘进强度<30MPa的紧密地层，强度80～100MPa的断裂砾岩、砂岩、砂黏土等地层。

②标准钢刀圈：适用于掘进强度50～150MPa的砾岩、大理石、砂岩、灰岩地层。

③重型钢刀圈:适用于掘进强度 120 ~ 250MPa 的硬岩,强度 80 ~ 150MPa 的高磨损岩层,如花岗岩、闪长岩、斑岩、蛇纹石及玄武岩等地层。

④镶齿硬质合金刀圈:适用于掘进强度高达 150 ~ 250MPa 的花岗岩、玄武岩、斑岩及石英岩等地层。

(7)刮渣板

刮渣板(见图 1-23)的作用是将滚刀破碎的岩渣及时排出,防止滚刀对岩渣的二次破碎,保护滚刀。前刮渣板主要铲装刀盘前方的落渣,铲装量大,磨损较快;后刮渣板主要铲装下护盾推进中从隧道底部堆积起来的渣石,铲装量小,磨损较小。

图 1-22 盘形滚刀

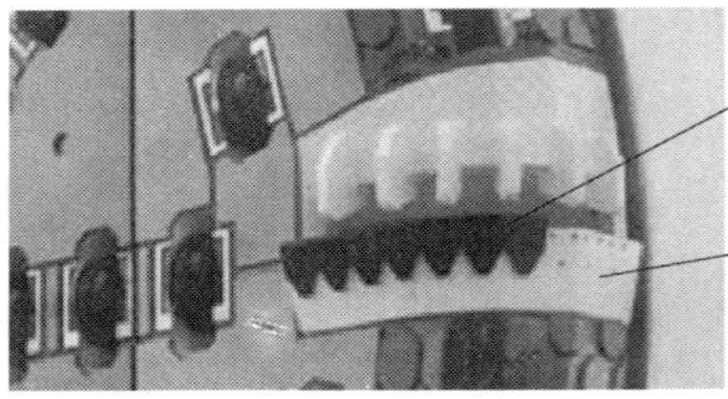

图 1-23 刮渣板

9. 刀具配置应注意哪些问题?

答:刀具的布置方式需要充分考虑工程地质情况进行针对性设计。不同的工程地质特点,采用不同的刀具配置方案,以获得良好的切削效果和掘进速度。根据地质条件特点,可以大致分为四种地层:软弱土地层,砂层、砂卵石地层,风化岩及软硬不均地层,单纯的纯硬岩地层。

软弱土地层,如南京、上海、杭州等地,其地质条件主要以淤泥、黏土和粉质黏土为主,在软弱土地层一般只需配置切削型刀具,如切刀、周边刮刀、中心刀、先行刀和超挖刀。切刀安装在开口槽的两侧,覆盖了整个进渣口的长度。刮刀安装在刀盘边缘。由于刀盘需要正反旋转,因此切刀的布置也在正反方向布置。为了提高切刀的可靠性,在每个轨迹上至少布置 2 把。由于在周边工作量相对较大,磨损后对盾构机切口环尺寸影响较大,故一般在正反方向各布置了 8 把周边刮刀。考虑到刀盘的受力均匀性,刀具布置应具有对称性。刀具安装采用螺栓固定,以便于更换。在切刀或刮刀的刃口和刃口背面镶嵌有合金和耐磨材料,以延长刀具的使用寿命。切刀的破岩能力为 20MPa,可以顺利地通过进出洞端头的加固地层。

砂层、砂卵石地层,如北京、成都等地,其地质条件主要以砂、卵石地层为主,如遇到粒径较大的砾石或漂石,应配置滚刀进行破碎。

在砂层、砂卵石地层施工时,应设置(宽幅)切刀、周边刮刀、先行刀(重型撕裂刀)、中心刀、仿形刀等刀具。其中切刀是主刀具,用于开挖面为大部分断面的开挖;周边刮刀也称保径刀,用于切削外周的土体,保证开挖断面的直径;先行刀在开挖面沿径向分层切削,预先疏松土体,降低切刀的冲击荷载,减少切削力矩,同时重型撕裂刀用于破碎强度较低和粒径较小的卵石和砾石;中心刀用于开挖面为中心断面的开挖,起到定心和疏松部分土体的作用;仿形刀用于曲线开挖和纠偏;滚刀用于破碎粒径较大的砾石或漂石。

风化岩及软硬不均地层,如广州、深圳,大连上软下硬、地质不均的复合地层,其局部岩石的单轴抗压强度较高(150~200MPa),除配置切削型刀具外(包括宽幅切刀、先行刀),还需配置滚刀,因而刀盘结构相对复杂。对于岩层,首先通过滚刀进行破岩,滚刀的超前量应大于切刀的超前量,且在滚刀磨损后仍能避免切刀进行破岩,确保切刀的使用寿命。在曲线半径小的隧道掘进时,为了保证盾构机的调向和避免盾壳被卡死,需要有较大的开挖直径,因此刀盘上需配置滚刀型的仿形刀(或超挖刀)。

复杂地层刀具配置案例

北京地铁9号线06标段,单线盾构隧道长1238m,地层主要为卵石层、圆砾层、强风化~中风化砾岩层、强风化黏土岩层,局部为粉质黏土层和细砂层。开挖面围岩不稳定,黏土岩和强风化砾岩的单轴抗压强度为0.3~2.0MPa,为极软岩。根据详勘报告推测,大于400mm粒径卵石含量为15%~40%,隧道附近基坑内有1500mm×2000mm漂石,不排除有粒径更大的漂石存在,且随机分布。随机取样卵石和砾石的单轴抗压强度为120~187MPa,石英和长石含量为70%~95%。

针对本标段的地层,在刀具配置方面提出了新的设计理念和思路。为了使刀具能够充分发挥作用,盾构机设计使用了3130mm大直径轴承,配备了1200kW的驱动力,使刀盘的脱困扭矩为7740kN·m,转速可达0~3.2r/min,同时在刀盘面板和周边焊接碳化铬超硬耐磨板和耐磨网。刀具布置方面(初步预案),开口槽密排宽幅切刀100把(带耐磨合金头);面板上配备大横断面高耐磨双层碳化钨重型撕裂刀(先行刀)31把;刀盘外周和边缘位置配备双刃滚刀10把,中心锥形刀1把。滚刀和重型撕裂刀采用刀盘背装式,可通过刀盘内的转接箱方便地进行拆卸、互换。

该工程上首先提出了"锤击"破碎大粒径漂石的理念,即利用刀盘高速转速产生的冲击惯性能量,通过大横断面重型撕裂刀将漂石在刀盘前"锤击"破碎。该工程的成功贯通为富含大粒径漂石地层的盾构施工开创了新的思路。

10.盾构机不同刀具的损坏形式有哪几种?

答:盾构机不同刀具的损坏形式有如下几种。

1)刮刀的损坏形式

(1)正常磨损:在掘进过程中刀具与岩土的正常磨损。

(2)刀刃崩裂:在硬岩掘进中,滚刀磨损太大,刮刀直接切割未经滚刀破碎的硬岩,会导致刮刀的崩裂;在岩层中掘进时,转速太快,突遇硬岩,冲击造成刀刃崩裂;在硬岩掘进中,进刀太深等原因也会造成刀刃崩裂。

(3)刀体断裂:刀体本身的强度和韧性不够或进刀太深,都会造成刮刀刀体的断裂。

(4)掉齿:刀齿的焊接工艺不过关或刮刀突遇硬岩,都会造成刮刀掉齿。

刮刀的损坏形式如图1-24所示。

2)滚刀的损坏形式

滚刀的损坏形式主要是刀圈磨损失效,刀圈崩块、断裂及轴承、密封早期损坏。

(1)刀圈磨损失效

刀圈磨损又可分为均匀磨损(正常磨损)、非均匀磨损(偏磨)。

①均匀磨损:也称正常磨损,是指滚刀刀圈周圈经长时间工作形成的均匀磨损。磨损超过

规定值，将导致刀圈损坏、失效。

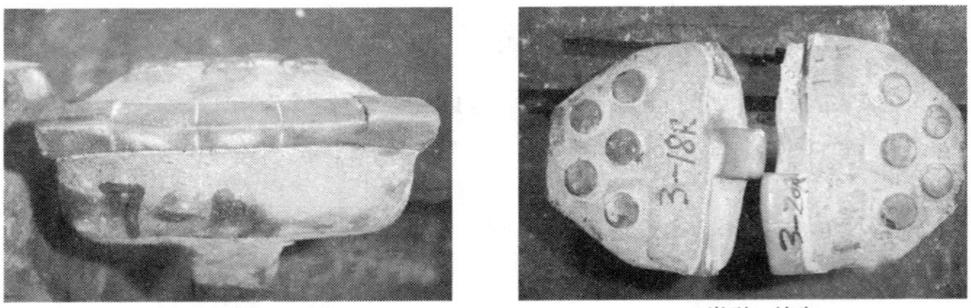

a)正常磨损　　b)崩裂、掉齿

图 1-24　刮刀损坏

②非均匀磨损（偏磨）：滚刀刀圈周边各部位的磨损程度不一致，有单边偏磨和多边偏磨。单边偏磨一般是滚刀不转造成的，多边偏磨则是滚刀时转时不转造成的。造成滚刀不能连续转动的原因除刀具制造方面外，主要与地层及刀具配置、盾构机操作有关。

（2）刀圈崩块、断裂

滚刀刀圈在掘进过程中，刃口位置崩块、开裂甚至从刀体脱落，这与刀圈制造技术、地层条件和应用都有关系，要区别分析。

（3）轴承、密封损坏

轴承是滚刀刀具上的一种重要组件，对刀具掘进运转的可靠性和刀具的消耗具有特别重要的影响。正常使用状态下，大部分刀具轴承的寿命可达到 900h 左右。但在施工过程中，由于各种原因的影响，轴承会发生早期损坏，主要损坏形式为剥离（滚道或滚动体表面剥离，呈凹凸状），以及保持架破坏等。这主要是刀具装配不到位或零部件性能、精度不合格造成的。

刀体与刀盖之间的浮动密封损坏，会造成刀具漏油、泥沙进入刀体内，进而影响轴承性能。造成刀具密封损坏的原因很多，通常与刀具零部件的自身质量和装配质量、刀具的使用工况和所掘进的岩石条件等因素有关。

滚刀的损坏形式如图 1-25 所示。

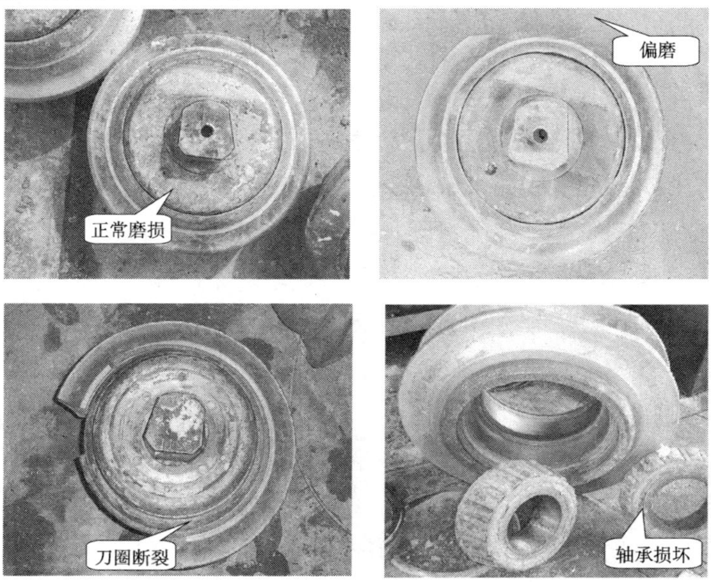

图 1-25　滚刀损坏形式

11. 刀具磨损检测报警的方式有哪些?

答:刀具磨损检测报警方式有液压式、电磁式、超声波探测式等三种。

第四节　盾构机铰接

12. 盾构机为何要设铰接装置?

答:在城市地铁建设中,所使用的盾构机直径 D 一般都在 6m 多,而其长度 L 一般则为 8m 左右甚至更长,盾构机的灵敏度 L/D 通常达到 1.3 左右,难以在曲线段施工。为了提高盾构机的操作性能,通常将其分成前后两个部分,中间用千斤顶连接起来,形成一个铰接装置,这样可使盾构机的前后弯曲,以适应曲线段的掘进。铰接装置如图 1-26 所示,在盾构机前后结合处装有密封圈,防止地下泥水侵入。两道密封圈之间可注入油脂,不仅能提高密封效果,还能延长密封圈的使用寿命。有些盾构机还装有紧急充气密封圈,当正常密封圈损坏时,可对紧急充气密封圈充气,靠气压挡住外部的泥水。铰接千斤顶的两端与盾构机的前后部分别用铰销连接,由于铰接千斤顶沿盾构机圆周布置,其两端的铰销处都装有球铰,以保证铰接千斤顶轴线与盾构机轴线之间有一定的摆动角度。

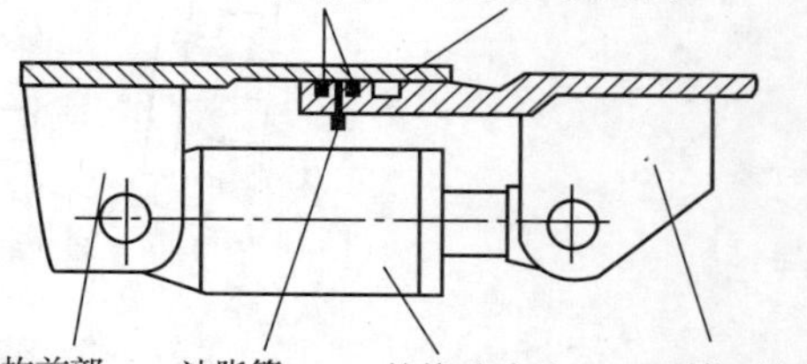

图 1-26　盾构机的铰接装置

13. 盾构机铰接有哪些类型?

答:根据盾构推进千斤顶在盾构机上固定位置的不同,铰接装置可分为主动型和被动型两种。

1)主动型

依靠铰接千斤顶的主动伸缩,使盾构机前后部分发生弯折。盾构推进千斤顶固定在盾构机的后部(见图 1-27),推进千斤顶的推力作用在盾构机的后部,再通过铰接千斤顶传递到盾构机前部。

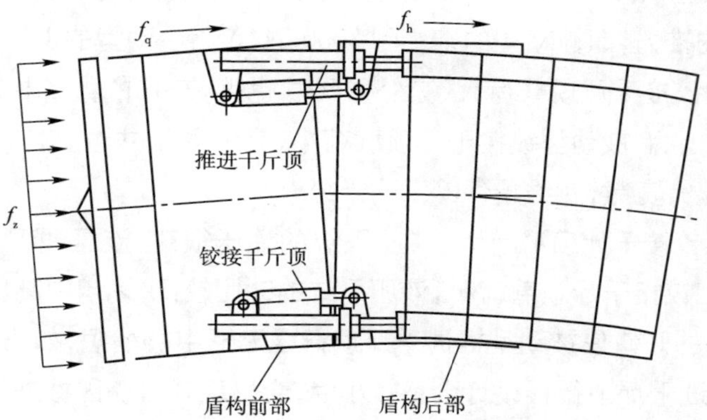

图 1-27　铰接机构中盾构千斤顶的后部固定

2）被动型

依靠外力使铰接千斤顶伸缩，使盾构机前后部分发生弯折。盾构推进千斤顶油缸的后端顶紧在盾构机的前部，油缸的前部搁置在摆动支承上（见图1-28），推进千斤顶的推力直接作用在盾构机前部。

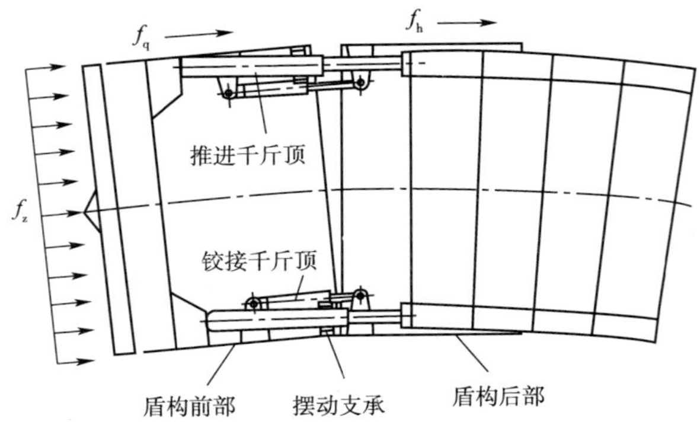

图1-28　铰接机构中盾构机千斤顶的前部固定

14. 主动铰接与被动铰接的优缺点是什么？

答：这两种方式的铰接特点如下。

（1）推进千斤顶的推力f_t。从图1-27和图1-28中可以看出，对于两种铰接形式，推进千斤顶的推力是相同的，都为：

$$f_t = f_z + f_q + f_h$$

式中：f_z——盾构机刀盘正面阻力；

f_q——盾构机前部壳体上的土体摩擦阻力；

f_h——盾构机后部壳体上的土体摩擦阻力。

（2）铰接千斤顶的载荷f_J：

对于主动型　　$f_J = f_z + f_q$

对于被动型　　$f_J = f_h$

可以看出，被动型铰接千斤顶的载荷要小得多，它仅等于作用在盾构机后部壳体上的土体摩擦阻力。对于一台直径6m多的盾构机，主动型铰接千斤顶设计载荷通常可达32000kN，几乎达到推进千斤顶的推力，而被动型的则不到8000kN，仅为主动型的1/4。

（3）由于主动型铰接千斤顶载荷大，其外形尺寸也大，布置的数量相对较多，使得盾构机的内部空间较为拥挤。而被动型铰接千斤顶载荷小，其外形尺寸也小，布置的数量相对较少，盾构机的内部空间显得宽敞，对维护保养工作十分有利。

（4）由于主动型铰接千斤顶载荷大，液压系统的油压很高，液压油容易泄漏，需采用超高压液压元件。被动型铰接千斤顶载荷小，液压系统的油压较低，采用中高压液压元件即可。

（5）由于铰接处的开口使被动型推进千斤顶行程无形中被缩短，如果操作不当，会使铰接处的开口过大，当推进千斤顶行程设计余量较小时，会出现开口侧因掘进距离不够而使管片安装困难的现象，而主动型则不存在这个问题。

(6)主动型的推进千斤顶固定在盾构机的后部，其顶推点与管片中心线的偏心距较小。而被动型的推进千斤顶中心线与管片中心线的角度会产生变化，一般都将推进千斤顶缸体前端架设在摆动支承上，以减少推进千斤顶中心线与管片中心线的偏心距，尽管如此，其偏心距还是比主动型的大。

(7)两种形式的铰接装置都可以进行水平方向和垂直方向的弯曲，但从弯曲的角度来看，主动型的较大，最大可达9°，可以适应小半径的曲线。而被动型的弯曲的角度则较小，一般不大于3°，但对城市地铁隧道来说，由于水平曲线的半径一般都在300m以上，2°的弯曲角度就已足够。

(8)从操作的方便性来看，当盾构机进入曲线段时，主动型铰装装置需对铰接千斤顶进行专门的伸缩操作，以使盾构机前后弯曲。而被动型，盾构机后部只是通过铰接千斤顶拖挂在后面，铰接千斤顶的上下腔都与液压油箱相通，可随外力的作用而伸缩，无需对铰接千斤顶进行专门操作。

从以上的比较可以看出，主动型铰接装置和被动型铰接装置各有其特点，在进行选择时，应从隧道的曲线半径、管片宽度、盾构机制造商的经验、操作者的习惯等方面进行综合考虑。铰接装置的布置位置，比较多见的是将其布置在盾构机中间偏后处。对于被动型铰接装置，它只是将盾尾拖挂在后面，布置的位置也只能如此。但对于主动型铰接装置，如果布置在盾构机的偏前处(见图1-29)，其好处是显而易见的。首先，由于作用在盾构机壳体上的土体摩擦阻力与壳体长度成正比，铰接装置前置会使得盾构机前部长度尺寸缩短，土体摩擦阻力减少，铰接千斤顶的载荷也随之减少。如一台直径6.6m的盾构机，铰接装置前置以后，铰接千斤顶的设计载荷由先前的32000kN降为24000kN。其次，由于铰接装置前置，后部壳体的长度比前部长，重量也大大增加，当铰接千斤顶同时收缩时，盾构机后部不动而前部后退，刀盘正面的刀具也随之从岩土中退出，可方便地更换。

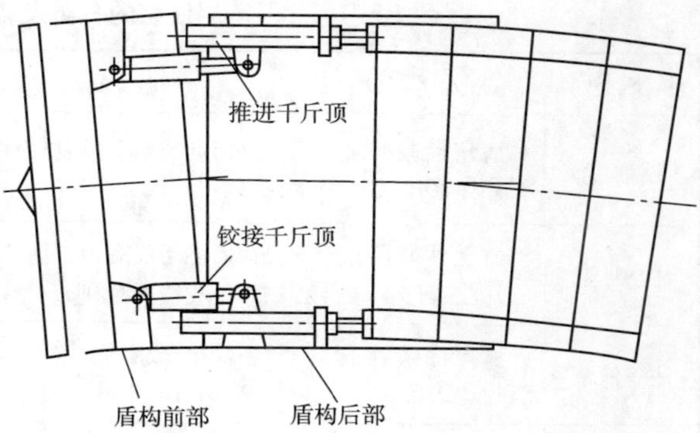

图1-29 铰接装置布置在盾构机的偏前处

值得注意的是，盾构机在曲线段施工时，铰接装置仅作为一种辅助手段，必须与楔形管片、仿形刀(或超挖刀)的超挖、曲线内外侧推进千斤顶的推力不同等配合在一起使用，只启用铰接装置是不能进行曲线施工的。

第五节 盾构壁后注浆适用性

15. 盾构同步注浆的作用是什么？

答：盾构同步注浆通过注浆管路、注浆泵及控制系统来实现。盾构机掘进的同时，通过同步注浆系统将浆液同步注入管片和开挖洞身之间的环形间隙之中，以提高隧道的防水性，防止施工区域地表沉降。此外，由于充填及时，对刚拼好的几环管片的支撑和承托作用加强，减小了管片移动的可能性，从而减少管片在推力作用下开裂和错台的可能。

同步注浆的主要作用如下：

（1）防止土体松弛下沉；

（2）减少地表沉降；

（3）保持隧道衬砌的早期稳定；

（4）提高衬砌接缝防水性能；

（5）是保证隧道施工后不变形、不下沉、不漏水的必要工序。

16. 盾尾注浆分哪些类型，各自优缺点是什么？

答：盾尾注浆的分类及各类浆液的优缺点见表1-3。

盾尾注浆的分类及各类浆液的优缺点 表1-3

注浆类型	注入部位	优点	缺点
注惰性浆	盾尾注浆管或管片注浆孔	凝结时间长，不易堵管，注浆效率高；不用水泥，成本较低	防水效果差，对控制地面沉降和约束管片不利，强度较低
注活性浆	盾尾注浆管或管片注浆孔	凝固后能增强隧道的防水性，对地面沉降控制和管片约束有利	凝结时间短，易堵管；成本较高
注单液浆	盾尾注浆管或管片注浆孔	设备简单，成本低；若用活性浆液，后期强度较高；堵管时较易清理	凝结时间长，注浆效果发挥较慢；浆液易流失，对盾尾密封性能要求高
注双液浆	盾尾注浆管或管片注浆孔	凝结快，利于尽早发挥注浆的功效；浆液不易流失	设备较复杂，成本高；后期强度不高；堵管时不易清理；水玻璃易伤害人员或污染环境；对施工管理要求较高
盾尾注浆	盾尾注浆管	不从管片吊装孔注浆，可降低漏水的可能性；因注浆点较多，可随掘进及时、均匀注浆	布设注浆管有可能增大盾构机直径或增加盾尾的钢板厚度；堵管时较难清理，若双液注浆更需配备专门的清洗设备
管片注浆	管片注浆孔	操作比较灵活；不会增大盾构机直径或增加盾尾钢板厚度；容易清理，双液注浆时设备简单且不易堵塞	需从管片注浆孔中注浆，注浆孔可能成为潜在的漏水点，管片表面易受浆液污染；因注入点少，易导致注浆不均衡

17. 盾构同步注浆参数如何确定？

答：盾构同步注浆的施工参数包括注浆压力、注浆量、注浆速率、注浆时间和注浆点的选择等，其中较为重要的是注浆压力和注浆量。实际上述几个施工参数也是相互关联的，比如注浆压力大，注浆速率就大，在同样的时间里，注浆量也大；一定量的浆液，注浆时间越短，其注浆速率也就越大，注浆压力也就越大。在盾构同步注浆施工中，可通过两种方法对注浆进行控制。一是通过注浆压力的大小来控制注浆施工；二是通过预设的注浆量的多少来决定注浆过程是否结束。

由于注浆压力受很多因素的影响，目前应用较多的是用注浆量来决定注浆施工，即要保证有足够的浆液能很好地填充管片与地层之间的空隙。

1）注浆压力的确定

注浆压力必须克服地下水压力、土压力及管道的摩阻力才能将浆液压注到盾尾空隙中。一般来说，压力越大，衬砌与地层之间的空隙充填越密，四周地层越稳定。但是注压浆压力又不能过大，否则会产生以下问题：

（1）对周围土体产生劈裂注浆，劈裂扰动进而造成后期地表沉降过大；

（2）容易损坏盾尾密封；

（3）浆液前窜到开挖面，影响开挖面的稳定；

（4）过高的注浆压力可使地层隆起甚至浆液上窜至地面；

（5）施工期间对衬砌管片的受力十分不利；

（6）在注浆孔单一的情况下，易引起接头部位破坏；

（7）危及防水性能发挥。

注浆压力的最佳值应在综合考虑地质条件、管片强度、设备性能、浆液特性和开挖面土仓或泥水压力的基础上来确定。

2）注浆量的确定

影响注浆量的因素很多，在实际施工过程中往往根据工程经验和监测数据来确定注浆量的多少。目前，对于注浆量通常按下式估算：

$$Q = V\alpha$$

$$V = \pi(D^2 - d^2)L/4$$

式中：Q——每环管片注浆量（m^3）；

V——理论盾尾空隙量（m^3）；

α——注入率；

D——盾构切削直径（m）；

d——预制管片外径（m）；

L——管片衬砌每环长度（m）。

其中，只有 α 的数值不确定，故正确确定 α 值对估算浆液的注入量至关重要。影响 α 的因素很多，但主要考虑以下四种影响因素：土层系数、超挖系数、压密系数、施工损失系数。

第六节　渣土改良系统

18. 渣土改良系统的作用是什么？

答：渣土改良系统的作用如下：

（1）使渣土具有良好的土压平衡效果，利于稳定开挖面，控制地表沉降；

（2）提高渣土的不透水性，使渣土具有较好的止水性，从而控制地下水流失；

（3）提高渣土的流动性，利于螺旋输送机排土；

(4)防止开挖的渣土黏结刀盘、刀具而产生泥饼；

(5)防止螺旋输送机排土时出现喷涌现象；

(6)降低刀盘扭矩和螺旋输送机的扭矩；

(7)减少刀盘、刀具和螺旋输送机的磨损；

(8)降低土仓温度，从而保护盾构机密封系统。

19. 渣土改良材料主要有哪些？

答：渣土改良材料可以分为单一改良材料和复合改良材料。

单一改良材料可分为三大类，详见表1-4。

单一改良材料　　表1-4

<table>
<tr><th colspan="2">种　类</th><th>代表材料</th><th>优　点</th><th>缺　点</th><th>适用土质</th></tr>
<tr><td colspan="2">矿物类</td><td>膨润土、蒙脱土</td><td>不透水性、流动性</td><td>制泥设备、废物处理</td><td>各种土质</td></tr>
<tr><td rowspan="2">高分子类</td><td>水溶性高分子聚合物</td><td>CMC</td><td>增大黏性</td><td>废物处理</td><td>无黏性土</td></tr>
<tr><td>高吸水性树脂</td><td>环氧树脂</td><td>胶凝状态、防止喷涌</td><td>酸碱地层、化学加固区</td><td>高水位、含水量高</td></tr>
<tr><td colspan="2">表面活性材料类</td><td>泡沫剂</td><td>不透水性、流动性、防止黏附</td><td>无</td><td>各种土质</td></tr>
</table>

1)矿物类

为使开挖土体具有流动性和不透水性，需加入矿物类材料(包括膨润土、黏土等)。根据盾构施工经验，开挖土中的微细颗粒必须达到35%。若开挖土体中的微细颗粒不足，使用膨润土、黏土等作为添加材料制成泥浆进行补给，其作用原理是通过补充渣土的细颗粒成分，使渣土泥土化，以提高其可排性。

2)高分子类

包括水溶性高分子聚合物和高吸水性树脂两种类型。

(1)水溶性高分子聚合物。它与树脂一样是高分子化合物构成的材料，可通过黏结流动水减少水土分离，增加渣土黏性，从而增加渣土的可排性。盾构施工中很多情况下都使用水溶性高分子聚合物。

(2)高吸水性树脂。由于高吸水性树脂可以吸收自身质量几百倍的地下水成为胶凝状态，所以对防止高水压地层的喷涌有很好的效果，并通过吸收自由水，提高止水性，从而提高渣土可排性。

3)表面活性材料类

其代表材料是泡沫剂，是目前比较先进的改善土体性质的材料，主要是注入用特殊发泡剂和压缩空气制作的气泡。其作用原理是通过泡沫与水和土体颗粒的结合，提高渣土的流动性、保水性、止水性等，从而提高渣土的可排性，而且具有防止开挖土黏附的效果。

复合改良材料通常由以上两种或两种以上单一改良材料组合而成。

第七节　盾构螺旋输送机

20. 盾构螺旋输送机的作用有哪些？

答：螺旋输送机是土压平衡盾构机的重要组成部分，它主要由圆筒状机壳和中心螺旋杆组成，其主要功能有：

（1）从有压力的密封土仓内将开挖下来的渣土排出。

（2）渣土在螺旋输送机内形成密封土塞，阻滞土仓内的水土自由流出，以保持土仓土压稳定。

（3）通过改变螺旋输送机转速、出土口开口度，调节排土量，即调节密封舱内土压力，使其与开挖面水土压力保持动态平衡。

（4）螺旋输送机的排土和保压作用的发挥对土压平衡盾构机的施工安全与效率有如下重要影响：

①盾构施工中的土压平衡包括土仓内外与螺旋输送机内的压力平衡和进、出土量的平衡，其通过螺旋输送机排土量的控制来实现；

②渣土进入螺旋输送机后，依靠自身重力及与螺杆、叶片和筒壁界面间的摩擦作用来抵抗土仓内的水土压力，保持出渣过程的稳定性；

③渣土性质对螺旋输送机的排土和保压效果有较大影响，主要通过向刀盘前方和向土仓内添加改良材料的方法对渣土进行流塑化改良；

④从螺旋输送机结构分析，可从减小螺距、采用间断式螺杆或双螺旋输送机三个方面进行改造，以增加保压效果。

21. 盾构螺旋输送机有哪些防喷涌设计？

答：当盾构机在富含地下水的地层掘进时，如果地下水压过大则会发生喷涌现象，从而影响盾构机的正常施工。盾构螺旋输送机的防喷涌设计如下。

1）双闸门设计

螺旋输送机通过液压马达带动减速机驱动，其转速可以在一定范围内调节，从而可以很好地控制出土量。调节螺旋输送机的出土速度是控制土仓压力的重要方法之一。螺旋输送机的排土闸门可设计为双层闸门形式，分别可以单独关闭，在需要时可以关闭后门以处理喷涌等紧急情况。

2）保压泵渣系统设计

保压泵渣装置就是为了解决排土喷涌问题而设计的一套辅助出渣设备。保压泵渣装置的主要工作方式为：当地层中含水量大同时开挖仓内的压力较大，螺旋输送机出口无法正常出渣而发生喷涌时，将保压泵渣系统通过密闭的管道和螺旋输送机的侧门用法兰连接，在保持螺旋输送机出口压力的状态下通过泥浆泵将螺旋输送机输出的泥浆及渣浆泵送至渣车，从而达到防止喷涌并正常掘进的目的。

3）双节螺旋设计

通常一台土压平衡盾构中只配备一节螺旋输送机，但在一些水土压力较大的地区采用土压平衡盾构时，一节螺旋输送机难以平衡地层水土压力，可利用双节串联螺旋输送机来解决土压平衡问题。

22. 盾构螺旋输送机有哪些类型？

答：螺旋输送机主要分为有轴带式螺旋和无轴带式螺旋两种。

有轴带式螺旋利于防止富水砂卵石地层的喷涌，但在同直径情况下，受中心轴限制，能输出的卵石粒径较小。

无轴带式螺旋能输出卵石粒径，主要受螺旋输送机内径及螺距限制，内径越大、螺距越大，能输出的卵石粒径越大，但不利于防止喷涌。

螺旋输送机内径受盾构机直径及所选用的主轴承直径限制，螺距主要受自身强度限制。内径1000mm的无轴带式螺旋理论上能输出直径330mm左右的球形卵石、330mm×570mm左右的长条形卵石。

此外，在砂卵石地层中进行盾构施工，对设计加工阶段螺旋输送机的磨损问题也应充分重视。施工过程中，盾构机到达接收井后须及时检查更换螺旋前端和螺旋钢筒内侧的耐磨条或堆焊耐磨材料。螺旋钢筒壁磨损严重者，需及时补焊，甚至更换。

有轴带式螺旋输送机结构图如图1-30所示。

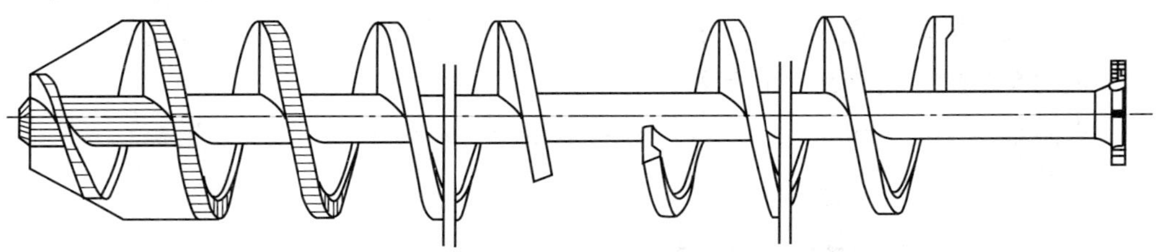

图1-30 有轴带式螺旋输送机结构图

23. 盾构螺旋输送机的相关参数如何确定？

答：在土压平衡盾构施工中，螺旋输送机不仅可排除开挖仓内的渣土，更重要的是具有控制螺旋输送机底部压力，进而维持盾构开挖面土压平衡的作用。螺旋输送机的安装角度、机内渣土性质、排土量等是影响螺旋输送机尺寸的重要因素。

螺旋输送机基本参数包括盾构机壳体直径 D，盾构最大开挖速度 v_{max}，筒体内径 D_1，叶片直径 D_2，螺距 L，螺杆直径 d，螺旋机充满系数 α。

螺旋输送机实际出土能力 q_1 可用下式计算：

$$q_1 = \frac{60n\pi[(D_1^2 - d^2)L]\alpha}{4}$$

只有螺旋输送机实际出土能力 q_1 大于盾构开挖实际需要的理论出土能力 q 时，才能满足盾构最大开挖速度的要求。

第二章　盾构掘进管理

第一节　盾构掘进组织管理

1. 一般盾构施工组织中包含哪些主要管理岗位，各岗位的职责是什么？

答：盾构掘进施工是一个系统工程，目前比较流行的做法是对整个施工现场进行工厂流水线管理，按照组织管理及工艺流转要求一般配备以下管理人员。

(1)项目经理：负责主持全面工作，主要负责生产、计划、安全、质量等工作。

(2)项目总工程师：主要负责技术工作，并同时根据施工组织设计主持编制生产进度计划、质量管理方案、安全管理方案、分部分项工程施工方案、各种应急预案。

(3)项目总经济师：主要负责生产成本、经营成本核算，负责项目部合同管理，根据生产安排制订资金使用计划，并负责项目资金流管理。

(4)生产经理：负责盾构进出场、盾构日常掘进的全面工作，根据生产要求制订生产计划。

(5)工程技术科长：负责具体的技术工作管理，组织编写进出场方案、始发接收方案、正常掘进方案、地表沉降监测方案、地表构筑物保护方案、重难点及危险源特别方案、雨季冬季施工方案、安全管理方案、质量管理方案、各种应急预案、设备维护方案；各工序技术交底、安全交底；资料收集与整理；协助生产负责人编制施工进度计划，进行质量、安全管理。

(6)施工技术员：根据生产负责人及技术负责人要求，具体跟班实施盾构生产日常管理，监督生产工序流程的运转，解决工序流转中产生的生产及技术问题，执行生产计划，组织并实施设备故障维修，下达掘进参数管理指令并根据施工方案及时调整。

(7)安全负责人：负责施工现场安全生产管理，进行各工作岗位、各施工设备日常安全检查，对施工过程中的影响安全的现象进行整改。

2. 常规的盾构施工班组人员应怎样配备？

答：常规的盾构施工班组应配备如下人员。

(1)操作手(班组长)：着重进行盾构机操作及机头内各岗位人员协调指挥，尤其注意盾构机姿态调整；合理排布施工计划内的管片顺序；指挥蓄电池车进出洞；根据表格做好每环管片掘进时盾构姿态、注浆系统、泥浆系统、盾构机掘进系统等各个方面的记录。

(2)注浆手：协助操作手完成同步注浆操作；完成补注浆操作；统计浆液存量并上报施工员，双液浆做A、B液凝结时间试验，将结果上报至施工员；保证注浆管路通畅；无任务时协助设备保养或管片拼装人员工作。

(3)拼装手:在保证拼装质量的同时尽量提高拼装速度,指挥好配合人员协助管片拼装和卸车码放;掘进时协助注浆手工作并观察盾尾漏浆情况,根据工作表格完成数据记录并及时上报。

(4)设备保养人员:完成本职工作同时做好各种材料存量统计并上报施工员,及时发现设备问题并及时解决;在拼装时间内完成各种管路线路连接放量;听从施工员及班组长安排。

(5)洞内配合人员:主要负责管片、辅料搬运到位。在不耽误正常工序情况下安排道轨枕木、水管进洞,拼装时间内完成道轨铺设,不影响注浆情况下完成浆液管、水管连接。

(6)洞口配合人员:洞口配合2人、蓄电池车驾驶员2人、天车驾驶员1人。主要负责快速摘挂土斗,指挥蓄电池车洞口错车,扳道岔,装管片,浆液输送,洞内辅料装运。

(7)地面配合人员:信号工1人、配合人员2人。主要负责检查管片外观,修理管片;进行到场管片码放顺序调整和管片码放场地调整;做好管片的防雨防潮工作和管片连接螺栓的准备工作;根据施工员安排进行管片运送与储备。

(8)地面倒土人员:主要负责土斗迅速就位,天车道轨的清理,出土坑附近场地的清理,联系挖铲车驾驶员进行坑内积土的调整。

(9)地面浆液搅拌人员(3人):其职责是根据施工技术员指令调整浆液配比,根据操作手或注浆手指令进行浆液搅拌,协同洞口配合人员输送浆液,并负责地面浆液输送管路维护、浆液搅拌数据记录、库存料统计及汇报等工作。

3. 盾构掘进质量管理体系如何建立?

答:按照"管理职责→产品实现→测量、分析和改进"几大过程全面进行质量管理,对每一过程的实施采取PDCA方法进行控制,通过这种循环使施工工程的质量得到持续改进和提高。图2-1为盾构掘进质量管理体系示意图。

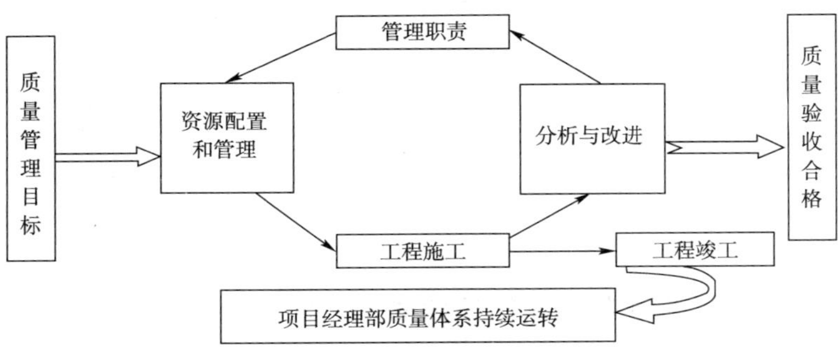

图2-1　盾构掘进质量管理体系示意图

4. 盾构施工中职工健康、安全管理有哪些基本职责?

答:职工健康安全由项目经理部综合办公室负责具体工作,为现场工人提供符合政府卫生规定的生活条件,保证工人的健康和防止任何传染病;雇佣专业的卫生防疫部门定期对现场和工程进行防疫和卫生专业检查和处理,消灭鼠害、蚊蝇和其他害虫,以防对施工人员、现场和永久工程造成任何危害。

在施工管理中，明确安全生产责任制，安全生产工作全员参与。实行项目经理负责制，并明确项目经理部各级安全生产的职责与权限，并制定以安全生产责任制为主要内容的考核办法，做到安全管理工作“横向到边，纵向到底”，确保施工生产的安全。项目经理部设专职安全工程师，各作业队设专职安全员。

第二节　盾构掘进系统及通信系统

5. 盾构掘进管理系统如何构成？

答：盾构掘进系统主要包括开挖管理、线形管理、壁后注浆管理、加泥管理。图 2-2 为盾构掘进管理系统构成图。

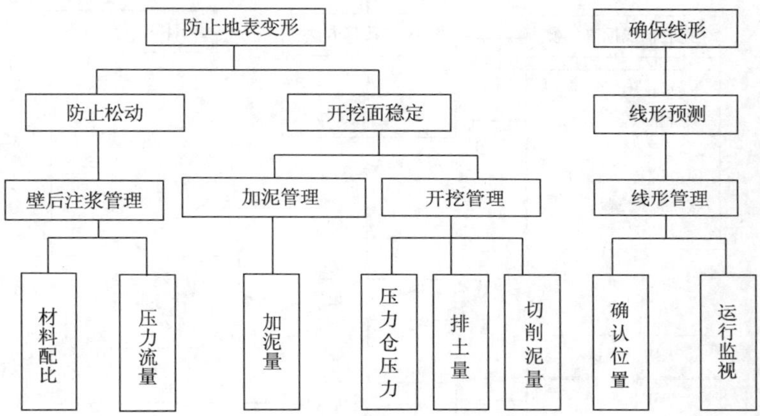

图 2-2　盾构掘进管理系统构成图

6. 常规盾构通信系统如何布设？

答：盾构通信系统包括盾构数据地面、洞内同步通信及作业指令传递。现在的盾构设备中数据同步主要依靠局域网同步，指令通信依靠有线电话及对讲系统完成。图 2-3 为盾构通信系统布设图。

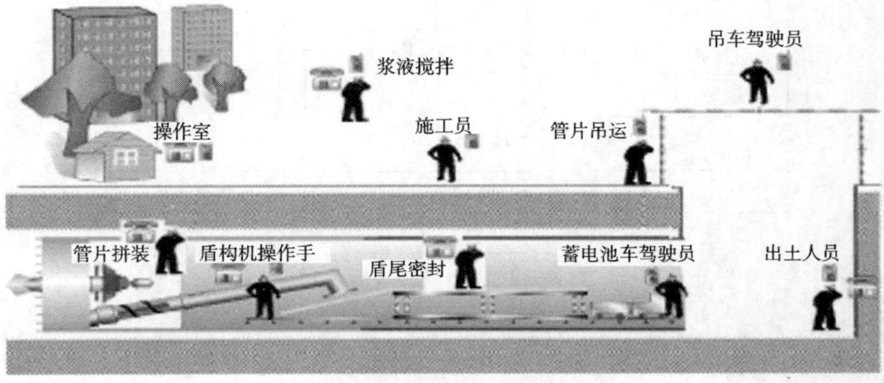

图 2-3　盾构通信系统布设图

7. 如何进行盾构掘进参数设定?

答:盾构掘进主要由10个参数控制:刀盘和土仓压力、排土量和推进速度、螺旋机转速、千斤顶总顶力、注浆压力与时间、注浆量与方式、浆体性能、盾构坡度、盾构姿态和管片拼装偏差等。为使掘进中的参数优化,必须熟练掌握盾构操作,并根据埋深、地质和环境条件对参数选取作预测计算。同时紧随盾构推进对盾构轴线上方地面变形曲线进行实测反馈,以验证选择施工参数的合理性或据以再调整优化施工参数。盾构出工作井推进中,结合地表沉降量测情况和工程质量、盾构设备的要求,对施工参数反复量测、分析、调整,进一步优化。图2-4为盾构掘进参数设定流程图。

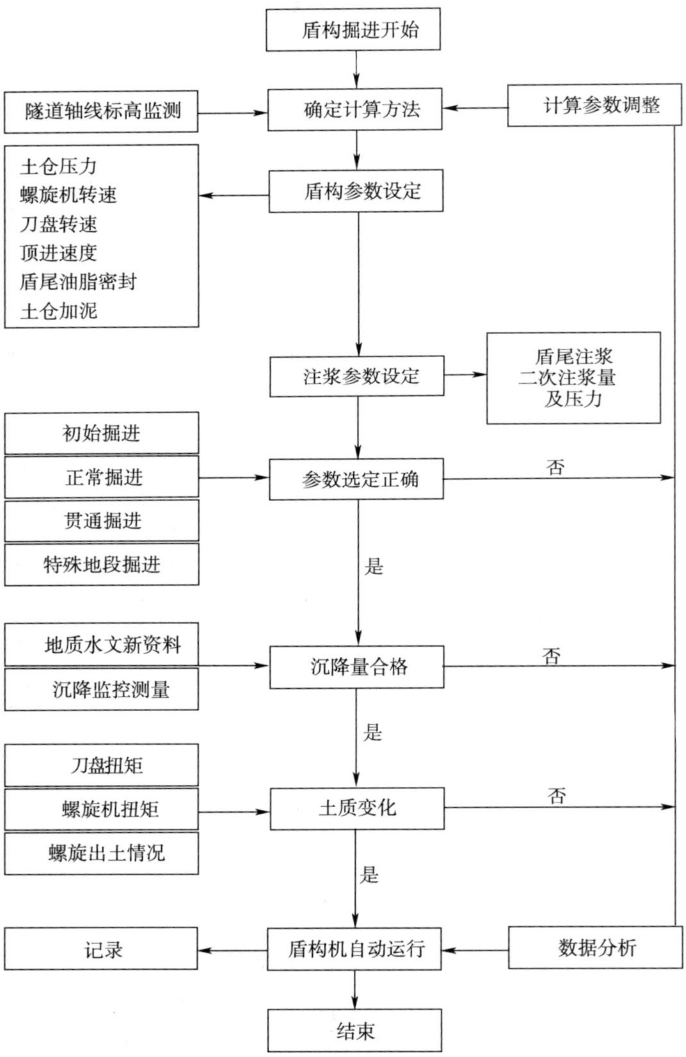

图2-4　盾构掘进参数设定流程图

第三节　土压(泥压)管理

8. 如何计算目标控制土压?

答:

$$目标土压力 = 主动土压力 + \Delta P$$

主动土压力的计算公式如下:

1) 含黏性土

$$P_a = \gamma \cdot H \cdot \tan^2(45° - \varphi/2) - 2c \cdot \tan(45° - \varphi/2)$$

式中:P_a——主动土压力(kPa);

γ——掘削地层的土体重度(kN/m^3);

H——掘削面上顶到地表的覆盖土层的厚度(m);

c——土体的黏聚力(kPa);

φ——土体的内摩擦角(°)。

2) 不含黏性土

$$P_a = \gamma \cdot H \cdot \tan^2(45° - \varphi/2)$$

ΔP 是考虑地下水压和土压的设定误差等因素,根据经验确定的压力,通常取值为20~30kPa。

9. 土压力异常时的掘进注意事项有哪些?

答:通过刀盘扭矩、推力、渣土情况分析引起土压力异常的因素。一般土压力异常分为土压急剧下降、土压急剧升高、左右土压压差大三种。

根据受力原理,土压急剧下降排除设备故障原因外,应是切削面缺少支撑,土仓空置。联系排土情况,若排土正常,前方可能通过土体空隙地段,或者地下水囊破裂;若排土量极小、推进速度极慢、扭矩极大,则前方可能存在较大障碍物。

土压力急剧升高,一般情况是推进速度与排土速度不匹配,或者前仓土体改良浆液注入过量,或者刀盘结泥饼。

土压力左右压差大,通常是由土压仓内土体搅拌不均匀引起。

在上述情况下,应根据不同情况判断,采用超前雷达探测、加固切削面或快速通过方法,并实时进行地表监测,防止引发地表较大沉降。

10. 不同土层中土压力的控制区间有何不同?

答:在黏土、粉土、粉质黏土等自稳性能较好的土层中,土压力应控制在目标土压上区间,能有效控制地表沉降。

在粉砂、砂砾层中,土压力应控制在目标土压下区间,能有效减小推力,加快推进速度。

有地表构筑物时,要求土压控制在目标土压上区间,防止地表沉降过大。

11. 出土量过多会造成什么后果？出土量显示过少，土压力正常，会造成什么后果，其原因是什么？

答：出土量过多会造成切削面坍塌，地表沉降严重。在正常埋深下，出土量显示过少，土压力正常，一般是由于前仓土体改良不理想，土体自身流动性太强造成的，此状况若持续时间长，易造成前仓土体含水量过大，螺旋发生喷涌；或由于刀盘形成泥饼，造成出土量实际很小，刀盘扭矩会急剧升高。

12. 面板式刀盘和辐条式刀盘土压力有什么区别？

答：面板式刀盘由于开口率小，在土体改良效果较好的情况下，土压力能直观反映出切削面土体的状况；辐条式刀盘因开口率较大，土仓土体直接连接切削面，能完整地反映切削面状况。

13. 砂卵石地层中怎样有效进行土体改良？

答：常用的渣土改良材料有泡沫、膨润土、高分子材料等。根据掘进地层的不同，加入不同的渣土改良剂。

砂卵石地层的渗透系数比较大，流动性差，内摩擦角较大，对刀盘磨损较大，且由于这种地层的特殊性会使刀盘扭矩及推力增大，故在推进中应根据地层变化情况及推进参数的变化及时调整泥浆的配比来适应变化的地层，可以最大限度地改善开挖土层的塑性流动性。加泥量与加泥压力必须与推进速度相匹配。盾构正常推进时，每一环加泥量为3680～5520L，占开挖土方的8%～12%，加泥流量在90L/min左右，加泥压力稍大于目标土压力。由于遇到的地层的条件的变化，不同的环加泥流量、加泥压力是不同的，应根据实际情况适当调整。

在采用膨润土泥浆的同时采用新型高浓度生泡剂，根据工程积累的经验，在施工时泡沫剂原液首先与水按比例混合，然后再在泡沫发生器内与压缩空气混合，生产出泡沫。砂卵石地层中的泡沫使用量较大，一般为切削土体的15%～24%（生成泡沫后与土体的体积比）。

第四节　测量、监控管理及线形调整

14. 目前主流的测量系统有哪几种？

答：盾构施工测量一般由盾构机配备的自动测量导向系统完成，主要有英国ZED系统，日本演算工房，德国的PPS测量系统和VMT公司的SLS-T系统以及上海力信RMS-D导向系统。

15. 盾构施工测量的工作内容有哪些？

答：盾构施工测量主要是把地面点的成果传递到地下，传递的内容为平面坐标与竖向高程，传递的成果要满足《地铁工程监控量测技术规程》（DB 11/490—2007）的要求（仪器精度、测量方法）。

16. 如何进行始发测量?

答:地下控制点测设完毕后,进行始发测量。首先测设盾构机的基座,在安装基座时,始发基座的高程比设计高程高出 10~30mm。然后安装反力架,安装反力架时,严格测量反力架的垂直度,其垂直度与盾构设计线纵坡的法线应一致。盾构机组装完毕,人工测量出自动全站仪的后视点、站点、盾构机三个棱镜标靶以及盾构机初始姿态的三维坐标。然后进行自动全站仪与三个棱镜标靶的线路连接,自动测量出三个棱镜标靶的三维坐标,与人工测量的结果作比较,没有明显差值的情况下即可进行盾构的初始化测量工作。

17. 怎样合理安排盾构正常掘进中的测量工作?

答:盾构掘进过程中的主要工作是导站测量、机头姿态测量、洞内导线点与高程点的引测以及管片的实测实量和管片椭圆度的测量。其中,导站工作是重中之重,任何工序不得影响。其他工作在盾构掘进工程中,利用蓄电池车出土的时间差进行测量工作。

18. 如何进行管片测量?

答:管片测量是校核实际数据与自动测量数据,并同设计线作偏差对比。基本测设方法是制作一定长度的杠尺,取中后,贴放射片,用全站仪测量其平面坐标。用水准仪测设管片流水面的高程。所测结果与设计线做比较,计算出的偏差再与自动测量出来的成果校核。

19. 如何进行贯通测量?

答:贯通测量分为平面贯通测量和高程贯通测量。平面贯通测量是在隧道贯通面处(盾构掘进从一车站到另一车站的出洞点)采用坐标法从两端测定贯通点坐标差,并归算到预留洞门的断面中线上,求得横向贯通误差和纵向贯通误差,并有明确结论性评定。高程贯通测量是用水准仪从贯通面两端测定贯通点的高程,其互差即为高程贯通误差,并有明确结论性评定。贯通测量误差须投影到贯通面的线路中线上。

20. 怎样合理布设地面沉降监测点?

答:根据以往隧道盾构施工时的监测经验并结合工程自身的实际情况,沉降监测点依据以下原则布设:在现场布设平行于隧道轴线的隧道中心沉降监测点和垂直于隧道轴线的沉降监测断面点,在隧道轴线上方每间隔 5 环布设一沉降监测点。垂直于隧道轴线的沉降监测断面点,每 30 环布设一组长约 27.2m 的断面,每组 13 点(含 2 个轴线中心的测点),离隧道轴线分别为 1m、4m、7m。

此外,为了解地下深层土体的变化情况,在有条件的情况下可在区间内重要区段布设深层监测点,埋深至盾构顶面与地面之间的中间土体,实际埋深一般在 1~3m 之间。

21. 盾构穿越段影响范围内的建筑物监测点如何布设?

答:有些建筑物建成时间久远,基础较差,在正常使用,故对盾构施工影响范围内的所有建筑物应进行沉降监测。观测点的布置,应以能全面反映建筑物地基变形特征并结合地质情况及建筑结构特点确定,点位宜选设在下列位置:

(1)建筑物的四角、大转角处及沿外墙每10~15m处或每隔2~3根柱的基础上。

(2)高低层建筑物、新旧建筑物、纵横墙等交接处的两侧。

(3)建筑物裂缝和沉降缝两侧、基础埋深相差悬殊处、人工地基与天然地基接壤处、不同结构的分界处及填挖方分界处。

(4)宽度≥15m或<15m而地质复杂以及膨胀土地区的建筑物,在承重内隔墙中部设内墙点,在室内地面中心及四周设地面点。

(5)邻近堆置重物处、受震动显著影响的部位及基础下的暗浜(沟)处。

(6)框架结构建筑物的每个或部分柱基上或沿纵横轴线设点。

(7)筏板基础、箱形基础底板或接近基础结构部分的四角处及其中部位置。

(8)重型设备基础和动力设备基础的四角、基础形式或埋深改变处及地质条件变化处两侧。

施工前应对隧道穿越的建筑物进行检查,记录施工前建筑物的状态,必要时拍照存档。沉降观测的标志,可根据不同的建筑结构类型和建筑材料,采用墙(柱)标志、基础标志和隐蔽式标志(用于宾馆等高级建筑物)等形式。测点应根据现场实际情况调整。测点布设完成后提交点位布设详图。

22. 测量与质量、安全有什么关系?

答:测量是盾构的眼睛,是指导盾构按照正确的设计线前进的重要依据,测量数据的正确与否是盾构顺利贯通的重要保证。测量数据直接关系到盾构姿态的好坏,盾构姿态的好坏关系到管片拼装的好坏。管片拼装不好,就会出现接缝过大、规律性错台等情况,从而导致管片漏水或者管片受力不均,致使管片破坏等情况。特别是隧道内轨道结构采用整体道床,轨道铺设一次到位,几乎无调整的余地,所以对铺轨基标的测量精度要求为毫米(mm)级。测量数据误差过大时,道轨的铺设误差过大,轨道高低不平,轨距过大,就会导致地铁列车在行驶的时候行走不稳,严重的还会发生脱轨事故,造成人员伤亡等安全事故。

23. 监控量测的主要目的是什么?

答:监控量测的目的主要有以下几方面:

(1)掌握围岩、支护结构和周边环境的动态,利用监测结果为设计和施工提供参考依据。

(2)监测数据经分析处理与必要的计算和判断后进行预测和反馈,以便为工程和环境安全提供可靠信息。

(3)积累资料和经验,为今后的同类工程提供类比依据。

24. 监控量测项目设置的原则是什么?

答:监控量测项目设置的原则如下:

(1)监控量测项目的设置应以满足地铁工程施工及周边环境安全为基本要求,同时兼顾经济性。

(2)应测项目和选测项目及其相应的监测范围、数量等应由设计单位根据地铁工程的具体条件和相关规程的要求进行选择确定。

25. 盾构法施工监控量测的项目有哪些?

答:地铁采用盾构法施工时,应对土体介质、隧道结构(主要为管片衬砌)和周边环境进行监控量测,其具体监控量测项目见表2-1。

盾构法施工监控量测项目表 表2-1

类别	监测项目	监测仪器及元件	监测精度	测点布置	监测频率
应测项目	洞内及洞外观察	洞内的管片衬砌变形、开裂等,洞外的地表沉降开裂、建筑物开裂等用肉眼观察			每天不少于1次
	地表沉降(或隆起)	水准仪	符合有关要求	符合有关要求	符合有关要求
	邻近建(构)筑物	水准仪; 全站仪或经纬仪; 裂缝观测仪	符合有关要求±2″, ±(2mm+2ppm①); 0.1mm	根据建(构)筑物的沉降、倾斜、裂缝的不同内容分别布置,详见相应的条文	与地表沉降的监测频率相同;建(构)筑物监测频率按照控制两次观测期间裂缝发展不大于0.1mm及裂缝所处位置而定
	地下管线沉降	水准仪	符合有关要求	地下管线每5~15m一个测点,管线接头处或位移变化敏感部位	与地表沉降相同
	管片衬砌变形	全站仪; 收敛仪; 断面扫描仪	±2″,±(2mm+2ppm); 0.06mm; 1mm	每一盾构施工的区间隧道设1~2个主测断面	分别在衬砌拼装成环但尚未脱出盾尾即无外荷载作用时和衬砌环脱出盾尾承受外荷作用且能通视时两个阶段进行监测

续上表

类别	监测项目	监测仪器及元件	监测精度	测点布置	监测频率
选测项目	土体分层沉降及水平位移	分层沉降仪；测斜仪	1mm；0.02mm/0.5m	与上述主测断面相对应设1～2个主测断面	与地表沉降相同
	管片衬砌和地层间接触应力	土压力盒、频率接收仪	0.15%F.s	同上且每一断面不少于5个测点	与地表沉降相同
	管片内力	钢筋应力计、混凝土应变计、螺栓应力计	0.15%F.s	同上	与地表沉降相同

注：①1ppm = 10^{-6}。

26. 地铁盾构法施工监控量测值控制标准是什么？

答：地铁盾构法施工监控量测值控制标准见表2-2。

盾构法施工监控量测值控制标准 表2-2

序号	监测项目及范围	允许位移控制值(mm)	位移平均速率控制值(mm/d)	位移最大速率控制值(mm/d)
1	地表沉降	30	1	3
2	拱顶沉降	20	1	3
3	地表隆起	10	1	3

27. 监测数据应怎样处理？

答：在取得各种监测资料后，需及时进行处理，排除仪器、读数等操作过程中的失误，剔除和识别各种粗差、偶然误差和系统误差，避免漏测和错测，保证监测数据的可靠性和完整性。每天将现场采集到的数据录入数据报表，每个监测项严格按各自的数据格式录入，录入后交审核人审核签字，并采用计算机进行监控量测资料的整理和初步定性分析工作。

28. 怎样进行监控量测的信息处理与反馈？

答：监控量测的信息处理与反馈按以下方法进行：

(1)取得监测数据后，应及时进行整理和校对。施工监控量测的各类数据均应及时绘制成时态曲线，同时应注明开挖方法和施工工序及开挖面距监测断面的距离等信息。

(2)监控量测数据的计算分析工作中除应对每个项目进行单项分析外，还应进行多项目的综合分析。

(3)当监测时态曲线呈现收敛趋势时，应根据曲线形态选择合适的函数，对监测结果进行回归分析，以预测该测点可能出现的最终位移值和预测结构和建(构)筑物的安全性，据此确定施工方法及判定施工方法的适应性。

(4)监测项目应按“分区、分级、分阶段”的原则制定监控量测控制标准，并按黄色、橙色和红色三级预警进行反馈和控制。

(5)当实测数据出现任何一种预警状态时，监测组应立即向施工主管、监理、建设和其他相关单位报告，获得确认后应立即提交预警报告。

29. 怎样组织信息化的施工？

答：在施工过程中，应建立专业监测小组，以项目总工程师为直接领导，由具有丰富施工经验、监测经验的工程技术人员组成，负责监测方案的制订，监测点的埋设和监测仪器的调试，监测数据的收集、整理和分析，并采用先进可靠的计算软件及时准确地进行数据处理，获得反馈信息用以指导施工。

30. 信息化施工的一般流程是什么？

答：信息化施工的一般流程如下：

(1)施工前根据施工工艺、地形地质条件、支护类型和参数、开挖方式等制订施工监测方案。

(2)施工过程中通过监测收集必要的数据，绘制各种时态关系图，进行回归分析，对支护的受力状况和施工安全做出综合判断，并编写周、月汇总报表，及时反馈于施工中。

(3)必要时重新制订措施，调整施工参数，重复步骤(1)(2)，直至结构施工完成，沉降稳定。

信息化施工流程如图 2-5 所示。

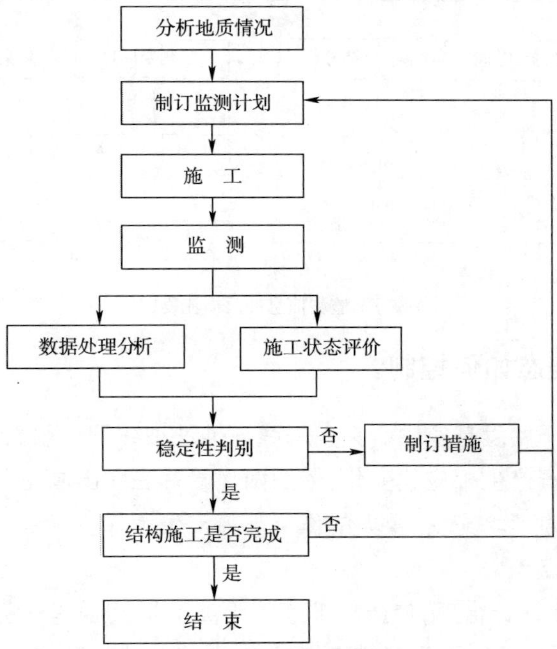

图 2-5　信息化施工流程图

31. 信息反馈包括哪些流程？

答：信息反馈包括监测资料的反馈和监测信息的反馈两方面。

监测资料的反馈通常采用Ⅲ级监测管理并配合位移速率作为监测管理基准，将允许值的2/3作为警告值，允许值的1/3作为基准值，警告值和允许值之间称为警告范围，实测值落在此范围，应提出警告，说明需商讨和采取施工对策，预防沉降值继续增大；警告值和基准值之间称为注意范围，实测值落在基准值以下，说明隧道和围岩是稳定的，可继续施工。

监测资料的反馈流程如图2-6所示。

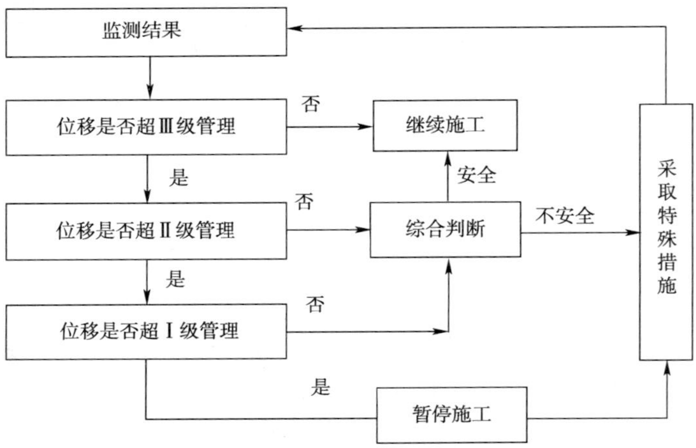

图2-6 监测资料的反馈流程图

监测信息的反馈流程如图2-7所示。

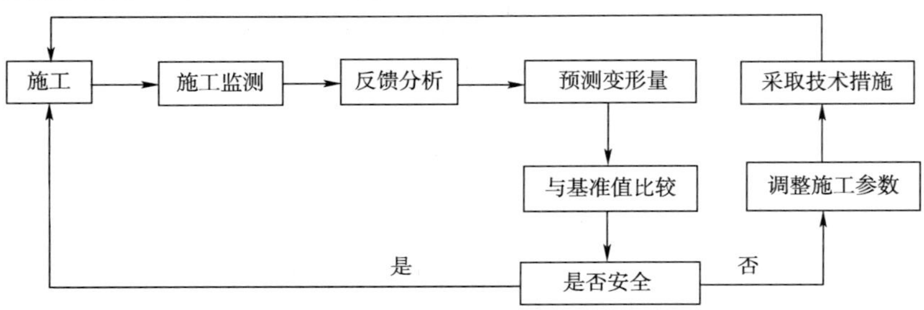

图2-7 监测信息的反馈流程图

32. 盾构始发时姿态如何控制？

答：盾构始发时，由于始发基座中心夹角轴线与推进轴线不一致，盾构姿态产生突变，盾尾使在其内的圆环管片位置产生相应的变化；最后两环管片在脱出盾尾后，由于与周围土体间的空隙位于洞口处无法及时地填充，在重力的作用下将产生沉降。

预防措施有如下几点：

(1)盾构始发基座要设计合理，使盾构下落的距离不超过盾尾与管片的建筑空隙；将始发段的最后一段管片，在上半圈的部位用槽钢相互连接，增加隧道刚度；

(2)在最后几环管片拼装时，注意对管片的拼装螺栓及时复紧，提高抗变形的能力；

(3)进洞前调整好盾构姿态，使盾构标高略高于接收基座标高。

33. 如何控制盾构掘进轴线偏差？

答：掘进过程中，盾构推进轴线过量偏离隧道设计轴线，会影响成型隧道的轴线。

1)盾构掘进轴线偏差原因分析

(1)盾构超挖或欠挖，造成盾构在土体内的姿态不好，导致盾构轴线产生过量的偏移；盾构测量存在误差，造成轴线的偏差。

(2)盾构纠偏不及时，或纠偏不到位；盾构处于不均匀土层中，即处于两种不同土层相交的地带时，两种土的压缩性、抗压强度、抗剪强度等指标不同影响轴线控制。

(3)盾构处于非常软弱的土层中时，如推进停止的间歇太长，当正面平衡压力损失时会导致盾构下沉。

(4)拼装管片时，拱底块部位盾壳内清理不干净，有杂质夹杂在相邻两环管片的接缝内，使管片的下部超前，轴线产生向上的趋势，影响盾构推进轴线的控制。

(5)同步注浆量不够或浆液质量不好，泌水后引起隧道沉降，进而影响推进轴线的控制。

(6)浆液不固结使隧道在大的推力作用下产生变形。

2)盾构掘进轴线偏差预防措施

(1)正确设定平衡压力，使盾构的出土量与理论值接近，减少超挖与欠挖现象，控制好盾构的姿态。

(2)盾构施工过程中经常校正、复测及复核测量基站。

(3)发现盾构姿态出现偏差时应及时纠偏，使盾构正确地沿着隧道设计轴线前进。

(4)盾构处于不均匀土层中时，适当控制推进速度，多用刀盘切削土体，减少推进时的不均匀阻力，也可以采用向开挖面注入泡沫或膨润土的办法改善土体，使推进更加顺畅。

(5)当盾构在极其软弱的土层中施工时，应掌握推进速度与进土量的关系，控制正面土体的流失。

(6)拼装拱底块管片前，应对盾壳底部的垃圾进行清理，防止杂质夹杂在管片间，影响隧道轴线。

(7)在施工中按质保量做好注浆工作，保证浆液的搅拌质量和注入的方量。

34. 如何进行盾构到达段轴线偏离设计？

答：盾构到达推进段时，推进轴线上浮，偏离隧道设计轴线较大，待推进一段距离后盾构推进轴线才能控制在隧道轴线的偏差范围内。

1)原因分析

(1)洞口土体加固强度太高，使盾构推进的推力提高，而盾构刚出洞时，开始几环的后盾管片是开口环，上部后盾支撑还未安装好，千斤顶无法使用，推力集中在下部，使盾构产生一个向上的力矩，盾构姿态产生向上的趋势。

(2)盾构正面平衡压力设定过高引起盾构正面土体拱起变形，进而引起盾构轴线上浮；未及时安装上部的后盾支撑，使上半部分的千斤顶无法使用，将导致盾构沿着向上的趋势偏离轴线。

(3)盾构机械系统故障造成上部千斤顶的顶力不足。

2)预防措施

(1)正确设计出洞口土体加固方案，设计合理的加固方法和加固强度；施工中正确把握加固质量，保证加固土体的强度均匀，防止产生局部的硬块、障碍物等。

(2)施工过程中正确设定盾构正面平衡土压。

(3)及时安装上部后盾支撑，改变推力的分布状况，有利于盾构推进轴线的控制，防止盾构上浮。

(4)正确操作盾构，按时保养设备，保证机械设备的完好。

第五节　同步注浆管理

35.水泥砂浆在盾构施工中的作用是什么？

答：在盾构掘进过程中，因为刀盘切削直径比成型管片直径大，造成管片与土体之间有圆环空隙，此空隙如果不及时填充，会引起地表沉降。水泥砂浆因其固结性能，在盾构施工中被广泛应用于空隙填充，施工中一般称为壁后注浆。

36.水泥砂浆的分类有哪些，各适用哪些地层？

答：目前常用的水泥砂浆分为单液浆和双液浆。其中，双液浆根据固结时间不同又分为缓凝固结型、瞬时固结型和可塑型三种。

单液浆一般都是以水泥为主材，添加砂作为骨材的砂浆，或添加黏土的黏土灰浆及上述两者加气的浆液。在某些地域，有采用高炉水泥替代一般水泥的单液浆。

双液浆最早由水泥砂浆和水玻璃组成，经过工艺的不断发展，在北京地区常用的水泥砂浆中一般添加粉煤灰、膨润土作为骨材，具有良好的物理特性和经济性。

通常情况下，如果土体稳定，无需壁后浆液注入与掘进同步进行，可选择单液浆；一般在砂卵石、砂土地质中，通常选择双液浆。

37.对壁后注浆的浆液有哪些要求？

答：为了更好地达到壁后注入的目的，注入的浆液必须迅速、密实地充填尾隙，为此壁后注浆应具有以下特点：

(1)充填性好，且不流失到尾隙以外的其他地域(不漏窜到切削面和围岩体系)。

(2)浆液流动性好，离析少；浆液应具有不受地下水稀释的特性。

(3)材料分离少，以便能长距离输送；壁后充填后，其早期强度均匀，数值与原状土相当；

浆液硬化后的体积收缩率和渗透系数小。

(4)无公害,价格便宜。

38. 如何正确设定注浆压力及注浆量?

答:1)注浆压力的设定

同步注浆时,要求在压入口的压力大于该点的静止水压及土压力之和,做到尽量填补而不是劈裂。注浆压力过大,管片外的土层将会被浆液扰动而造成较大的后期地层沉降及隧道本身的沉降,并易造成跑浆。而注浆压力过小,浆液填充速度过慢,填充不充足,也会使地表变形增大。

前期注入压力 = 地层阻力 +0.1 ~0.2MPa;

后期注入压力 = 地层阻力 +0.1 ~0.2MPa +0.05 ~0.1MPa;

地层阻力≤注入压力(0.1 ~0.3MPa)≤管片螺栓抗剪力(约0.4MPa)

通过计算:同步注浆压力选择为0.25MPa。

2)合理选择注浆参数

根据地面的沉降监测情况,严格控制浆液配比,保证注浆效果,随时调整浆液的缓凝时间。注浆起始时间控制:衬砌背部注浆时间一般应在衬砌脱出盾尾及盾构掘进时同步进行,并在推进一环的时间内(正常掘进的速度为4 ~6cm/min,则注浆时间为48 ~80min)完成。

3)注浆量的控制

盾构推进中的同步注浆和初砌壁后补注浆是填充土体与管片圆环间的建筑间隙和减少后期沉降的主要手段,也是盾构推进施工中的一道重要工序。盾构推进施工中的注浆,应选择具有和易性好、泌水性好,且具有一定强度的浆液进行及时、均匀、足量压注,确保其建筑空隙得以及时和足量的充填。

每推进一环的建筑空隙为 $\pi(D_{12}-D_{22})L/4$。每环的压浆量一般为建筑空隙的120% ~200%。二次补注浆两环一补,补浆量一般为同步注浆量的30% ~60%。盾构机尾部进入土体第1 ~3 环时,要将注浆量加大,并且采用早强注浆材料进行注浆,以防止洞口地面发生沉降。

39. 二次补注浆有何意义?

答:盾构施工后期沉降(盾尾后30 ~40m 范围内)主要来自土体固结,虽然沉降发展速度较慢,但累计值占到总沉降量的30% ~50%,故及时进行二次补浆是必要且必需的手段。详细调查建筑物和管线等的分布情况,采用及时二次补浆的方法来减少后期沉降,对建筑物和管线的安全是十分有效的。

40. 如何处理单液注浆浆管堵塞?

答:采用单液浆注浆时会发生浆管堵塞,无法注浆的情况,甚至发生浆管爆裂的情况,严重影响施工质量和进度。

1）原因分析

（1）停止注浆的时间太长，留在浆管中的浆液结硬，引起堵塞。

（2）浆液中的砂含量太高，沉淀在浆管中，使浆管通径逐渐减小，引起堵塞。

（3）浆管的三通部位在压浆过程中有浆液积存，时间长了就沉淀凝固。

2）预防措施

（1）停止推进时，定时用浆液打循环回路，使管路中的浆液不产生沉淀；若长期停止推进，应将管路清洗干净。

（2）拌浆时注意配比准确，搅拌充分。

（3）定期清理浆管，清理后的第一个循环用膨润土泥浆压注，使注浆管路的管壁润滑良好。

（4）经常清理维修注浆系统的阀门，使它们启闭灵活。

41. 如何处理双液注浆浆管堵塞？

答：双液注浆时也会发生浆管堵塞，无法注浆的情况，甚至发生浆管爆裂的情况，严重影响施工质量和进度。

1）原因分析

（1）长时间未注浆，浆管没有清洗，浆液在管路中结硬而堵塞浆管。

（2）两种浆液的注浆泵压力不匹配，B 液浆的压力太高而进入 A 液的管路中，引起 A 液管内浆液结硬，堵塞浆管。

（3）管路中有支管时，清洗球无法清洗到该部位，使浆液沉淀而结硬。

2）预防措施

（1）每次注浆结束都应清洗浆管，清洗浆管时要将橡胶清洗球取出，不能将清洗球遗漏在管路内引起更严重的堵塞。

（2）注意调整注浆泵的压力，及时更换已发生泄漏、压力不足的泵，保证两种浆液压力和流量的平衡。

（3）对于管路中存在分叉的部分，清洗球清洗不到，应经常对此部位进行人工清洗。

第六节　管片拼装管理

42. 为什么管片拼装中和成型后会产生错台，如何控制？

答：1）管片拼装中和成型后产生错台的原因

（1）管片拼装的中心和盾构机中心不同心，管片和盾尾相碰，为安装管片，人为将管片径向偏移，造成错台。

（2）管片安装时，盾尾残留渣土未清理干净，尤其在底部盾构尾漏泥沙，清理困难，使某片管片安装困难，造成错台。

(3)人工操作机械安装,安装时未调整管片内环面平整度,引起错台;管片安装完成后,未采用整圆装置,或管片螺栓未按安装要求进行复紧。

(4)同步注浆,应填满建筑空隙,注浆压力不能太大,一般控制在0.1~0.3MPa,如超过0.5MPa,可能会引起管片受到挤压而错台。

(5)盾构姿态控制不当,纠偏过大,造成错台。

(6)隧道围岩条件发生改变,引起隧道施工后发生变形,引起错台。

2)管片错台的质量标准

《地下铁道工程施工与验收规范》(GB 50299—1999)(2003年版)规定:单个环管片间的错台容许值为10mm。环与环间的错台容许值为10mm,螺栓孔的最大空隙为2mm,螺栓孔位误差为1mm。

3)施工中控制管片拼装和成型后产生错台的对策

(1)施工过程中控制盾构轴心和管片轴心基本保持一致,施工过程中主要以推进油缸行程差和盾尾间隙两个参数来控制。

(2)管片拼装应遵循由下至上、左右交叉、最后封顶的顺序,尽量调整管片位置与上环管片平顺,使螺栓孔位对正,螺栓穿插容易。

(3)封顶块安装前对止水条进行润滑处理,安装时先径向插入,调整位置后缓慢纵向顶推,封顶块安装到位后应及时伸出相应位置的推进油缸顶紧管片,顶推力应大于稳定管片所需力,然后方可移开管片安装机。

(4)管片安装后,应用整圆器及时整圆,对管片变形及时校正,并在管片环脱离盾尾后对管片连接螺栓进行二次紧固。

(5)严格控制注浆压力,小曲线段必要时在曲线外侧补注双液浆,防止浆液向土仓倒流。管片注浆口注浆压力控制在0.1~0.3MPa,不宜大于0.5MPa,最佳注入时期应在盾构机推出的同时或推进后立即注入,宗旨为完全填充盾尾间隙,注入量为盾尾间隙150%~200%。

(6)盾构纠偏过程中保持盾构姿态不应有突变,运动轨迹尽量平顺。纠偏和姿态调整把握原则:①以盾尾间隙控制为主,线形控制为辅;②掘进过程中一次纠偏不能过大,即油缸行程差不能过大,应控制在50mm左右。

43.负环管片安装有哪些注意事项?

答:负环管片安装应注意如下事项:

(1)在盾尾壳体内安装管片支撑垫块,为管片在盾尾内的定位做好准备。

(2)安装前,在盾尾内侧标出第一环管片的位置和封顶块的位置,然后从下至上安装第一环管片,安装时要注意使管片的位置与标出位置相对应转动角度,直至符合要求。

(3)安装拱部的管片时,由于管片的支撑不足,用角钢焊在盾尾做临时加固。

(4)第一环负环管片拼装完成后,用推进油缸把管片推出盾尾,然后进行下一环管片的安装。

(5)管片在被推出盾尾后,要马上加固,防止管片下沉或失圆,采用钢绞线在管片外箍紧,同时由于盾构推进时可能产生局部偏心力，因此支撑应确保平稳。

(6)盾构机进入预留洞门前，在外围刀盘和帘布橡胶板外侧涂润滑油脂以免盾构刀盘刮破帘布橡胶板影响密封效果，同时清除在底部的渣土。

44. 负环管片位置如何确定?

答:假定盾构长度 $L_{TBM}=8.3m$，安装井长度 $L_{AS}=12m$（因不同的始发井尺寸而不同），洞口围护结构在完成第一次凿除后的里程为 D_F，设计第一环管片起始里程为 D_{1S}，管片环宽 $W_S=1.2m$，反力架与负环钢管片长 $W_R=1.2m$。在安装井内始发时，最少负环管片环数 N 确定为：

$$N=(D_{1S}-D_F+8.3)/W_S$$

其中，第一环管片起始里程 D_{1S}，应根据设计区间联络通道中心里程向洞门位置进行管片排版，并考虑管片之间的2mm空隙，注意排版计算应从车站主体结构内皮进行。

在安装井内的负环管片通常采取通缝拼装，主要是因为盾构井一般只有一个，在施工过程中要利用此井进行出渣、进管片。所以采用通缝拼装可以保证及时、快速地拆除负环管片。

45. 管片拼装有哪些注意事项?

答:管片拼装应注意如下事项：

(1)管片安装头必须拧紧，为避免管片旋转过程中安装头单独承受管片重量，应使4条压板均匀地接触管片，避免拼装过程中吊装头被拔出，破坏管片，引起安全隐患。

(2)管片拼装过程中，第一块管片的位置尤为重要，它决定本环其他管片的位置及缝的宽窄。管片高于前一环相邻管片，则C块的位置不够；若低于相邻块，则会造成纵缝过大，防水性能降低，因此，第一块应平整好，防止形成喇叭口。

(3)当拼装两块相邻块时，应用尺子量C块空位的宽度，若宽度不够大，须重新调整相邻块位置，确保C块安装的空间。

(4)管片拼装应满足规范规定的允许偏差。

(5)连接螺栓应先初步拧紧，脱出盾尾后再次拧紧。当后续盾构掘进至每环管片拼装之前，应对相邻已成环的3环范围内管片螺栓进行全面检查并复紧，拧紧力矩达到300N·m。

(6)管片C块安装方法为：先纵向搭接1/3，然后安装器环向将C块推顶到预定位置再纵向插平。C块及B1，B2相应相邻面止水条，应在安装前涂润滑剂，润滑剂为黄油或肥皂液。

(7)安装时注意小心轻放，避免损坏管片和止水条。

(8)安装管片时，其他非操作人员不得进入安装区。

(9)吊运管片时，吊运范围内不得站人。

46. 怎样判断计算出的楔形量的对错?

答:根据隧道半径可知每环楔形量的变化量。当楔形量的变化不符合变化规律时（误差 > 5），可判断楔形量不正确。

47. 上楔形 43，左楔形 18，如何调整楔形量？

答：应遵循楔形量调整先大后小的原则。本例中可采用左转弯环 5 号位置一次调整到位。

48. 间隙量怎样保证？理论推算出来的管片排版在施工过程中如何顺利实施，应注意哪些环节？推进 191 环时，C 块在 2 号镐位，指出在 195、196 环用左右转弯环调整楔形量，怎样保证调整措施的顺利实施？

答：保证间隙量的措施有：

(1) 盾构姿态控制平稳；

(2) 楔形量不超过所应具有的变化量 +20mm；

(3) 姿态调整的同时，同步调整管片中心。

理论计算出的管片排版在施工中主要受间隙量变化影响，在管片排版循环中容易发生因调整盾构姿态而同时调整管片中心，此时管片排版循环被打断，需准确计算楔形量，判断间隙量变化趋势，提前通过 C 块管片位置调整，使楔形环在需要调整楔形量位置具备适合的楔形量。

保证楔形量调整的顺利实施，需准确计算 195、196 环所需调整的楔形量大小，然后组合左右楔形环，确定 195 环所用楔形环 C 块位置，在 192、193、194 三环中根据错缝拼装要求调整 C 块位置。同时应考虑间隙量偏移方向，使管片中心向间隙量较大的方向偏移。

49. 如果水平曲线半径 500m，在不考虑垂直方向楔形量的前提下，如何给出一组调整楔形量的管片排版（标准：楔形）？

答：计算每环楔形量的变化量：$\Delta = 7.2/5000 = 0.0144\text{m}$

按北京地区一般使用的楔形环，最大楔形量为 48mm。

$14.4x = 48y$，取最小的 x，y，则 $x = 10$，$y = 3$。即在 10 环内添加 3 个楔形环即能满足楔形量要求：TR2 + R16 + TR2 + TR16 + TR2 + R16 + TR2 + R16 + TR2 + TR16。

50. 油缸行程差与盾尾间隙的关系是怎样的？

答：管片先拼装成环，然后被推出盾尾，这就要求盾壳和管片外径之间有一定的空隙，否则会使加强环挤压管片而造成管片碎裂，并妨碍掘进方向的控制。盾构机一般有规定的正常盾尾间隙值以及最小盾尾间隙值。施工中主机偏离及管片拼装点位等因素的影响，会致使 4 个方向的盾尾间隙难以保证标准值。主机掘进控制及管片选型的工作之一就是保证 4 个方向上的值在合理的范围内。

油缸行程差比较大时，安装管片后盾尾间隙会产生明显变化。在拼装本环管片时，已经可以通过本环拼装完成后的盾尾间隙及下一环掘进完成后（管片拼装前）的油缸行程差，计算出下一环管片的盾尾间隙值。同时可以通过本环拼装点位的选择来调整油缸行程差，以便下一环拼装完成时能够保证合理的盾尾间隙。

51. 拼装点位与盾尾间隙的关系是怎样的？

答：当盾构的掘进线路为小半径曲线时，一侧的盾尾间隙会变得很小，而且这种现象会一直维持，使得千斤顶平面与管片平面有一个很大的夹角，致使盾构机方向控制困难。管片的不同拼装点位可以使一侧的盾尾间隙减小，而同时使另一侧的间隙得到最大补偿，从而可以对盾尾间隙起到调节作用。

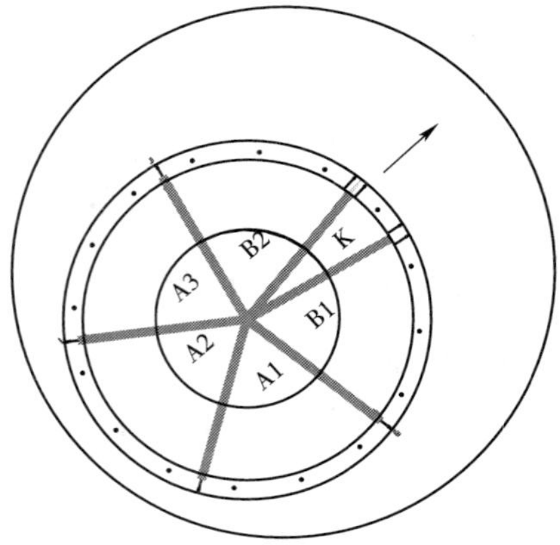

图 2-8　管片拼装点的选择

当管片左下方的盾尾间隙较小时，若将拼装点位选在图 2-8 中箭头所示的右上方，将使左下方的盾尾间隙紧张情况得以缓解。

52. 盾构机盾尾间隙变化有哪几种情况？

答：(1) 当使用楔形环管片环时盾尾间隙如图 2-9 所示。

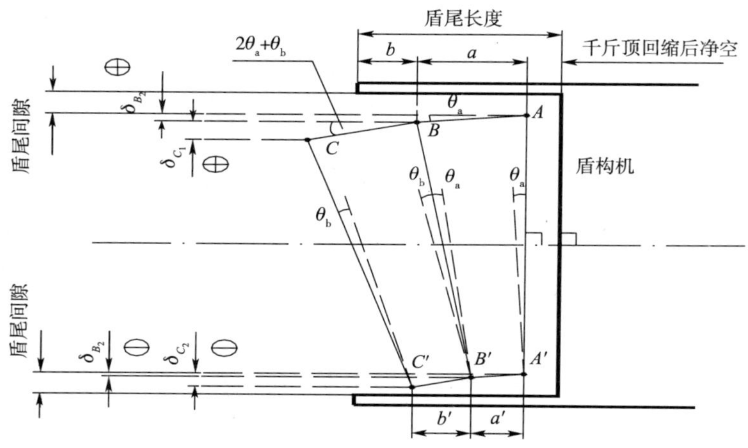

图 2-9　使用楔形环管片环时盾尾间隙

$$a = AB$$

$$a' = A'B'$$

$$b = 2200 - a$$

$$b' = 2200 - a'$$

$$\delta_{B_1} = a\tan\theta_a$$

$$\delta_{B_2} = -(a'\tan\theta_a)$$

$$\delta_{C_1} = \delta_{B_1} + b\tan(2\theta_a + \theta_b)$$

$$\delta_{C_2} = -[\delta_{B_2} + b'\tan(2\theta_a + \theta_b)]$$

(2) 管片方位角与盾构机方位角不一致时盾尾间隙如图 2-10 所示。

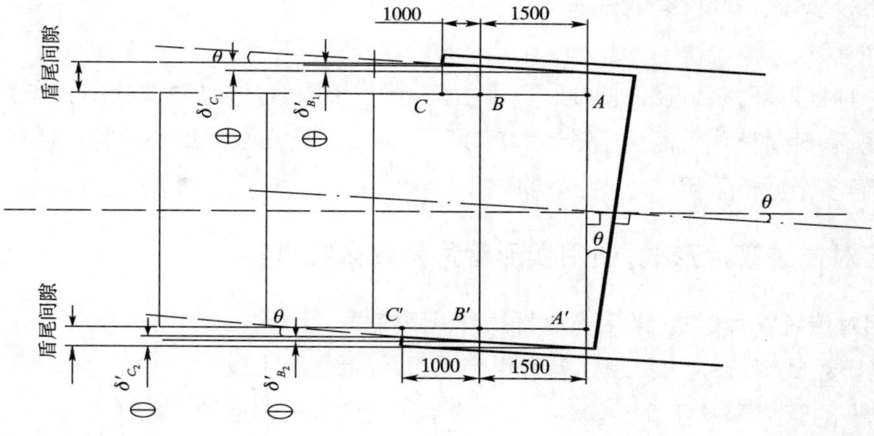

图 2-10　管片方位角与盾构机方位角不一致时盾尾间隙

$$\delta_{B_1}{}' = 1500\sin\theta$$

$$\delta_{B_2}{}' = -1500\sin\theta$$

$$\delta_{C_1}{}' = 2500\sin\theta$$

$$\delta_{C_2}{}' = -2500\sin\theta$$

(3) 盾构机偏移时盾尾间隙如图 2-11 所示。

管片与机尾的间隙，上(δ_t)、下(δ_b)、左(δ_l)、右(δ_r)的数值，在盾构施工现场通过盾尾是可以测量到，管片中心(θ_s)与盾构中心(θ_t)的偏差 δ_v、δ_h 可以用下公式计算出来：

$$\delta_t + r + \delta_v = r - \delta_v + \delta_b$$

$$\delta_v = \frac{1}{2}(\delta_b - \delta_t)$$

$$\delta_r + r + \delta_h = r - \delta_h + \delta_l$$

$$\delta_h = \frac{1}{2}(\delta_l - \delta_r)$$

$$\delta_{min} = \sqrt{\delta_v{}^2 - \delta_h{}^2}$$

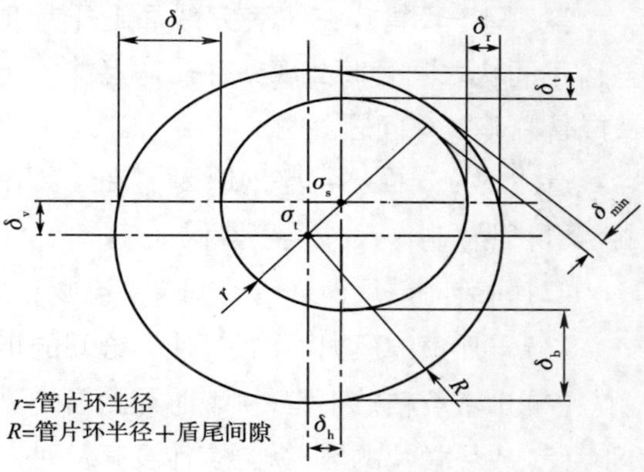

图 2-11　盾构机偏移时盾尾间隙

以上三种情况在实际施工常常同时出现，是一个综合性因素。

53. 管片衬砌环有哪几种组合形式？

答：管片衬砌环有以下几种组合形式。

1) 标准衬砌环 + 左转弯 + 右转弯衬砌环

直线地段，采用标准环，曲线地段采用标准环和左、右转弯环的组合来拟合曲线；国内普遍采用这种组合，生产需要多个管模。

2) 左转弯 + 右转弯衬砌环

通过左、右转弯环的组合来拟合曲线，由于均为楔形管片，施工操作较为困难。这种组合在欧洲应用较多，国内尚没有地铁采用。

3）通用管片

通过一种楔形环拟合直线、曲线和施工纠偏，管片排版时，通过封顶块旋转多种角度来拟合隧道轴线，有时封顶块可能位于隧道腰部以下。这种组合在欧洲应用较多，目前成为一种趋势，国内也有多个城市采用。

54. 相对传统管片形式，通用楔形管片有什么特点？

答：相对传统管片形式，通用楔形管片有以下特点：

(1)钢模数量单一，大大简便了管片生产施工，降低了施工成本；

(2)单一的管片形式可适合多种不同曲线半径复合轴线的推进；

(3)施工动态调整方便，具有即时性，在盾构推进结束后可根据测量的结果对管片进行拼装选型，对盾构推进起着良好的导向作用；

(4)不同的楔形量调整有利于施工中盾构姿态与管片姿态的微调，从而提高隧道轴线控制质量；

(5)管片成环质量高，踏步小，环面平整，止水效果明显。

55. 管片端面不平整对拼装有何影响，造成的原因有哪些，如何预防？

答：同一环管片在拼装完成后迎千斤顶一侧环面如不在同一平面上(即管片端面不平整)，不同块之间有凹凸现象存在，将会给下一环的拼装带来影响，导致环向螺栓穿进困难，并造成管片碎裂等问题。

造成管片端面不平整的原因主要有以下几点：

(1)管片制作尺寸误差累积；

(2)拼装时前后两环管片间夹有杂物；

(3)千斤顶的顶力不均匀，使环缝间的止水条压缩量不相同；

(4)止水条粘贴不牢，拼装时翻到槽外，与前一环的环面不密贴，引起该块管片凸出；

(5)成环管片的环、纵向螺栓没有及时拧紧及复紧。

预防措施如下：

(1)拼装前检测前一环管片的环面情况，确定本环拼装时纠偏量及纠偏措施；

(2)清除环面和盾尾内的各种杂物；

(3)控制千斤顶顶力均匀；

(4)检查止水条的粘贴情况，保证止水条粘贴可靠；

(5)盾构推进时骑缝千斤顶应开启，保证环面平整。

56. 管片拼装纵缝质量好坏对工程质量有何影响，造成拼缝质量问题的原因有哪些，如何预防？

答：同环相邻的管片相互位置发生变动，致使纵缝出现前后喇叭、内外张角、内弧面产生错台、纵缝过宽、两块管片相对旋转等质量问题，会对隧道的防水、管片的受力都造成严重的危害。

造成拼缝质量问题的主要原因有如下几点：

(1)拼装时管片没有放正，盾壳内有杂物；

(2)拱底块管片放不到位或产生上翘、下翻，环面有杂物夹入环缝，也会使纵缝产生前后喇叭；

(3)拼装时管片未能形成正圆，造成内外张角；

(4)前一环管片的基准不准，造成新拼装的管片位置也不准；

(5)隧道轴线与盾构的实际中心线不一致，使管片与盾壳相碰，无法拼成正圆，只能拼成椭圆，纵缝质量也就无法保证。

预防措施如下：

(1)拼装前做好盾壳与管片各面的清理工作，防止杂物夹入管片之间；

(2)推进时勤纠偏，使盾构的轴线与设计轴线的偏差尽量减少，保证管片能够居中拼装，管片周围有足够的建筑空隙使管片能拼装成正圆；

(3)及时纠正环面的偏差，使拼装完成的管片中心线与设计轴线误差减少，管片始终能够在盾尾内居中拼装；

(4)管片正确就位，千斤顶靠拢时要均匀加力，除封顶块外每块管片至少要有2只千斤顶顶住；

(5)盾构推进时骑缝千斤顶应开启，保证环面平整。

57. 管片拼装环缝质量不符合要求的原因有哪些，如何预防？

答：管片拼装完成后如果两环管片间内弧面不平，环高差过大，则环缝质量不符合要求。

管片拼装环缝质量不符合要求的原因主要有如下几点：

(1)管片拼装的中心与盾尾中心不同心，管片与盾尾相碰，为了将管片拼装在盾尾内，将管片径向内移，造成过大的环高差；

(2)管片拼装的椭圆度较大，造成环高差过大；

(3)管片的环面与隧道轴线不垂直，如继续按上一环的方向拼装将会与盾尾相碰，而将管片向相反方向位移，则会造成过大的环高差；

(4)管片在脱出盾尾后，建筑空隙没有及时填充，管片在自重的作用下落低，造成环高差过大。

预防措施如下：

(1)使管片在盾尾内居中拼装，并使管片不与盾尾相碰；

(2)保证管片拼装的整圆度；

(3)纠正管片环面与隧道轴线的不垂直度；

(4)及时、充足地进行同步注浆，用同步注浆的浆液将管片托住，减少环高差；

(5)严格控制盾构推进轴线和盾构姿态，确保管片能拼装于理想的位置上。

58. 错缝拼装管片碎裂的原因有哪些，如何预防？

答：错缝拼装的管片在拼装和盾构推进过程中有时会出现裂缝，甚至断裂的质量问题，其产生的原因有以下几点：

(1)管片环面不平整，相邻管片迎千斤顶面有交错现象，使后拼上的管片受力不均匀，管片的表面会出现裂缝，盾构的推力较大时，会顶断管片；

(2)拼装时前后两环管片间夹有杂物，使相邻块管片环面不平整，后拼装的管片在推进的时候就可能被顶断；

(3)管片有上翘或下翻，使管片局部受力，造成破碎；

(4)封顶块管片插入时，由于管片开口不够而使管片受挤压产生碎裂；

(5)背后注浆压力过大，使管片受力过大而碎裂。

预防措施如下：

(1)每环管片拼装时都对环面平整情况进行检查，发现环面不平情况，及时加贴衬垫予以纠正，使后拼上的管片受力均匀；

(2)及时调整管片环面与轴线的垂直度，使管片在盾尾内能居中拼装；

(3)拼装前做好清理工作；

(4)封顶块拼装前，调整好开口尺寸，使封顶块管片顺利插入到位；

(5)做好管片背后注浆压力管理，保证既能充分填充又不至于损坏成型管片。

59. 拼装成环后发生整环旋转的原因是什么，如何预防？

答：拼装成环的管片与设计要求的拼装位置相比较，旋转了一定的角度，即发生整环旋转，这会使盾构的后续车架及电机车轨道的铺设不平整，影响设备的运行，增加封顶成环的拼装难度，也使千斤顶在管片端面的支顶位置与设计不符，进而增加管片碎裂的风险。

发生整环旋转的原因主要有以下几点：

(1)千斤顶编组不合理使管片受力不均匀，管片产生相对转动；

(2)管片环面不正，千斤顶的顶力方向与环面不垂直，盾构推进时就会产生使管片转动的力矩，导致管片旋转；

(3)拼装时管片的位置安放不准确，导致拼装时形成旋转；

(4)管片上的螺栓孔与螺栓之间由于拼装需要，一般留有5～8mm的间隙，这样就给两环管片之间相互错动留有了条件，如果在管片就位时随意操作，就会引起旋转偏差；

(5)后拼装的管片与已就位的管片发生碰撞，使已拼装的管片发生移位，如果长时间采用相同的顺序拼装管片，管片向同一方向发生旋转偏差，累积的偏差量就较大。

预防措施如下：

(1)控制好盾构推进的姿态，千斤顶编组情况要使推力变化均匀，调整好管片环面的角度，减少推进过程中产生的转动力矩；

(2)拼装管片时管片要放置正确，千斤顶靠拢时要有足够的顶力使管片不发生相对滑动；

(3)拼装机操作时要动作平缓、旋转缓慢，这样有利于拼装的准确性；

(4)对已成环的管片的旋转情况要经常进行测量，并及时纠正；

(5)经常变换管片拼装的顺序。

60. 管片椭圆度过大的原因是什么，如何预防？

答：拼装完成的管片的水平直径和垂直直径相差过大，导致椭圆度超过标准。

管片椭圆度过大的原因有如下几点：

(1)管片的拼装位置中心与盾尾中心不同心，管片无法在盾尾内拼装成正圆，只能拼装成椭圆；

(2)管片的环面与盾构轴线不垂直，使管片与盾构中心不同心；

(3)单边注浆使管片受力不均匀。

预防措施如下：

(1)经常纠正盾构的轴线，使盾构沿着设计轴线前进，管片能居中拼装；

(2)经常纠正管片的环面，使环面与盾构轴线垂直，管片始终跟随着盾构的轴线，使管片与盾尾的建筑空隙保持均匀；

(3)注浆时注意注浆管的布置位置，使管片均匀受力。

61. 管片接缝产生渗漏的原因有哪些，如何预防？

答：管片接缝产生渗漏的原因主要有以下几点：

(1)管片拼装的质量不好，接缝中有杂物，管片纵缝有内外张角、前后喇叭等，管片之间的缝隙不均匀，局部缝隙太大，使止水条无法满足密封的要求；

(2)管片碎裂且破损范围达到粘贴止水条的止水槽时，止水条与管片间不能密贴，水就从破损处渗漏进隧道；

(3)纠偏量太大，所贴的楔子垫块厚度超过止水条的有效作用范围；

(4)止水条粘贴质量不好，粘贴不牢固，使止水条在拼装时松脱或变形，无法起到止水作用。

预防措施如下：

(1)提高管片的拼装质量，及时纠正环面；

(2)拼装时保证管片的整圆度和止水条的正常工况，提高纵缝的拼装质量；

(3)对破损的管片及时进行修补，运输过程中造成的损坏应在贴止水条以前修补好；

(4)对于因为管片与盾壳相碰而在推进或拼装过程中被挤坏的管片，也应原地进行修补，以保护止水条；

(5)应严格按照粘贴止水条的规程进行操作，清理止水槽，胶水不流淌以后才能粘贴止水条；

(6)管片拼装前对管片接缝处进行清洗，防止夹砂、夹泥造成止水条密封不严。

第七节　运输系统管理

62. 盾构工序的主线路是什么?

答:在目前地铁盾构施工中,盾构工序的主线路为盾构掘进和管片拼装。理想中的盾构施工应是盾构掘进完成即开始管片拼装,管片拼装完成即开始掘进。而施工中,往往因为渣土外运、管片输送、道轨等辅料运输以及设备的选择、管理流程的不合理,造成主线施工不能完美衔接。

63. 运输系统管理要达到什么目的?

答:运输系统管理的目的是保证渣土、管片及辅料的垂直运输、水平运输不影响主线施工。在条件许可的情况下,应尽可能做到一次出土,浆液、管片、辅料随空车进洞。

64. 垂直运输系统都包含哪些设备,主要工作有哪些?

答:垂直运输所需要的设备大致有以下几种:龙门吊(汽车吊)、倒土机构、吊装扁担、吊装带(索)。

根据施工工序安排,垂直运输的主要工作应包括渣土斗的清空、管片的下吊到位、辅料及周转料的井下码放。

65. 垂直运输系统管理要达到什么目的,有哪些保证措施?

答:垂直运输系统管理要达到的目的:在装载渣土的蓄电池车出洞前,管片具备、浆液具备、耗料具备、渣土空斗能进洞。

为了达到上述目的,要求在进行场地布置时,地面浆液搅拌站、集土坑应距离始发坑位置近,龙门吊移动位置小,吊装扁担能快速摘取,倒土机构方便挂靠,管片存放区码放有序,最好能在始发井设置辅料及周转料存放区,并合理布置装卸顺序,尽量做到在土斗清空的同时,管片能放置到管片拖车上,辅料及周转料码放到位。

66. 水平运输系统都包含哪些设备,主要工作有哪些?

答:水平运输系统主要包括蓄电池车机头、土斗盘车、管片车、浆液车、道轨、道岔、枕木、换道器。

水平运输的主要工作包括管片水平输送进洞、浆液水平输送进洞、装渣土斗进洞、辅料及周转料进洞、渣土外运。

67. 水平运输系统管理要达到什么目的,有哪些保证措施?

答:水平运输系统管理要达到的目的:在管片拼装时间内,应及时完成管片卸车、浆液抽送、辅料及周转料卸车，即不影响盾构主线正常施工。

为了达到上述目的，应采取以下措施：

(1)尽量减少垂直清空土斗次数，根据工程设计线坡度、盾构后续设备台车净空来设计土斗大小，并据此选择蓄电池车机头功率、道轨枕木型号、龙门吊起升能力；

(2)合理安排道轨铺设时机，保证空车能正常就位出土的前提下预留出管片洞内码放区域；

(3)合理安排辅料及周转料进洞时机，保证装卸辅料及周转料不耽误空车就位；

(4)合理布置道岔及错车场，保证重车出洞的同时空车能进洞。

第八节　盾构施工时地面沉降控制

68. 盾构施工时地面沉降产生的原因有哪些？

答：盾构施工时地面沉降产生的原因主要有以下几点：

(1)开挖时的水、土压力不均衡。土压平衡盾构机由于推进量与排土量不等的原因，开挖面水压力、土压力与压力仓压力产生不均衡，致使开挖面失去平衡状态，从而发生地基变形。

(2)推进时围岩的扰动。盾构推进时，由于盾构机的壳板与围岩摩擦以及围岩的扰动，从而引起地基下沉。特别是蛇行修正和曲线推进时引起的超挖，是产生围岩扰动的主要原因。

(3)盾尾空隙的发生和壁后注浆不充分。盾尾空隙的发生使盾壳支撑的围岩朝着盾尾空隙变形而产生地基下沉。这是由应力释放引起的弹塑性变形。地基下沉的大小受壁后注浆材料材质及注入时间、位置、压力、数量等影响。但如果黏性土地基中的壁后注浆压力过大，将会引起临时性地基隆起。

(4)一次衬砌的变形及变位也会引起地面沉降。

(5)地下水位下降也是引起地面沉降的原因。

69. 盾构施工时地面发生沉降(或隆起)的类型有哪些？

答：盾构施工时地面发生沉降(或隆起)的类型有以下几种：

(1)先期沉降：是在盾构机到达前发生的下沉。对于沙质土，先期沉降是由地下水位下降引起的。对极软弱黏土，先期沉降则是由于开挖面的过量取土而引起的。

(2)开挖面前部沉降(或隆起)：是在盾构开挖面即将到达之前发生的下沉或隆起。开挖面的水土压力不平衡是其发生的原因。

(3)通过时沉降(或隆起)：盾构机通过时发生的下沉或隆起。盾构机外周面与围岩发生摩擦，或超挖使围岩扰动是其发生的主要原因。

(4)盾尾空隙沉降(或隆起)：盾尾刚刚通过发生的下沉或隆起，是由于盾尾空隙的产生引起应力释放或壁后注浆压力过大而引起的。地基下沉的大部分都是这种盾尾空隙沉降。

(5)后续沉降：是软弱黏土中出现的现象，主要是由于盾构推进引起整个地基松弛或扰动而发生的，可持续到盾构通过后3~4个月。

70. 如何防止由注浆效果不佳引起的地表沉降?

答: 在盾构推进过程中,注浆浆液质量不好,引起注浆效果不佳,进而引起地面和隧道的下沉。其主要原因如下:

(1)注浆浆液配合比不当,与注浆工艺、盾构类型、周围土质不相适应;

(2)拌浆计量不准,导致配合比误差,使浆液质量不符合要求;

(3)原材料质量不合格;

(4)运输设备的性能不符合要求,使浆液在运输过程中产生离析、沉淀。

预防措施如下:

(1)根据盾构机类型、注浆工艺、土质情况、环境保护的控制要求及经济效益,正确设计浆液配比,并通过试验,使其符合施工要求;

(2)应在满足合理精度的前提下,考虑使用简单可靠的计量器具;同时应保养好计量器具,定时作检定;发现计量器具精度误差超标,应及时校正或换新;

(3)对拌浆材料的质量进行有效的管理;保证各种材料采购的渠道,并附有相应的质量保证单;应按规定对材料进行质量抽检;

(4)拌浆设备的工作环境差,使用中要注意定期维修保养,经常清洗拌浆机;如在使用中机械发生故障应及时修复,不能让设备带病作业;

(5)浆液的输送应视浆液的性能而定,选择合理的输送方法;用管路输送时,管子直径要适当;用拌浆车输送时,拌浆车上的拌浆机应有充分的搅拌能力;

(6)加强对拌制后浆液的检测,要确保浆液的质量符合施工要求。

第九节　刀具磨损与更换

71. 在辐条式刀盘中,刀具如何分类?

答: 在砂砾层中,辐条式刀盘上主要布置有先行刀、切削刀、外周边保径刀、仿形刀四种刀具,每种刀具有着各自的独特作用。

(1)先行刀。先行刀就是走在最前面的刀。先行刀扁而宽,沿着刀旋转的切线方向看,先行刀的截面是最窄的,厚度是最厚的。在达到土体松散目的的前提下,这样的构造最大限度地减少了土体对先行刀的阻力,先行刀能轻而易举地把其滑过范围内的砂砾层的稳定状态给破坏了。

(2)切削刀。在砂砾层中和在黏土层中的切削刀作用不一样。在黏土层,切削刀主要起切削土体的作用;而在砂砾层中,砂砾的黏结度几乎为零,经过先行刀的破坏,切削刀能很轻松地切削砂砾。在砂砾层中的切削刀前角的角度不像在黏土中那么重要,切削刀最主要作用是增大被切削的砂砾向土仓方向的运动速度,配合辐条式刀盘,快速地减少砂砾的附加滑动距离。

(3)外周边保径刀。外周边保径刀相当于特殊的先行刀,在所有的刀具里是最不利的刀具。磨损量计算公式中显示,同等条件下,外周边保径刀的刀头滑动距离最大。和先行刀一样，外周边保径刀能破坏最外圈砂层的自稳性，以保证开挖直径大于盾构机身的外径，减少土体对盾构机身的影响，从而降低盾构机的推力。从外周边保径刀来说，现有的刀盘有缺陷，实际外周边刀的切削保护刀应该和其他切削刀的安装角度有区别，也就是刀圈和辐条应该有个弧面过度，而切削保护刀安装在弧面上，自然就有了角度，这样切削刀切削松动的砂砾时，给砂砾一个向土仓内的分力，从而减少外周地的砂砾的附加滑动距离，减少外周边保径刀和刀圈的磨损。

(4)仿形刀。仿形刀是辅助盾构机急转弯或紧急纠偏时使用的刀具。由于正常情况下仿形刀使用不多，故很容易满足在砂砾层中长距离掘进的需求。

72. 如何合理进行刀具布置？

答：在长距离施工中，为了增加安全系数，靠近外围的磨损量大的切削刀具应进行高低层布置。当高层的刀具磨损20mm时，低层的刀具就开始接替工作。高层的刀具为了防止意外的破损和脱落，刀具的配置数量都相应加倍。

这里有个误区，认为高层刀具数量增加是为了减少刀具的磨损量，实际上经过工程实践证明，刀具的分层布置能减少低层刀具的磨损量，而同层增加的刀具几乎不能减少同层刀具的磨损量，而只能起到因有个别刀具意外破损和脱落后替补的作用。

先行刀的布置也是为了防止意外的破损和脱落。在同一行里，刀具的配置数量都相应加倍，一般先行刀比切削刀高出50mm，从而充分发挥先行刀的作用，有力地保护切削刀。而切削刀完整性能减少砂砾对先行刀刀体的磨损。

外周边保径刀的磨损量是最大的，所以外周边保径刀的布置尤为重要。当保径刀失效后，盾构机的推力会大大增加，在砂砾层中很可能会由于推力的阻力过大而使推速过慢，甚至停止。

前面提到过，超挖刀不太影响在砂砾层中的长距离掘进，但为了保险，也布置了备用超挖刀。

辐条式刀盘中的刀具布置如图2-12所示。

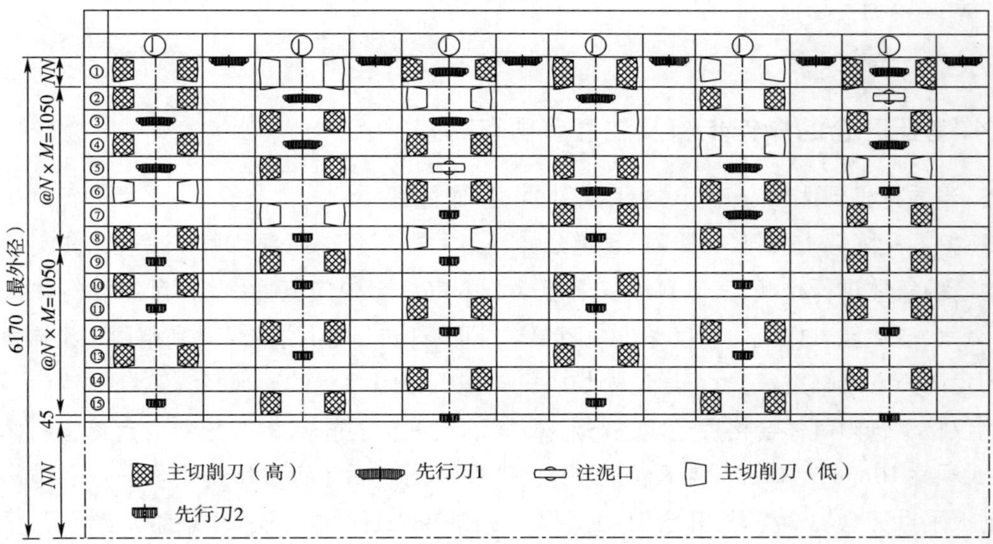

图2-12　辐条式刀盘中的刀具布置

73. 如何测算刀具合金的磨损量?

答: 首先进行合金刀头片磨损系数(见表2-3中KEI)的设定。根据日本IHI盾构公司实际多年的施工业绩,按不同土质的实际作业结果,归纳总结出如表2-3所示的合金刀头磨损系数。

合金刀头磨损系数表　　表2-3

土质区分	合金刀头磨损系数KEI(E5种类)
软黏土(N值0~5)	0.005mm/km
砂、混有石子的砂、红土(含洪积黏土)	0.02mm/km
砂砾	0.03mm/km

表中磨损系数:

$$\text{KEI} = \frac{\text{超硬刀片磨损厚度(mm)}}{\text{刀头的滑动距离(km)}}$$

刀头的配置数量考虑了刀片意外破损、脱落,而没有考虑刀头滑动距离这一因素。

然后进行合金刀头磨损量的计算。

刀头磨损量(MH)按以下公式计算:

$$\text{MH} = \text{SL} \cdot \text{KEI} \quad (\text{mm})$$

式中:KEI——合金刀头的磨损系数(0.03);

SL——刀头滑动距离

$$\text{SL} = \frac{\pi \cdot D_x \cdot N_c \cdot L}{v} \quad (\text{km})$$

L——隧道掘进机掘进距离;

D_x——各刀头的刀盘安装直径;

N_c——刀盘转速;

v——掘进速度。

74. 常压开仓的操作步骤及注意事项有哪些?

答: 当盾构机到达预定开仓位置后停止掘进,通过螺旋机排出半仓土,之后进行仓内气体检测,将挖掘室隔墙上的排气口通过管道延伸到最后一节台车尾部,打开排气阀,先用气体探测仪对仓内气体进行检测,气体探测仪所能检测的气体至少应包括甲烷(可燃性气体)、一氧化碳、氧气、硫化氢。如气体浓度超出规范要求,则立即进行通风,通风可利用盾构机自身的气路向刀盘内充入新鲜空气,也可通过外加风机向挖掘室隔墙上的通风口充入新鲜空气。当气体探测仪检测仓内气体合格后还需进行活体检测,方法为在排风口处放置对有毒害气体敏感的活物,观察10min,活体无异常反应,经安全工程师允许后才可进行开仓作业。用敲击扳手或气动扳手拆下仓门螺栓,打开仓门,由地质工程师首先进仓检查开挖面的稳定情况,重点查看围岩的稳定性、完整性、地下水情况。经地质工程师判断开挖面地层稳定,允许常压开仓后,其他人员才可进仓进行后续作业。

第十节　穿越建(构)筑物施工管理

75. 一般性穿越建(构)筑物的保护方法有哪些?

答:对盾构施工邻近建筑物的保护方法一般有直接防护法、间接防护法及钢管顶架法等三种。

1)直接防护法

直接保护法又分为托换基础法和耐压板施工法。

(1)托换基础法。这种方法是由于盾构施工中切断了原有建筑物的支撑桩,或由于在建筑物下施工,造成基础沉降等有害影响时,在盾构开挖的影响范围外增设新的支撑桩,以托换建筑物的基础。该法对于防止建筑物变形最为有效,其工程规模往往很大。

(2)耐压板施工法。这种方法是在盾构机通过前,预先在建筑物之下设置钢筋混凝土耐压板,利用千斤顶支撑建筑物,通过千斤顶来调整建筑物的沉降变化。该法不适用于工程规模大、沉降要求精度高的建筑物,往往用于中小建筑物保护。

2)间接防护法

间接防护法又可分为地基改良法和隔墙法。

(1)地基改良法。向隧道周围地层或建筑物附近注入混合浆液,使地基固结,以控制盾构机通过时土体的松动范围,防止地基变形。采用这种方法时,要根据地基条件选用适宜的浆液和注浆方法,详细评估注浆压力对建筑物造成的后续影响。

(2)隔墙法。在隧道与建筑物之间通过设置板桩、排柱式桩、地下连续墙等办法,隔离隧道土体对建筑物的影响。由于此种办法工艺简单,且能有效防止建筑物变形,被广泛使用。但由于隔离墙本身靠近原有建筑物,要详细评估隔墙施工对建筑物的影响。

3)钢管顶架法

在盾构机和原有建筑物邻近区间的挖掘断面的四周进行顶部插管注浆,使注浆管四周的土体得以加固,增加抗剪阻力,以防止盾构掘进引起的土体松动和坍塌。在钢架顶管施工中,需要进行竖井作业,所以往往受到场地限制。

76. 穿越建(构)筑物施工注意事项有哪些?

答:穿越建筑物施工应注意如下事项:

(1)通过风险源分析,判断风险等级,进行相应的专项方案编制,组织专家对方案进行评审,确定建筑物保护方案,同时布设监控测点;

(2)在穿越建筑物前50m范围内进行参数调整,获得沉降控制最理想的参数;

(3)进行必要的物资、人员、设备准备,确保穿越过程中能连续、快速施工;

(4)穿越过程中要以较小的推力、适当的注浆压力、足够的注浆量、准确的轴线控制来进行施工;

(5)监测数据要及时反馈,通过监测数据调整掘进参数,确定补注浆量及位置;

(6)编制完备的应急预案,要有足够的应急物资及人员。

77. 如何进行风险源分析?

答:根据风险可能出现的概率、对工程可能增加的困难程度、人员财产损失及社会影响大小、对工程期的影响程度进行风险源分级,按影响因素由高向低排列,AAAAA ~ A,有一项达到者即可列为该级。

风险点分级见表 2-4。

风 险 点 分 级 表　　表 2-4

因素 分级	可能出现概率或增加的困难程度	人员财产损失或社会影响	延 误 工 期
AAAAA	高(难)	大	长
AAAA	较高(较难)	较大	较长
AAA	中(中)	中	一般
AA	低(易)	小	较短
A	较低(较易)	较小	不延误

常规的盾构隧道施工风险源有 8 种,详见表 2-5。

常规的质构隧道施工风险源　　表 2-5

序号	项　目	可能出现概率或增加的困难程度	人员财产损失及社会影响	延误工期	风险级别
1	盾构井开挖	中	中	一般	AAA
2	盾构吊装下井	中	中	一般	AAA
3	盾构进出洞面沉降、坍塌的预防措施	中	中	一般	AAA
4	盾构在圆砾层中掘进	中	中	一般	AAA
5	盾构穿越地表建筑物	低	较大	较长	AAAA
6	盾构穿越管线	中	中	一般	AAA
7	隧道二衬施工	中	中	一般	AAA
8	闭水试验封堵失稳	中	中	一般	AAA

78. 如何进行风险分级上报及处置?

答:根据不同的风级别,上报程序分别如图 2-13 ~ 图 2-17 所示。

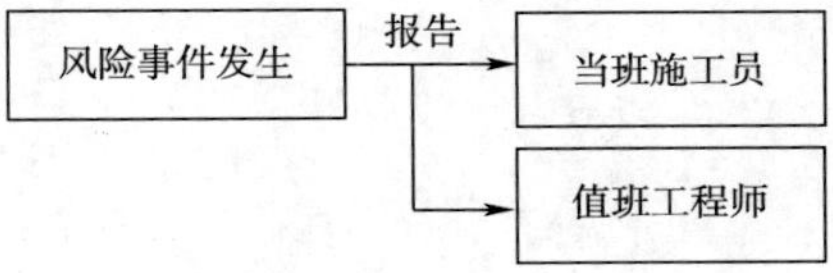

图 2-13　A 级风险事件上报程序图

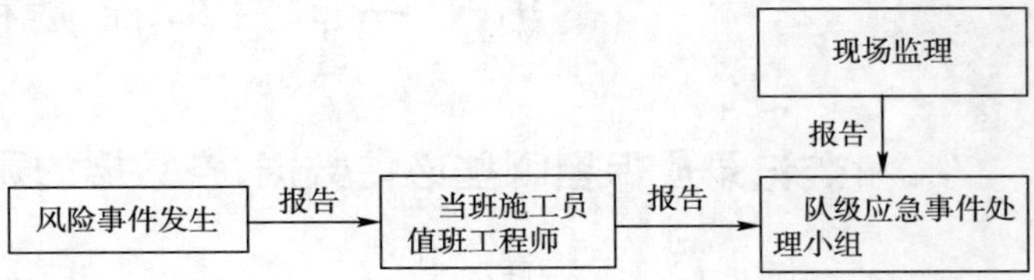

图 2-14　AA 类风险事件上报程序图

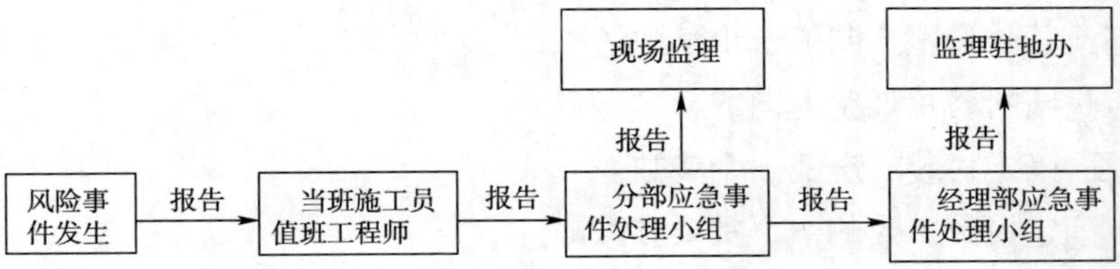

图 2-15　AAA 类风险事件上报程序图

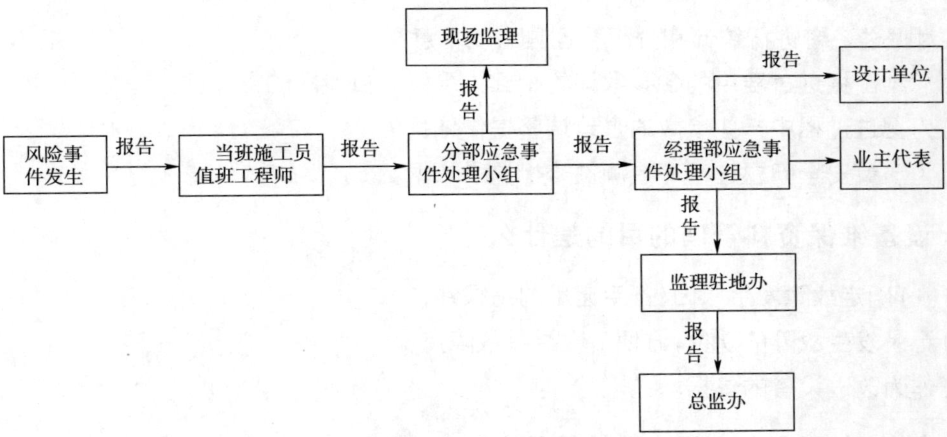

图 2-16　AAAA 类风险事件上报程序图

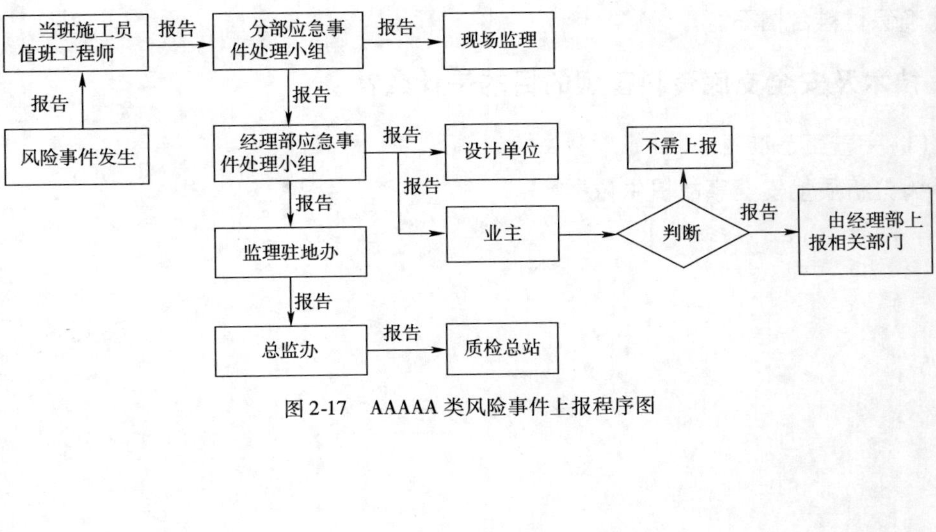

图 2-17　AAAAA 类风险事件上报程序图

第十一节　工程资料管理

79. 拼装记录应保留哪些必需数据，各数据的意义是什么？

答：环号：确定管片的里程。

管片类型：明确是否为调整状态。

C 块位置：如果管片类型是调整管片，C 块位置决定了调整方向。

间隙量：判断管片调整方向的一个参数。

楔形量：也是判断管片调整方向的一个参数。

千斤顶行程：确定拼装状态的一个参数。

记录时间：确定拼装工效的一个重要参数。

拼装工：责任到人、确保用工的可追溯性。

80. 掘进资料管理的意义是什么？

答：对掘进资料进行统计和分析管理具有以下意义：

(1) 总结出掘进过程中的各参数间的相互关系及各自参数的重要性；

(2) 为掘进过程中一些参数的合理调整提供依据；

(3) 为质量安全问题进行可追溯性分析提供依据。

81. 设备维保资料管理的目的是什么？

答：(1) 确定故障发生原因、备用充足的易损件；

(2) 记录发生故障的现象，方便下次寻找故障点；

(3) 作为改进设备的依据。

82. 材料进场试验管理的目的是什么？

答：(1) 确保材料的可追溯性；

(2) 确保材料合格率。

83. 技术及安全交底资料管理的目的是什么？

答：(1) 完善工艺准备；

(2) 为分析质量安全事故提供依据。

第三章　盾构机始发与到达

第一节　盾构机始发及对始发井的要求

1. 什么叫盾构机分体始发?

答:盾构机分体始发(见图3-1)是指在始发端头后部空间不足、盾构机无法整体始发的情况下,先将主机单独或连同部分台车安装到始发井底部,将其余的配套台车安装在地面或其他位置,主机与配套台车之间通过加长的液压油管、电缆、循环水管、排污管、浆液管等管线进行连接的始发方式。安装好主机后,将地面上(或其他部位)的配套台车与主机之间的各系统管线连接完毕之后调试、始发。在主机掘进完成的隧道长度足够容纳所有的配套台车后,再将配套台车移至隧道内,与主机重新连接,完成分体始发。

2. 什么叫盾构机整体始发?

答:盾构机整体始发(见图3-2)是指将盾构机主机和台车全部在井下组装,连接好主机与配套台车上的液压管路、电缆、循环水系统和排污管路以及辅助管路等,之后在井下完成盾构机的调试和始发。

图3-1　盾构机分体始发

图3-2　盾构机整体始发

3. 盾构机分体始发对始发井的结构尺寸有何要求?

答:盾构机始发井的功能是用于组装调试盾构机,在隧道施工期间也作为管片、施工材料、设备、出渣的垂直运输通道及作业人员的出入通道,故始发井的平面净尺寸必须满足上述各项作业的要求。一般情况下,在盾体两侧应各留出宽度不小于1.0m的空间作为盾构机安装作业的操作空间。盾构机的前后方向应留出洞口凿除、初期推进时出渣、管片运输和其他作业所需的作业空间，始发井的长度应至少比盾构主机长3.0m以上。北京地区的地铁盾构始发井结构平面净空尺寸应不小于8m×12m，始发井盾构吊装口的净空尺寸应不小于7m×11.5m，以方便盾构吊装、组装、始发等各项作业。在始发井的后方还应留出不小于30m的明挖或暗挖隧道或结构，以满足后配套出土需求。

4. 盾构机整体始发对始发井的结构尺寸有何要求？

答：整体始发与分体始发对盾构机始发井结构最小净空的要求基本相同，不同之处在于，整体始发时，始发井的后方应有足够的空间来满足盾构机的台车及配套设施的组装要求，即在始发井的后方应有不小于60～80m的明挖或暗挖的结构空间来满足盾构机整体组装要求和配套水平运输设施的运输要求。此外，由于整体始发时始发井无法满足出土条件，因此在始发井后，盾构机末节配套台车后方的合适位置的车站结构上还应有一个尺寸合适的预留口，作为渣土、管片、轨枕等材料的垂直运输通道。

5. 始发井结构应满足盾构机下井吊装的哪些要求？

答：始发井结构的开口尺寸应满足吊装盾构机最大部件的尺寸要求，始发井结构的强度应满足盾构机最大部件吊装时，对结构产生的超载要求。必要时可在始发井围护结构的冠梁上施做吊车基础，以承担吊装荷载。图3-3为盾构机始发井吊车基础。

图3-3　盾构机始发井吊车基础

第二节　盾构机始发条件及其验收

6. 为何盾构机始发前需要进行条件验收？

答：为加强盾构工程施工现场安全质量预控管理，有效避免或减少安全质量事故，在影响盾构工程安全质量的重要部位和环节施工前，施工单位应对技术、环境、人员、设备等相关条件是否满足工程质量和安全生产要求进行自控自检，监理单位应组织建设、设计、施工、第三方监测等单位对相关条件进行验收，以加强施工现场安全质量预控管理。盾构工程重要部位和环节施工前，应按照工程自身风险和周边环境风险的危险程度，分类进行条件验收。盾构机始发作为影响盾构工程安全质量的重要环节，应该在盾构机始发前进行条件验收。

7. 盾构机始发条件验收应包括哪几方面内容？

答：盾构机始发条件验收检查内容如下：

(1)施工现场已完成设计、勘察交底；

(2)工作井结构尺寸、洞口中心、轴线、结构强度等各项技术参数符合设计和规范要求，并能满足盾构施工各阶段受力要求；

(3)盾构推进、测量、监测等施工组织设计已审批；

(4)施工现场分部、分项安全、技术交底已按要求完成；

(5)设计要求的始发井洞门加固(见图3-4、图3-5)措施已完成，各项加固指标已经达到设计要求并有检测报告；

图3-4　洞门加固体

图3-5　洞门加固体取样

(6)洞口探孔后未发现异常现象；

(7)反力架及支撑体系已经验算，强度满足要求；

(8)盾构推进沿线的建(构)筑物、管线等现有状况已作调查，并已制定切实可行的保护措施；

(9)周围环境监测控制点已按监测方案布置，且已测取初始值；

(10)井下控制点已布设且固定；

(11)人员(按合同)、机械(按方案)、材料(满足进度的数量和符合设计要求的质量)已到位，管片预生产数量满足盾构推进施工进度要求，盾构机及大型起重设备已安装就位，并通过有关专业部门的验收，工程涉及的原材料已按要求完成复试工作；

(12)对本工程潜在的风险源进行了辨识和分析，编制完成有针对性、可操作性的应急预案，组织落实抢险设备、材料、人员、方案；

(13)远程监控管理系统已经实施并正常运行，前期工程信息已按要求完成上传；

(14)已达到设计及规范规定的其他要求。

8.如何进行盾构机始发前条件验收？

答：按以下程序进行盾构机始发前条件验收：

(1)审阅建设、勘察、设计、施工、监理单位的工程档案资料；

(2)实地逐条查验条件验收内容的进度和质量；

(3)由建设单位相关人员和监理人员组成的验收组对盾构机始发条件验收规定的各项工作做出全面、客观的评价，形成经验收组人员签署的盾构施工条件工程验收意见。

第三节　盾构机始发管理

9. 盾构机始发的一般流程是怎样的？

答：盾构机始发是指利用反力架和负环管片，将始发基座上的盾构机，由始发竖井推入地层，开始沿设计线路掘进的一系列作业。其主要内容包括：始发前竖井端头的土体加固、安装盾构机始发基座、盾构机组装及试运转、安装反力架、凿除洞门临时墙和围护结构、安装洞门密封、盾构机姿态复核、拼装负环管片、盾构机贯入作业面建立土压和试掘进等。盾构机整体始发流程如图3-6所示。

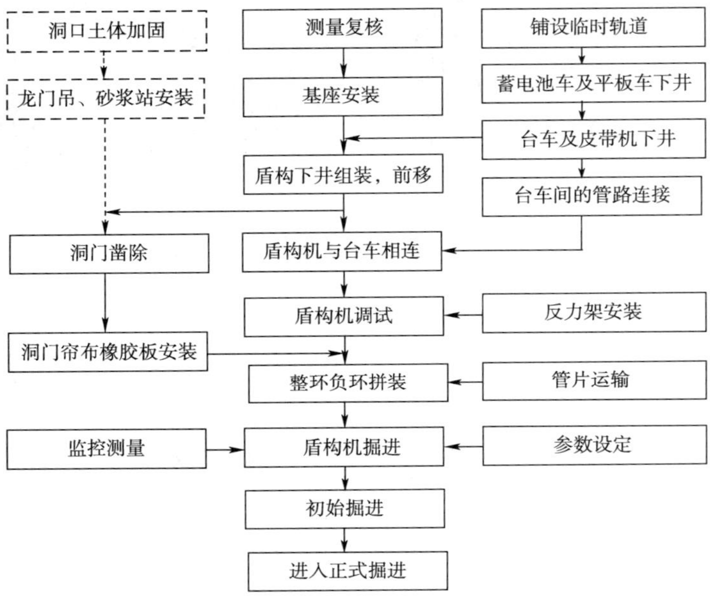

图3-6　盾构机整体始发流程图

10. 盾构机始发时如何定位？

答：盾构机始发定位方法如下：

(1) 确定始发轴线的前点：首先测量始发洞门的椭圆度和中心坐标，并与设计洞门坐标相比较，根据误差的大小来确定盾构机的刀盘中心是否按设计洞门中心坐标始发或按实际洞门中心坐标始发，并在洞门平面上确定出始发轴线的前点。

(2) 确定始发轴线的后点：根据已经确定的始发前点，综合考虑线路的坡度、曲线、盾构机转弯能力、管片转弯能力等因素，在始发井后端的平面（安装反力架的平面）上确定出始发轴线的后点。

(3) 底板找平和安装始发预埋件：根据确定的始发轴线的前点和后点确定出始发轴线，根据始发轴线的标高以及盾构机的直径和始发基座的高度并考虑到底板浇筑、底板预埋件安装和始发基座安装等施工误差，确定出始发井底板的高程；根据始发轴线在底板上的垂直投影以及始发基座、反力架的具体尺寸确定始发基座和反力架预埋件的安装位置。

(4)将始发基座、始发反力架通过预埋件固定到始发井底板上，组装好盾构机，待盾构机刀盘靠近洞门后实测盾构机位置，计算出位于盾体内的前视点坐标。

(5)在盾构机后方的合适位置(一般要求50～100m)设置后视点，实测后视点位置，计算出后视点坐标。

(6)盾构机调试完成后，将前视点、后视点坐标信息输入到盾构机导向系统的机载电脑中，最终完成盾构机的始发定向。

11. 盾构机始发段处于水平曲线线路上时，水平偏差超标的原因是什么，如何避免？

答：当盾构机始发段处于水平曲线线路上时，盾构机始发时水平轴线偏离隧道轴线易于超出规范允许值，原因如下：

(1)盾构机机体处于始发基座上方时，只能沿直线推进，直到盾构机机体完全进入土体之后才能开始转弯，在此过程中由于线路是处于水平曲线上，盾构机若沿线路外切线推出，则与设计线路中心曲线之间将产生超过规范允许的水平偏差；

(2)盾构机在曲线始发时，如曲线半径较小，在盾构机机体完全进入土体后并进行水平纠偏的过程中，由于每环掘进的纠偏量有限，水平偏差经过一定环数的掘进才能回到允许偏差范围内；

(3)选择的管环类型不合理，致使管环与盾尾之间的间隙局部过小，限制了盾构机的纠偏操作；

(4)盾构机推进系统或铰接系统故障，致使盾构机转向困难。

针对以上原因分析，盾构机始发段处于水平曲线线路上时，避免发生水平偏差超标的措施如下：

(1)正确设计曲线段的盾构机始发轴线，根据曲线半径的大小，可采用沿曲线的切线或适当角度的割线始发；

(2)在盾体进入土体后，盾构机应及时进行纠偏操作；

(3)选择合适的管环类型，保证管环与盾尾之间的间隙合适，以便给盾构机纠偏操作预留出空间；

(4)正确操作盾构机，按时保养设备，保证机械设备完好，及时排除盾构机推进系统或铰接系统故障，故障不排除前不允许掘进。

<u>小半径曲线始发的案例</u>

广州地铁六号线3标隧道工程海珠广场至一德路站区间始发段的隧道位于半径250m的正圆曲线上，始发井平面净空尺寸为8.288m×12m。如图3-7所示，采用割线始发，盾构机姿态最大理论偏移量为49mm。

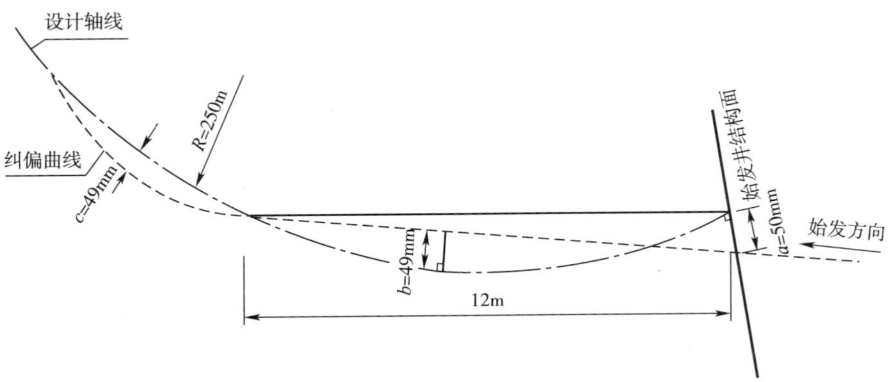

图 3-7　始发轴线示意图

实际掘进时，当掘进至第 16 环时（采用 1.2m 管片），盾构机姿态偏差达到最大值（前 -49mm，后 -48mm），掘进至第 25 环时，盾构机姿态偏差已经趋于正常（前 -26mm，后 -18mm）。

图 3-8 为半径 250m 的盾构隧道始发段实景图。

图 3-8　半径 250m 的盾构隧道始发段实景图

12. 设置初始掘进段的目的是什么？

答：具备了始发条件后，盾构机就进入初始掘进阶段。通常将隧道掘进的最初 100m 称为初始掘进段，也可称为试掘进段。设置初始掘进段可达到以下目的：

(1) 根据实际工况，对盾构机性能进行全面负载测试及调整，并使操作人员能尽快熟悉盾构机的机械性能；

(2) 了解和认识本工程的地质条件，制订针对该地质条件下的盾构施工方法；

(3) 收集、整理、分析及归纳总结本工程地质条件下的掘进参数，实现快速、连续、高效的正常掘进；

(4) 熟悉管片拼装的操作工序，提高拼装质量，加快施工进度；

(5) 通过对试验段施工参数的熟悉，加强地面变形数据的监测分析，了解盾构机始发以及推进时对周围环境的影响情况，指导优化下一步施工参数。

13. 始发掘进的要点是什么?

答:盾构机至刀盘贯入掌子面开始,到配套台车全部进入隧道形成正常掘进,称为始发掘进。始发掘进要点如下:

(1)当盾构机刀盘切入洞门帘布橡胶板并抵达掌子面后,应逐步使渣土填充满土仓,并相应地向土仓内加入土体改良剂,逐渐建立起掘进土压;

(2)在确认洞门围护结构的钢筋已经割除完毕以后,才可以进行刀盘的试转;

(3)盾构机刀盘进入预留洞门前,应在刀盘外围和帘布橡胶板外侧涂润滑油,以免盾构机刀盘撕破帘布橡胶板而影响密封效果;

(4)盾构机刀盘在穿越洞门临时止水密封系统时,严禁转动刀盘,防止损坏帘布橡胶板;

(5)由于盾构机刚始发时盾体周围的围岩摩擦力很小,且推进千斤顶的推力和千斤顶撑靴与管片之间的压力也较小,在转动刀盘时,土体对盾构机产生的反向扭矩易于造成盾体滚动,因此在刀盘刚切入土体时,应使刀盘慢速旋转,且应正、反向旋转;

(6)在盾体两侧靠近基座滑轨处焊接防转块,防止盾体过量滚动,保持盾构姿态稳定;

(7)盾构机刀盘开始切削端头加固区时,土压设定值应略低于理论值,推进速度不宜过快,盾构机总推力不宜大于10000kN;

(8)盾构机的坡度应略大于设计坡度;

(9)盾构机刀盘穿过加固区之后,为防止因正面土压变化而造成盾构机突然"低头",应将土仓内的土压力值设定略高于理论值,并适当增加下部推进千斤顶的推力;

(10)在始发掘进过程中,根据情况在刀盘前方和土仓内加入泡沫剂、膨润土泥浆等添加剂,以改善渣土性能;

(11)在施工过程中,应根据地表的监测信息对土压设定值以及推进速度等施工参数及时做出调整;

(12)在盾构机始发前,应彻底检查和确定洞门预埋钢环的状态以及预埋钢环与洞口混凝土的结合状况;

(13)在始发过程中若发生洞门漏浆时,可调整管片壁后注浆浆液的配合比,使浆液尽早初凝,也可采用在洞门密封外侧向洞门密封内部注入速凝型双液浆的办法解决;

(14)盾构机通常采用自动导向系统,但应注意以下几点:

①始发掘进前应正确输入控制点坐标、轴线、坡度等有关数据信息,并制定出导向系统出错时的人工测量方案;

②每环人工测量盾构机姿态和管片轴线位置,并与理论数据对比;

③注意管片脱出盾尾后的管片变形规律,对端头地面进行沉降监测。

14. 始发洞门凿除作业应注意哪些要点?

答:洞门凿除是指在盾构机进入始发洞门之前,把洞门围护结构的混凝土凿除、钢筋切断,以便盾构机始发时钢筋不会绞住盾构机刀盘或卡住螺旋输送机,混凝土不会损坏刀具。

在洞门凿除之前，应对端头加固体的强度、渗透性进行抽芯检测，加固体符合设计要求后方可开始洞门凿除。

采用人工凿除洞门时，使用风镐来凿除表层混凝土，露出外排钢筋，待盾构机组装完毕后，再剥离第二层混凝土，露出第二层钢筋网并予以割除。当地层条件好、土体加固效果好时，也可采用机械凿除，即采用炮机凿除洞口钢筋和混凝土。当采用炮机时，应尽量选用小型炮机，以减小凿除洞门时对始发井结构的冲击。洞门凿除过程中，应持续观察洞外加固体的渗水、掉落情况，根据实际情景来决定是否对土体进行补充加固，之后再开展后续工作。在确认盾构机始发段范围内没有残余钢筋后，盾构机方可始发。

另外，当洞门围护结构采用素混凝土桩、玻璃纤维桩等不含钢筋的结构时，也可以考虑用盾构机刀盘直接对始发洞门进行切割、穿越。

15. 为什么在盾构机始发前需安装洞门临时密封装置，安装要求是什么？

答：为了防止盾构始发掘进时泥土、地下水从盾壳和洞门的间隙处流失，以及洞门后管片壁后注浆浆液通过盾尾流失，在盾构始发前需安装洞门临时密封装置。

临时密封装置通常由帘布橡胶、压板、垫片和螺栓等组成，安装在洞口预埋钢环上。密封装置安装前，应对帘布橡胶的整体性、硬度、老化程度等进行检查，对圆环板的成圆螺栓孔位等进行检查，并提前把帘布橡胶板的螺栓孔加工好。常见预埋压板有扇形压板、折页形压板两种形式。

始发洞门临时密封装置（止水帘布）安装示意图及实景图分别如图 3-9 和图 3-10 所示。

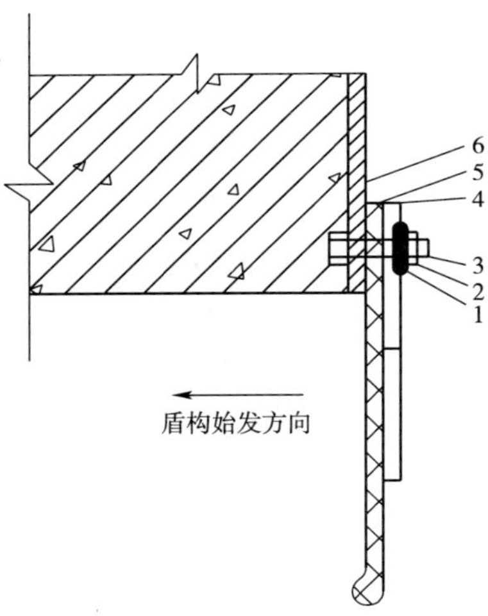

图 3-9　始发洞门临时密封装置（止水帘布）安装示意图
1-垫圈；2-螺母；3-螺栓；4-扇形压板；5-帘布橡胶板；6-预埋洞门圈

图 3-10　始发洞门临时密封装置（止水帘布）安装实景图

16. 盾构机分体始发时还应特别注意哪些问题？

答：盾构机分体始发更应该注意各部位延长管线及电缆随着盾构机掘进及时进行延长，防止由于拖拽或剐蹭造成管线破坏。管线的加长易于造成盾尾油脂注入压力损失大、液压系统回油压力损失大、注浆管路易于堵塞、电控信号衰减大等问题，需要采取加大注浆管路冲洗强度、增设电控信号放大器、增设回油泵等针对性的措施。此外，由于分体始发条件限制，出土所用土斗一般为小土斗，因此出土量控制尤为重要，需要建立良好的地面井下信号系统，设置经培训的专人来配合出土量控制。

17. 盾构机始发时易出现哪些问题？

答：盾构机始发时易出现的问题有：

(1) 地表沉降大或发生坍塌；

(2) 盾构机叩头或扭转；

(3) 始发偏移；

(4) 盾尾泄露；

(5) 刀具损坏；

(6) 洞门密封泄露。

18. 怎样处理盾构机始发时发生的问题？

答：对于盾构机始发易出现的问题，有以下处理方法：

(1) 为防止始发时发生坍塌，必须确保端头加固效果良好，加固区域合理，加固方法选取得当，并保证洞门围护结构凿除后及时始发，防止土体长时间暴露在空气中。

(2) 对于始发时盾构机叩头或扭转问题，通常采用抬高盾构机的始发姿态，合理安装始发导轨，以及匀速通过的办法，尽量避免叩头或降低叩头的影响，也可在始发时在盾构机两侧焊"防转块"来防止扭转。此外，盾构机进入加固区后，要控制刀盘转速，观察滚动角的变化，并将滚动角的变化控制在较小的范围值内。

(3) 始发发生偏移时，可采取如下措施：

①检查曲线始发的方位角是否错误；

②检查反力架能否提供支撑力或始发架固定是否牢固；

③查看初始测量数据输入是否有误；

④校核盾构机本身测量系统的误差。

(4) 出现盾尾泄露时，可采取如下措施：

①管片选型应从负环管片拼装时就开始控制，通过加贴软木衬垫或石棉垫的方式，利用反力钢环或管片调整好管片与盾壳夹角，使管片环面与盾构掘进方向法线基本垂直；

②密封油脂的涂抹一定要密实饱满；

③管片本身的外弧面接缝要妥善处理。

(5) 为防止刀具损坏，始发掘进阶段应控制刀盘转速和掘进速度，不宜过快。尤其刀盘刚接触掌子面时，应采用低推力、低转速、低速度掘进。

(6) 洞门密封泄露的问题。洞门密封装置安装不好、帘布橡胶板损坏、盾壳与洞门之间的空隙不均匀等因素都可导致洞门密封泄露。在始发过程中若发生洞门密封泄露时，可及时调整壁后注浆浆液的配合比，使浆液尽早初凝，也可采用在洞门密封外侧向洞门密封内部注速凝浆液的办法解决。底部压板损坏也是密封效果差的重要原因，此时可用沙包封闭底部漏浆。

(7)地面沉降较大的问题。由于始发施工时土压是逐步建立的，注浆也是逐步趋于正常的，因此在始发的最初阶段，地面沉降值较大。故盾构机始发时应通过尽早建立土压平衡掘进模式并严密注意出土量及土压情况以及及时注浆填充地层间隙等措施控制地面沉降值。

19. 盾构机在含水地层始发时易发生哪些问题和事故？

图 3-11　始发时洞口涌水涌砂事故

答：盾构机在含水地层始发时，如果端头的加固效果不好，洞口密封装置质量欠佳，易于发生从洞口涌水、涌砂的问题，严重时可造成地面塌陷、始发井被淹等重大事故。

<u>始发时洞口涌水、涌砂事故案例</u>

如图 3-11 所示，地铁某标段盾构区间正在始发的洞门密封下部出现大量涌水、涌砂渗漏，在短短的 30 多分钟内，涌水量达到 300 多立方米，夹带的涌砂量达到 160 多立方米，涌水、涌砂迅速灌满始发井区域的地坑，并漫到车站内。

20. 盾构机在含水地层始发时应采取哪些措施来预防和避免一些事故发生？

答：盾构机在含水地层始发时应切实做好如下工作，以预防和避免一些事故发生：

(1)在盾构机始发前，应对端头加固效果进行取芯、检验。加固体强度、渗透性等指标符合设计要求后再进行始发，否则，应进行补充加固，直至符合设计要求。

(2)钢环安装时做好隐蔽工程检查，浇筑混凝土拆模后，检查是否有空鼓缺陷需要处理，重点检查钢环与洞门混凝土的连接状况。当连接状况不好时，可通过在结构端墙上植钢筋并与钢环焊接的方式进行补强，防止始发时洞口钢环脱落，进而发生从脱落处喷浆、涌水、涌砂事故。

(3)洞门密封圈安装要准确。在盾构机推进的过程中要注意观察，防止盾构机刀盘的周边刀割伤橡胶密封圈。密封圈可涂黄油增加润滑性；洞门的扇形钢板要及时调整，以便改善密封圈的受力。

(4)盾构机始发时调整好姿态，尽量使盾壳与洞门之间的间隙均匀，防止盾体破坏洞门密封装置。

(5)做好工序的连接。洞门凿除完成后尽量缩短其暴露的时间，刀盘应尽早推入洞门。

(6)当盾构机在含水地层始发时，应准备好应急物资与应急队伍，应急物资通常包括注浆材料、钻机注浆泵、钢筋、型钢、电焊机、排水泵、水管等。

⑦当发生洞门涌水、涌砂事故时，首先应在地面设置警戒范围，防止地面发生次生事故。

⑧发生洞门预埋钢环脱开、洞门密封损坏进而引起洞门涌水、涌砂事故时，可在洞门外部加焊支撑，防止事态进一步恶化，之后再通过管片壁后注速凝型双液浆或注入聚氨酯迅速封闭涌水、涌砂的通道，待状况稳定后再从地面注浆，加固盾体所在的地层。

(9)当盾体未完全进入洞门时发生应急事件，而无法实现管片壁后注浆时，可从洞门处或洞门所在的端墙打纵向孔，注浆加固盾构机外围土体，封堵涌水、涌砂的通道。

第四节　盾构机接收条件及其验收

21. 盾构机接收和吊出作业对接收井的结构尺寸有何要求？

答：盾构机接收井的功能是用于接收、拆卸和吊出盾构机。接收井的平面净尺寸必须满足盾构机接收、拆卸和吊装的空间要求。一般情况下，在盾体两侧应各留出宽度不小1.0m的空间作为盾构机接收和拆卸作业的操作空间。接收井的长度应至少比盾构机主机长3.0m以上。北京地区地铁盾构接收井结构平面净空尺寸应不小于8m×12m，接收井盾构吊装口的净空尺寸应不小于7m×11.5m，以方便盾构机接收、解体、吊出等各项作业。

盾构接收井结构方面要满足盾构机吊出所必需的空间要求，如井口尺寸要能够满足盾构机主机及后续台车桥架的吊装空间要求以及结构净高等的要求。此外，盾构机吊装时重型汽车吊或履带吊一般会在距离井口较近的位置，因此要求盾构接收井在结构设计时应考虑盾构机吊装过程中产生的荷载影响。

22. 盾构机接收前为何需先进行条件验收？

答：盾构机接收前条件验收同始发条件验收的目的相同，即为加强盾构工程施工现场安全质量预控管理，有效避免或减少安全质量事故，在影响盾构工程安全质量的重要部位和环节施工前，施工单位应对技术、环境、人员、设备等相关条件是否满足工程质量和安全生产要求进行自控自检，监理单位应组织建设、设计、施工、第三方监测等单位对相关条件进行验收，以加强施工现场安全质量预控管理。盾构工程重要部位和环节施工前，应按照工程自身风险和周边环境风险的危险程度，分类进行条件验收。盾构接收作为影响盾构工程安全质量的重要环节，应该在盾构接收前进行条件验收。

23. 盾构机接收条件验收应包括哪几方面内容，如何进行盾构机接收前验收？

答：盾构机接收条件验收检查内容与盾构机始发条件验收内容基本相同，参见"盾构机始发条件验收"相关内容。

盾构机接收条件验收程序与盾构机始发条件验收程序基本相同，参见"盾构机始发条件验收"相关内容。

第五节　盾构机接收管理

24. 盾构机接收的一般流程是怎样的？

答：盾构机接收一般按下列程序进行：洞门破除、接收机座的安装固定、洞门密封安装、盾构机接收，详见图 3-12。

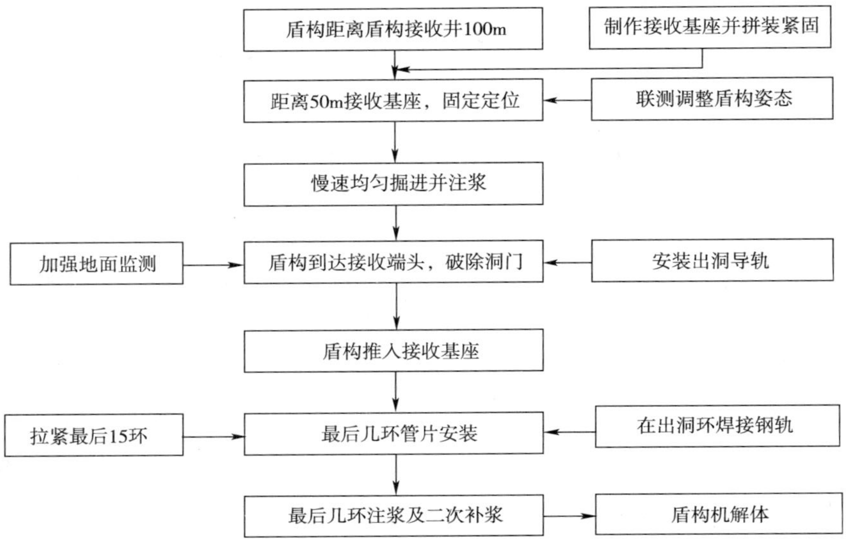

图 3-12　盾构机接收流程图

25. 盾构机接收时为何要划分出接收掘进段？

答：在区间隧道贯通前的 100m 为盾构机接收掘进阶段，划分出接收掘进段的目的如下：

(1) 在盾构机贯通前对姿态进行人工复核，根据盾构机洞门的实际位置，对盾构机姿态进行预调，使盾构机准确穿出洞门；

(2) 对盾构机的掘进参数，如土压、推力、出土量等进行调整，以降低盾构机临近洞门掘进时对洞门结构的影响；

(3) 在接收掘进段对应急人员、应急物资、设备进行进一步的核对，对盾构机接收应急预案进行演练。

26. 盾构机接收掘进的要点是什么？

答：由于在临近洞门的最后 10m，盾构机掘进对地层的扰动影响明显，直接影响到地层及接收洞门结构的稳定。盾构机到达段的掘进除应达到纠偏的目的外，还应特别注意最后 10m 段隧道的掘进控制。进入端头加固区掘进时，要加强前方洞门的观察与底板沉降监测，并将观测结果反馈给盾构机操作手，以便优化掘进控制。最后 10m 段隧道掘进，总的技术要求是低速度、小推力、合理的土仓压力和及时饱满的同步注浆。在贯通前 0.5m 时，应尽量出空土仓中的渣土，减小盾构机推进对开挖面的挤压，以免引起开挖面坍塌，造成接收洞门结构的损坏。洞门混凝土清理完成后，盾构机应尽快推上接收基座并拼装管片，尽量缩短盾构机到达施工的时间。

27. 为何盾构机接收前需要进行联系测量？

答：在盾构机推进至接收掘进段时，应对盾构机的实际位置进行准确的测量，明确盾构机中心轴线与隧道设计中心轴线的关系，同时应对接收洞门实际位置进行复核测量，确定盾构机的贯通姿态及掘进纠偏计划。在考虑盾构机的贯通姿态时须注意两点：一是盾构机贯通时的中心轴线与隧道设计中心轴线的偏差，二是接收洞门实际位置与设计位置的偏差。综合这些因素在隧道设计中心轴线的基础上进行适当调整，同时注意纠偏要逐步完成，每一环纠偏量不宜过大。

28. 怎样实施盾构机接收前的联系测量？

答：在盾构机接收前的 100～200m 内，要对洞内所有测量控制点进行一次整体的、系统的控制测量复测，对所有控制点的坐标进行严密的平差计算。盾构机到达接收井前 50 环内，应增加人工测量频率，在盾构机接收前的最后一次测量导向系统搬站中，需以精密测量并经过严密平差计算的隧道导线点和水准点作为测量基准点，测量测站、后视点的平面坐标和高程。每一测量点用 2″级的仪器左、右角测量不少于 6 个测回。根据盾构机姿态和隧道线形测量结果，及时纠正偏差，确保盾构机顺利地到达接收洞门。

29. 接收洞门的凿除应注意哪些事项？

答：接收洞门的凿除是指在盾构机接收之前，把洞门围护结构内的钢筋剥除，并凿除洞门围护结构混凝土。接收洞门的凿除与始发洞门的凿出基本相同，参见“始发洞门凿除”相关内容。除此之外，还应特别注意以下内容：

（1）在洞门凿除之前，应对端头加固体的强度、渗透性进行取芯检测，加固体符合设计要求后方可开始洞门凿除。在洞门凿除过程中，应持续观察洞外加固体的渗水、掉落情况，根据实际情况来决定是否对土体进行补充加固，之后再开展后续工作。

（2）当地层稳定性良好，且无地下水，没有洞门坍塌的风险时，也可以在盾构机到达端头加固区之前凿除洞门，以节省盾构机接收的时间。当地层稳定性不好或存在地下水时，应优先考虑在盾构机刀盘已经顶到洞门围护结构后再对洞门进行凿除。

（3）完成洞门凿除后，盾体应尽快推上接收基座，减少洞门土体的暴露时间。

30. 接收洞门密封装置应该如何安装？

答：为防止盾构机到达时推出的渣土损坏帘布橡胶板，洞门防水装置应在洞门完成凿除，并清理完洞门渣土后再进行安装。接收洞门密封装置安装方法同于始发洞门，参见“始发洞门密封装置安装”的相关内容，但应特别注意以下事项：

（1）接收洞口密封装置一般采用折页板，且折页板上应安装钢索环并穿好钢丝绳，如图 3-13 所示。

（2）当盾体到达密封装置的位置时，用手拉葫芦拉紧钢索环中的钢丝绳，使折页板和帘布橡胶板密贴在盾壳表面。图 3-14 为接收洞门密封装置安装实景图。

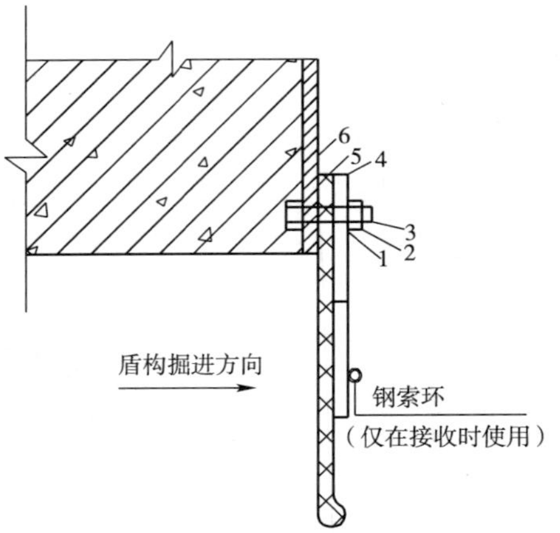

图 3-13　接收洞门密封装置安装示意图

1-垫圈；2-螺母；3-螺栓；4-扇形压板；5-帘布橡胶板；6-预埋洞门圈

图 3-14　接收洞门密封装置安装实景图

31. 盾构机接收施工的要点有哪些？

答：盾构机接收施工的要点有以下几个方面。

1）安装盾构机接收基座

（1）为了确保盾构机顺利到达，盾构机到达的姿态应平顺，凿除洞门混凝土后即可实测盾构机的中心高程，以确定基座应垫的高度；

（2）根据接收井的底板高程、洞门环板实测中心高程调整接收基座的高度，接收基座的中心轴线应与盾构机壳体的中线一致，使盾构机按洞门实际中心线接收；

（3）将接收基座以盾构机接收方向 +5‰的坡度进行安装，确保拼装管片时有足够的支座反力；

（4）要特别注意对接收基座的加固，尤其是纵向的加固，以保证盾构机能顺利到达接收基座上。

2）盾构机接收过程操作

（1）从盾构机进入到达段 10m 开始，盾构操作手应注意控制好盾构掘进姿态，使盾构机尽量平缓掘进，严禁进行大幅度的纠偏动作，以保证盾构机能够平缓到达，推进速度控制在 5mm/min 左右；

（2）当刀盘进入接收洞门后，因为刀盘前方已经没有土压力，此时盾构推进和管片拼装用力过大时产生的反力可造成盾构机突然往前滑动，造成姿态难于控制，因此必须控制推进力和拼装机纵向油缸压力；

（3）在洞门结构的底部设置垫块，防止盾体进入洞门后，由于受自身重力作用而造成盾体下沉，致使盾体无法推上接收基座；

（4）在盾体推上基座的过程中，根据盾体与接收基座导轨的平面、垂直关系，不断改变推进千斤顶的方向，尽量使盾体的平面中线与基座的平面中线重合，将盾体缓慢、均匀地推上接收基座；

（5）当最后一环管片拼装完成后，通过管片的二次注浆孔，注入双液浆进行封堵；注浆的过程中要密切关注洞门的情况，一旦发现有漏浆的现象立即停止注浆并进行处理；

（6）当盾构机前体盾壳被推出洞门时，通过压板卡环上的钢丝绳调整折页压板，使其尽量压紧帘布橡胶板，以防止洞门泥土及浆液漏出；在管片脱出盾尾时，再次拉紧钢丝绳，使压板能压紧橡胶帘布，让帘布一直发挥密封作用。

3）盾尾脱离隧道最末环后的施工措施

（1）确认管片外侧的土体自稳性良好，无地下水明流后，用外加千斤顶继续前推盾体，使盾尾离开末环管片2m以上，为后续工作留出操作空间；

（2）向隧道最后几环管片与土体之间的间隙内插入纵向注浆管，并用混凝土进行锚喷；

（3）通过纵向注浆管或管片吊装孔，对管片进行壁后注浆，填充管片与土体的间隙。

4）盾构机接收施工注意事项

（1）盾构机到达前，通过取芯来检查端头土体的加固效果，确保加固体的强度和抗渗性满足设计要求；

（2）到达前，在洞口内侧准备好砂袋、水泵、水管、方木、风炮等应急物资和工具；

（3）准备洞内、洞外的通信联络工具和洞内的照明设备；

（4）增加地表沉降监测的频次，并及时反馈监测结果指导施工；

（5）橡胶帘布内侧涂抹油脂，避免刀盘刮破帘布而影响密封效果；

（6）在盾构机刀盘距洞门掌子面0.5m时，应尽量排空土仓中的渣土，减小对洞门及端墙的挤压，以保证凿除洞门混凝土施工的安全；

（7）在盾构贯通后安装的几环管片，由于同步注浆易于流失，因此要尽量采取措施减小浆液漏失量，并做好管片壁后补浆工作；

（8）接收掘进时，因为推进千斤顶的推力逐渐减小，千斤顶施加在管片上的推力也相应减小，将造成接收段的隧道管片之间的止水橡胶条压紧不实，影响隧道防水效果，因此应做好接收段隧道的管片螺栓紧固和复紧工作；此外，通常要求在最后的10环管片上安装纵向拉紧联系，方法是在相应管片的吊装孔上安装管片吊装头，并通过槽钢将吊装头连接起来，拉紧最后10环管片，使管片连成整体，防止管片松懈而影响密封防水效果。

32. 盾构机在曲线段接收时应注意哪些问题？

答：当盾构机到达段的隧道为曲线隧道时，由于盾体只能以直线状态进入洞门，而盾体长度一般为8～9m，盾构机轴线与隧道设计中线之间易于产生较大的偏差，进而造成隧道轴线偏差超标，因此应在盾构机到达洞门之前，预先调整盾构机的姿态，同时应根据曲线半径的大小，使盾构机沿隧道曲线的切线或割线接收。当盾构机沿隧道曲线的切线或割线接收时，盾构机相对于洞门方向是被斜推出来的。由于盾体与洞门环之间的间隙可能不均匀，因此要特别注意盾构机推出时不要顶住、顶坏洞门结构以及洞门密封装置。

此外，由于盾构机只能以直线状态穿出洞门，因此接收基座应该按照盾构机实际轴线的方向摆放，避免盾构机推上基座时，盾构机的前进方向与基座导轨之间存在偏角而使基座受到较大的侧向力作用产生损坏。

盾构机曲线接收案例

北京地铁六号线4标慈寿寺站—花园桥站盾构区间接收段隧道为半径为350m的曲线段，接收基座按照盾构机到达洞门停机位置的盾构中心摆放（见图3-15），即接收基座与隧道轴线之间呈一定角度的夹角摆放，顺利实现了盾构机接收。

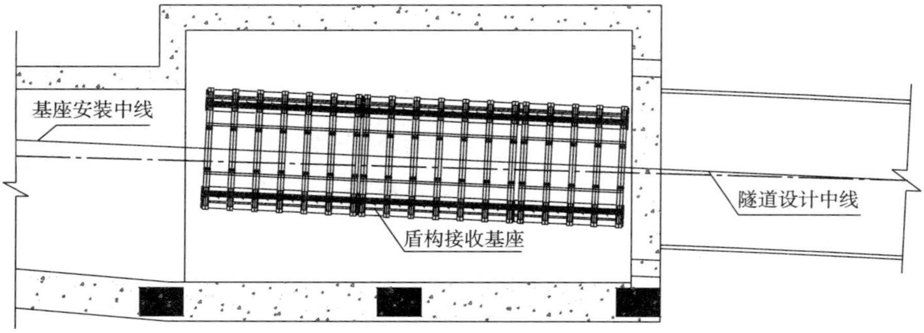

图3-15　曲线接收盾构机基座摆放示意图

33. 盾构机接收时易发生哪些事故，事故的原因有哪些，怎样预防？

答：盾构机接收常见事故如下。

1）盾构机基座发生变形

在盾构机接收过程中，盾构机基座发生变形，使盾构机掘进轴线偏离设计轴线。

盾构机基座发生变形的主要原因如下：

（1）盾构机基座的中心线与隧道设计轴线不平行，盾构机在基座上纠偏产生了过大的侧向力；

（2）盾构机基座的整体刚度、稳定性不够或局部构件的强度不足；

（3）盾构机在推上接收基座过程中姿态控制不好，推进轴线与基座轴线产生较大夹角，致使盾构机基座受力不均匀；

（4）对盾构机基座的固定方式考虑不周，固定不牢靠。

为防止基座发生变形，可采取以下预防措施：

（1）盾构机基座摆放时，中心夹角轴线应与隧道设计轴线方向一致，当洞口段隧道设计轴线处于曲线状态时，应考虑盾构机基座沿隧道设计曲线的切线方向放置，切点必须设于洞口内侧面处；

（2）基座结构的强度和刚度能满足盾构机接收施工时对其产生的荷载；

（3）合理控制盾构姿态，尽量使盾构轴线与盾构基座中心夹角轴线保持一致；

（4）盾构机基座的底面与接收井的底板之间要垫平垫实，保证接触面积满足要求。

2）凿除接收洞门时产生涌土现象

在凿除接收洞门过程中，洞门前方土体从封门间隙内涌入工作井（接收井）内。

产生涌土现象的主要原因如下：

(1)封门外侧土体加固方案不当或加固效果欠佳，自立性达不到封门拆除所需的施工时间；

(2)地下水丰富，土体软弱，自立性极差；

(3)封门拆除工艺编制不合理或施工中发生意外，造成封门外土体暴露时间过长。

为防止涌土，可采取以下预防措施：

(1)根据现场土质状况，制订合理的土体加固方案，并在拆封门前设置观察孔，检测加固效果，以确保在土体加固效果良好的情况下拆除封门；

(2)布置井点降水管，将地下水位降至洞门拱底0.5m之下；

(3)根据封门的实际尺寸，制订合理的封门拆除工艺，合理安排施工，确保拆除封门时安全、快速。

3)盾构机接收时姿态突变现象

盾构机接收后，最后几环管片往往容易出现较大的变形或变位，进而影响隧道的有效净尺寸。

姿态突变产生的主要原因如下：

(1)盾构机接收时，由于接收基座中心夹角轴线与推进轴线不一致，盾构姿态产生突变，使盾尾内的圆环管片位置产生相应的变化；

(2)最后两环管片在脱出盾尾后，由于与周围土体间的空隙在洞口处无法及时填充，在重力的作用下产生沉降。

为防止姿态突变，可采取以下预防措施：

(1)盾构机接收基座设计要合理，盾构下沉的距离不要超过盾尾与管片的建筑空隙；

(2)将接收段的最后一段管片，在上半圈的部位用槽钢相互连接，增加隧道刚度；

(3)在最后几环管片拼装时，注意对管片的拼装螺栓及时复紧，提高其抗变形的能力；

(4)接收前调整好盾构姿态，使盾构高程略高于接收基座高程。

34. 在自稳性差的地层接收盾构机时，还应关注哪些重大的风险？

答：当盾构机在含水地层等自稳性差的地层接收时，可能发生涌水、塌方事故。地下水和土体可能从洞门或盾壳外侧、管片外侧的地层流入井内，造成洞口塌方等事故。

某区间盾构机接收时塌方事故案例

地铁某标段盾构机准备接收时，在洞门凿除时洞门塌方，约有 $30m^3$ 的泥土从桩间塌入接收井，接收基座被埋。

盾构机接收时泥土塌入车站如图3-16所示。

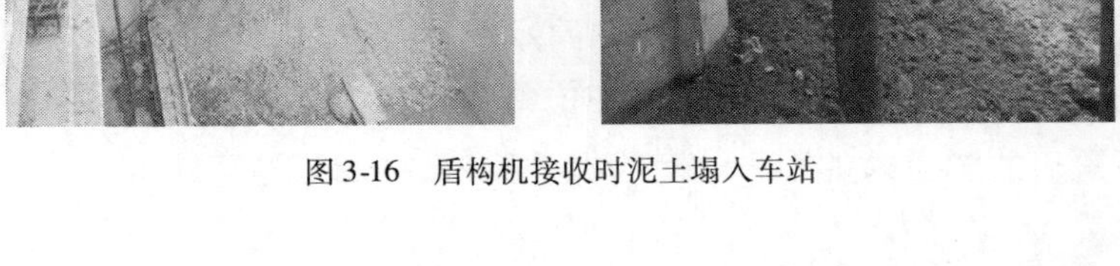

图3-16　盾构机接收时泥土塌入车站

35. 含水地层接收盾构机发生事故的原因是什么?

答:盾构机在含水地层接收时,发生洞门涌水、塌方事故的原因分析如下:

(1)洞口土体加固质量不好,强度未达到设计或施工要求而产生塌方,或者加固不均匀,隔水效果差,造成漏水、漏泥现象;

(2)洞门凿除后暴露时间过长,加固体因风化、失水等原因造成自稳性降低;

(3)洞门密封装置安装不好,止水橡胶帘布内翻,造成水土流失;

(4)洞门预埋钢环和密封装置强度偏低,经不起较高的土压力,受挤压破坏而失效;

(5)盾构机外壳上有突出的注浆管等物体,使密封效果受到影响;

(6)盾构机接收时土压力未及时下调,致使大量土体从被凿开的洞门塌入井内,上部地层因为失去支撑而造成更大规模的涌水和塌方;

(7)盾构机接收时土压力未及时下调,致使洞门密封装置被顶坏,失去对土体和地下水的密封作用。

36. 如何预防和应对在含水地层接收盾构机所发生的事故?

答:参照盾构机始发应急处理的相关内容,还应特别注意以下几点:

(1)应预先计算好末环管片的位置,如果末环管片未超出洞门所在的结构端墙表面,则在盾尾与末环管片脱离后,洞门密封将失去作用,在末环管片的端面有涌水、涌砂的风险。在此情况下,应该在末环(永久环)之后,再拼装一环的附加管片,使洞门密封附着在附加管片上。待经过管片壁后注浆,使管片外的地层稳定后,再拆除附加环和洞口密封。

(2)在盾体推出洞门的过程中,如发现洞门密封处渗水,可通过盾体上预留的径向注浆孔,向周边土体注浆,封堵渗水的通道。

(3)如果在接收过程中发生大规模的涌水、涌砂,则应果断撤离井下的作业人员,可考虑回填接收井,以便控制事故的进一步发展。

(4)盾构机接收完成后,应尽早施工洞门环梁。

第六节　联络通道施工

37. 北京地区联络通道土体加固的常用方法有哪些?

答:依据加固施工的操作位置不同,联络通道土体加固可分为地面加固和隧道内加固。地面加固是指在联络通道所在位置的地面,向地下打孔、注浆,对联络通道所在的地层进行加固。北京地区常用的地面加固方法有旋喷法、袖阀管注浆法、深层搅拌桩法等。隧道内加固是指待单线或双线盾构隧道贯通后,在联络通道所在位置的管片上开孔,对联络通道所在的地层进行加固。北京地区常用的隧道内加固方法有管棚注浆法、袖阀管注浆法等。

38. 联络通道明挖法施工和暗挖法施工各有哪些特点？

答：联络通道明挖法施工是指待联络通道位置的双线隧道完成后，在对应的地面开挖竖井，竖井完成后修建联络通道洞身、洞门等结构，再进行回填施工。

联络通道明挖法施工具有施工简单、快捷、经济、安全的优点，并且联络通道施工与盾构隧道施工相对独立，相互干扰小，相对于联络通道暗挖法施工，可缩短整个区间工程的工期。其缺点是对周围环境的影响大，在一些地点不具备实施的条件。

联络通道暗挖法施工是指待联络通道所在位置的双线盾构隧道完成后，利用盾构隧道作为工作面，在相应的管片上开洞门，然后进行暗挖，完成初衬、防水、二衬等施工。联络通道暗挖法施工具有不受地面条件限制、施工时对地面环境影响小的优点。但也具有下列缺点：①受工程地质和水文地质条件的影响较大；②工作条件差、工作面狭小、工作环境差；③如果与盾构隧道同时施工，两者之间的相互干扰大。

39. 联络通道开洞门前，在洞门位置的盾构隧道内搭建的内支撑有哪些结构形式？

答：为了防止在盾构管片上开联络通道洞门时地层的应力释放造成盾构隧道管片变形，在开洞门之前，需要在隧道内用型钢搭建支撑结构，对盾构隧道进行约束，防止其产生过量的变形。在北京地区，常用的支撑结构形式有环形支撑和框架形支撑，其结构示意图分别如图 3-17 和图 3-18 所示。

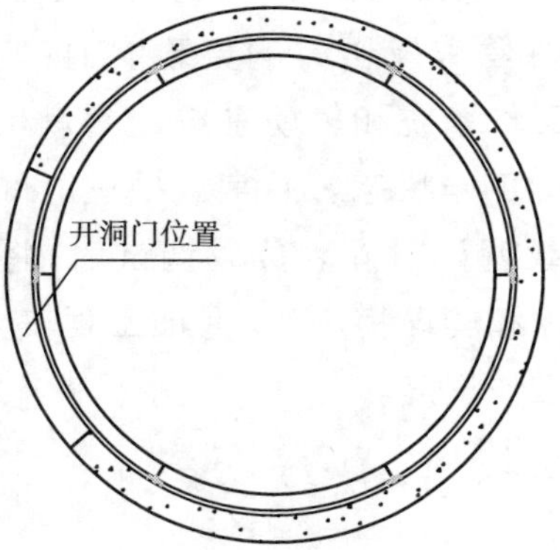

图 3-17　环形支撑结构示意图

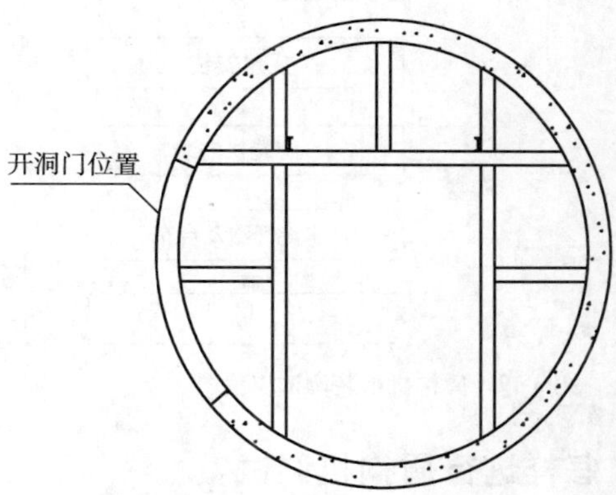

图 3-18　框架形支撑结构示意图

40. 联络通道位置的盾构隧道内支撑搭建时应注意哪些问题？

答：联络通道内支撑搭建时应注意以下三个方面的问题：

(1) 结构的空间需要满足盾构隧道内蓄电池车通行的净空要求，且安装定位要准确；

(2) 螺栓等连接件需要全部紧固到位，焊缝应焊接牢固；

(3) 内支撑结构与管片表面必须密贴，必要时加装木楔等填塞物，增加与管片的接触点。

第七节　盾构机组装、过站、过风道、调头及解体

41. 盾构机组装调试的一般流程是什么？

答：盾构组装调试的一般流程是：组装场地的准备→始发基座的安装→行走轨道的铺设→吊装设备准备并就位→后配套组装→连接桥与后配套连接→中体组装→前体组装→刀盘组装→主机前移→拼装机安装→盾尾安装→螺旋机安装→反力架及反力环安装→主机和桥架后配套连接→调试。

盾构机组装调试的流程如图3-19所示。

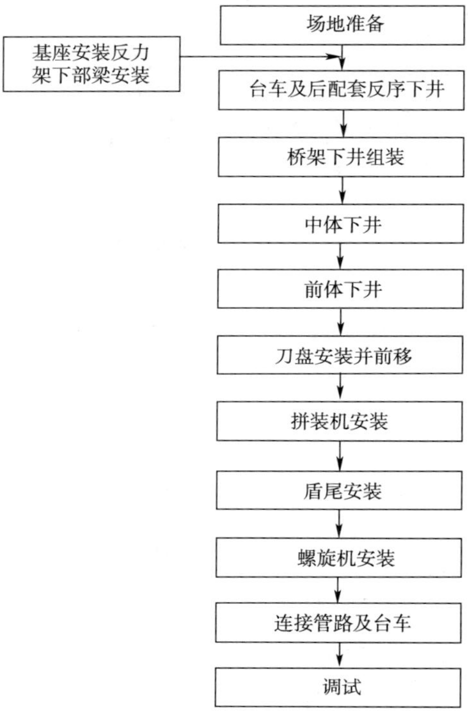

图3-19　盾构机组装调试流程图

42. 盾构机调试一般分为几个阶段？

答：盾构机调试通常分为空载调试阶段和负载调试阶段，详述如下。

(1)空载调试：盾构机组装和连接完毕并确认无误后，即可进行空载调试。主要调试内容包括配电系统，液压系统，润滑系统，冷却系统，注浆系统，以及各种仪表、传感器的校正。

(2)负载调试：盾构机空载运转正常后，即可进行负载调试。负载调试的主要目的是检查各种管线及密封的负载能力；使盾构机的各个工作系统和辅助系统达到满足正常生产要求的工作状态。通常试掘进时间即为对设备负载调试时间。负载调试时，将采取严格的技术和管理措施，以保证工程安全、工程质量和工作进度。

43. 怎样进行盾构机调试？

答：盾构机运抵施工现场后经过组装连接后，即可进行调试工作。调试工作由机械、电气及测量工程技术人员共同完成。

1)电气系统调试准备

(1)高压系统的绝缘及功能测试。绝缘测试包括高压电缆、接头、高压开关柜测试以及变压器的绝缘性能测试和变压器绕组阻抗测试。此外，硅油变压器还需进行油位检测。

(2)高压系统绝缘及功能测试合格之后，断开低压侧的各级开关，为高压供电系统供电做准备。

(3)高压系统供电之后，检查高压系统各项供电指标(高、低压电压显示，频率显示，绝缘在线监测等)，合格之后，开始低压供电系统调试。

(4)低压系统分别检查380V、220V、110V、24VDC、24VAC供电指标。指标正常之后，对各传感器、PLC系统、上位机、低压各系统供电。

(5)确保PLC系统和上位机处于正常工作状态。

(6)根据PLC报警信息，修复有故障的部分，为整机功能调试做准备。

2)液压系统调试准备

(1)检查油箱油位传感器和液位显示透明胶管，查看液压油是否充足，必要时检测油品内金属颗粒及水分是否符合使用要求。

(2)检查所有油泵进油口是否均处于开启状态。

(3)检查所有控制阀门是否处于正常状态。

(4)检查供水系统压力及流量是否处于正常状态。

(5)检查各滤芯工作情况，根据报警信息更换堵塞的滤芯。

3)盾构机调试

根据各个厂家提供的调试流程，完成盾构机各系统的功能测试，主要有以下内容：

(1)供水系统调试。供水系统主要对空压机、齿轮油、配电柜、液压油箱、主轴承等进行散热，故须检查供水系统的压力和流量是否正常。

(2)供气系统调试。检查空压机、各减压阀、气动系统供气压力及功能。

(3)润滑系统调试。检查润滑油脂泵、齿轮油泵、分配阀以及各润滑点的功能。

(4)逐一检查驱动电机转向。

(5)逐一检查各液压泵功能。

(6)刀盘驱动系统功能检查，包括转向和最大转速测试，并注意观察刀盘压力显示、扭矩显示、温度显示、减速机及马达声音情况、主驱动声音情况。

(7)拼装机调试。包括各自由度、行走速度及行程、旋转角度及速度、管片抓取功能。

(8)螺旋机调试。包括前闸门的开关及连锁功能、螺旋伸缩及连锁功能、后闸门开关功能、应急关闭功能、螺旋机润滑系统功能、左右旋转测试、旋转转速测试、压力显示情况。

(9)推进油缸测试。包括阀组功能测试、各油缸拼装模式及推进模式测试、各分区油压显示测试、分区行程显示测试。

(10)铰接系统测试。包括伸、缩功能测试、压力显示测试、行程显示测试。

(11)如果有管片输送小车，测试管片输送小车各项功能。

(12)管片吊车测试。测试行走、起升及负重功能。

(13)注浆系统功能测试。分别测试各注入点注浆能力、各注入点压力及流量显示以及管路是否畅通。

(14)盾尾油脂系统功能测试。分别测试各点注入功能及压力显示以及各注入点管路是否畅通，并测试自动及手动注入功能。

(15)泡沫系统功能测试。各注入点分别测试管路是否畅通，气体流量计显示是否正确，液体流量计显示是否正确；气体控制阀功能测试；液体流量阀功能测试；开启所有泡沫系统管路，测试泡沫系统整体发泡效果。

(16)膨润土注入系统测试。测试各注入点管路是否畅通，流量及压力显示是否满足要求。

(17)盾构机二次风机系统测试。

(18)污水处理系统测试。

(19)盾构机导向系统测试。包括盾构机基准坐标校准、盾构机姿态复核、轴线参数输入。

(20)各系统调试、修复或校准之后，按照各厂家给出的调试验收报告，由电气人员、机械人员、液压人员、测量人员一起组织一次详细的验收工作，达不到要求的系统需要进行修复后再次调试后进行验收。

44.盾构机整体过站的常用方法有哪些?

答：盾构机整体过站是指盾构机盾体连同后备台车整体在结构底板上由车站的接收井移动到始发井的过站形式。盾构机整体过站时，如果移动距离较短，可以采用拼装负环管片反推前移的方法过站。如果移动的距离较长，后期拆除负环难度又较大时，可采用过站托车支撑、外置液压油缸推进的方法过站。对于这类过站方法，目前常用的有四种过站方式，分述如下。

图3-20 盾构机利用过站小车过站

第一种过站方式是制造专门的过站小车。过站小车的结构形式是在专门的盾构机基座上安装车轮，盾体推上过站小车后，过站小车在外加千斤顶的推动下带动盾体及后配套台车沿车站底部铺设的轨道，从车站的接收井移动到始发井，如图3-20所示。

第二种过站方式是预先在车站底板铺设钢板。盾体接收上基座后，在基座下方放置滚杠，利用千斤顶推动基座和滚杠在钢板上前移，使盾体移动到始发井。

第三种过站方式是在盾体前方设置滑道，在盾体后方设置轨道以及牛腿，盾体在自身千斤顶或外加千斤顶的推动下，连同后配套台车整体过站。

第四种过站方式是在盾壳下部的合适位置直接焊接4个滚轮，在滚轮下方铺设钢轨。盾体在自身千斤顶或外加千斤顶的推动下，依靠滚轮沿车站底部铺设的轨道前移至始发井。

45.盾构机过站施工要注意哪些事项?

答：盾构机过站工作包括盾构机接收到基座上、站内移动、组装、调试、二次始发等。盾构机在车站底板上移动时一般要经过横移、纵移、再横移到位后固定的过程，期间可能发生多次的顶升和下降操作，所以在过站施工过程中应特别注意以下几点：

(1)盾构机与平移基座必须连接牢固，必要时对基座进行加固，确保基座能和盾体一起整体平移和顶升，并在移动过程中不会发生过量变形；

(2)在进行盾体顶升操作之前，需要在盾体上两侧各焊接两个顶升基座，注意基座应焊接在盾体上能承力的部位，基座之间的距离尽量大，四个基座构成基座平面，基座平面的几何中心应尽量与盾体的重心相重合；

(3)根据施工负荷，选取合适的千斤顶及液压泵站，控制顶升和平移的速度，顶升和移动盾体时应平稳、顺畅；

(4)盾构机过站施工应由专人指挥，由此来加强组织管理和进行资源统筹；

(5)过站操作过程中易发生机械伤害事故，应加强对施工人员的安全教育，保证各项安全规定落实到位。

46. 盾构机过站施工时，车站结构需要满足哪些要求？

答：车站结构应满足盾构机过站的空间需求和结构受力需求。车站横截面应有足够的净空来通过盾构机，妨碍盾构机通过的结构，如站台板、轨顶风道、楼梯等，需要在过站施工完之后再进行施做。在过站施工之前，车站底板应已经浇筑完成并有足够的强度来承担盾构机过站的施工荷载。盾构机通道内的车站的预留钢筋需要弯折到合适的位置。底板上集水坑等孔洞部位需要进行临时回填，必要时回填后在其表面铺设钢板，以承担盾构机过站的荷载。

47. 盾构机过风井施工要注意哪些事项？

答：盾构机过风井施工时，由于风井结构尺寸相对狭小，应统筹安排好各项工作，解决好各项作业的空间交叉问题。由于盾构机通过风井时只能直线通过，因此应根据风井前后端的洞门圈中心的实际位置与隧道设计中线的关系，在到达风井之前提前调整好盾构姿态，特别是风井设置在曲线上的情形，更应注意盾构机到达风井之前的姿态预调整。由于风井的长度一般较短，因此盾构机过风井时一般采用拼装负环管片的方式整体通过。为方便后期负环管片的拆除，在过风井段的负环中可加入钢制负环，同时钢制负环的孔洞可作为隧道与风井之间的通道，方便人员、物资的转移。盾构机过风井后，当刀盘进入前方土体后，盾体还处于风井的自由空间内，此时应在盾体上焊接防旋转的支撑，防止盾体受刀盘的反向扭矩作用而发生过量旋转。

当盾构机穿越暗挖法风井，且风井二衬结构尚未完成时，应特别注意盾构机推力参数的调整，避免穿入和穿出风井过程中对初支产生过大的荷载而使其产生过量的变形。在此情况下，一般需要对盾构机的始发、到达端的土体进行加固，对初支结构采用附加钢支撑等进行加固补强处理。

图3-21为盾构机过风井实景图。

图3-21　盾构机过风井实景图

48. 盾构机平移和调头一般采用哪些方式?

答: 按照所使用基座的结构形式,盾构机平移和调头方式可以分为轮式基座调头、直顶式基座调头和步履式基座调头三种。

轮式基座是在施工前加工制作的一个带滚轮或滚柱的盾构机调头专用基座。基座底部装有带万向球轴承的滚轮或在基座与底板之间设置滚柱。盾构机平移或调头时,调头基座与工作井底板之间为滚动摩擦,因此摩擦力较小,调头耗时也较短。但在结构底板不平的情况下,移动速度较难控制。

直顶式基座是直接由盾构机始发基座改装而来,即在始发基座底部安装钢板,作为滑动面。一般在调头施工前,在底板上满铺 20mm 钢板,并在钢板上涂抹黄油以减小摩擦力,用外加千斤顶使基座在底部钢板上滑动,进行平移和调头。由于基座不需要额外加工,可以有效节约成本,但因基座与底板之间是滑动摩擦,故摩擦力较大,所需的千斤顶和液压泵站的性能要求较高,调头耗时也较长。

步履式基座是在施工前加工制作的一个带有四个支腿液压缸的盾构机调头专用基座。盾构机前进时四个支腿液压缸支地,下盘离地,通过液压系统驱动行走油缸实现基座履靴前行,然后收起支腿,通过液压缸收缩拉动基座和盾构机前行,经过如此反复操作实现盾构机平移和调头。其优点是调头操作精确、灵活,可在狭小的空间内实现精确调头,缺点是需要专门加工步履式基座。

直顶式基座平移盾构机及步履式基座示意图分别如图 3-22 和图 3-23 所示。

图 3-22　直顶式基座平移盾构机

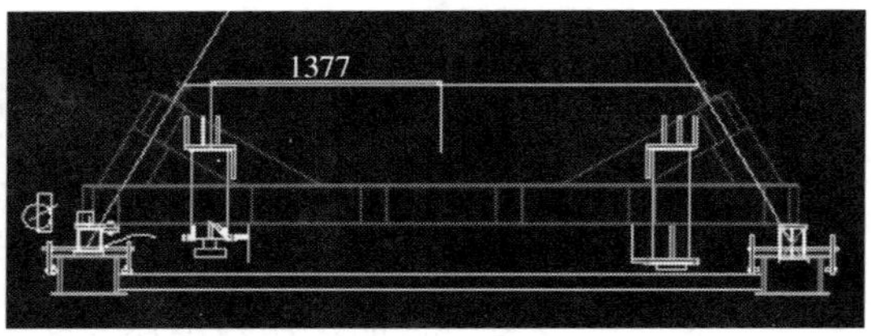

图 3-23　步履式基座示意图

49. 盾构机解体吊出的一般流程是什么?

答: 盾构机解体吊出的一般流程如下:

(1)清除刀盘上附着泥土;

(2)断开盾构主机风、水、电供应系统;

(3)拆除管线和小型组件;

(4)解体吊出盾构主机,并及时转运;

(5)分节吊出配套台车。

盾构机解体吊出流程如图 3-24 所示。

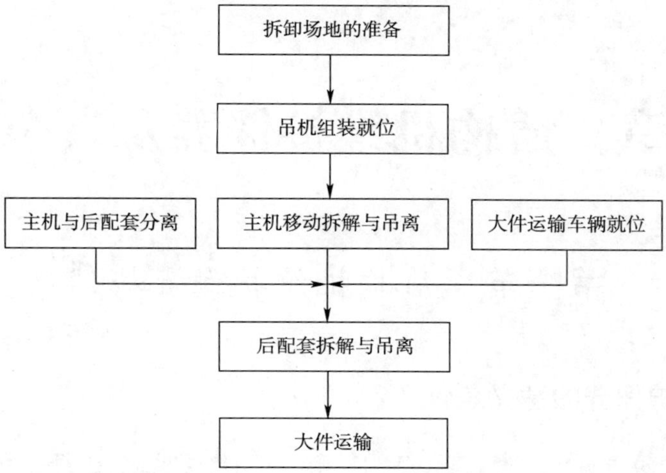

图 3-24　盾构机解体吊出流程图

50. 盾构机解体时应注意哪些事项？

答：盾构机解体施工时应注意以下问题：

（1）在隧道贯通前，全面仔细检查、补全盾构机电、液各部件的标识；所有管线接头必须作统一的标牌，每组标牌只准使用一次，避免重复混淆，以便于下次组装。

（2）用堵头堵好拆开的液压管路和油脂管路，避免杂物进入管路，应将电缆及传感器等电气设备包好并进行标记，防止其受潮或进水，也要将水管及气管的管头包好，避免杂物进入管路。

（3）如果是在冬季施工，应将盾构机内各部分的水彻底放出，对于无法排干的部位要做好防冻保温措施。

（4）贯通前对后配套及辅助设备进行有载性能测试，以全面鉴定各个机构设备的性能状态，为解体后进行配件采购和围护保养提供依据。

（5）详细考察吊装场地的地下与地面环境，谨慎选择吊车的支腿位置，避免在隧道结构上方、车站结构上方或管线上方支设吊车，避免吊装荷载对地下结构产生损害，同时吊车的作业半径应与周边建筑物、构筑物保持足够的安全距离。

（6）必须制定完善的盾构机吊装方案，并经专家论证认可后方能实施盾构机吊装作业；盾构机吊装必须选择有资质的吊装企业来承担，参与吊装施工的特种作业人员必须持证上岗。

第四章　盾构机维护保养及安全施工

第一节　盾构机维护保养概述

1. 盾构机维护保养的意义是什么?

答:盾构机作为隧道掘进设备,具有结构复杂、自动化程度高、连续循环工作持续时间长、作业环境恶劣等特点。在长期使用过程中,盾构机的各部件产生摩擦、锈蚀、松动等现象,如不及时进行维护保养工作,将造成设备的过早磨损,直接降低设备的稳定性和可靠性,造成盾构机无法正常运行,甚至会导致事故的发生,给企业带来不应有的经济损失。因此,必须通过正确操作以及利用适宜的润滑剂进行充分润滑等维护保养工作,才能预防各种故障的发生。

建立科学有效的设备管理机制,制定科学合理的维护保养计划,增强设备日常管理和监督检查的力度,能保证盾构机处于良好的安全运行与备用状态,使盾构机具有较高的完好率,有效地发挥盾构机的使用效率,形成最为全面合理的掘进管理模式,从而为顺利完成盾构施工提供保证。

2. 盾构机维护保养的主要内容是什么?

答:盾构机维护保养分为日常保养和定期保养。

日常保养的内容是"检查、调整、紧固、润滑、清洁",并对检查中发现的问题及时处置。专业维护人员按照盾构机组成系统对盾构机运转状况进行外观目测和仪表数据观测,采用视、听、触、嗅等手段,检查盾构机及后配套设备的运转情况,观测主控室的运转参数,检查机件的异响、异味、发热、裂纹、锈蚀、损伤、松动、油液色泽、油管滴漏等情况,初步判断盾构机的工作状态。

定期保养是指按规定的运转周期或掘进长度对盾构机及后配套设备进行检查和维护。定期保养分为周、月、季、半年和年保养。

针对某具体厂家生产的盾构机,还应按照设备厂家维护保养手册中给出的具体说明与要求,并查阅所安装设备的部件类型分类及操作规程等信息,进行特定的维护保养工作。

3. 盾构机维护保养的原则是什么?

答:盾构机维护保养的原则有以下几点:

(1)盾构机的维护保养必须坚持"预防为主、状态检测、强制保养、按需维修、养修并重"的原则，并应由专业人员进行保养与维修；

(2)应按盾构机生产厂家提供的设备说明书定期对盾构机及配套设备进行保养与维修；

(3)必须按计划对盾构机进行保养与维修；

(4)盾构机长期停止掘进时，应进行适当的停放保养；

(5)保养与维修工作应进行记录。

4. 盾构机维护保养人员应具备哪些基本条件？

答：盾构机维护保养人员应具备“四懂”、“四会”，即懂原理、懂构造、懂性能、懂用途；会使用、会保养、会检查、会排除故障。盾构机维护保养人员一般应熟悉机电专业基础知识，经过盾构机生产厂家和授权机构的专业培训，具备相应的技能和知识，考试合格并取得相应资质证书后，方可进行盾构机维护保养作业。作业过程中涉及焊接、电工、起重等特殊工种作业的，有关人员还应取得相关特种作业资质证书，并在证书有效期内实施相关作业。

5. 如何做好盾构机的维护保养工作？

答：为保证盾构机维护保养工作及时、有效，应重点做好以下几个方面的工作：

(1)建立维护保养相关组织机构及人员配置；

(2)落实维护保养人员的岗位职责；

(3)建立维护保养日常管理制度；

(4)落实监督机制，监督维护保养工作的执行情况；

(5)做好维护保养工作记录；

(6)按照厂家提供的维护保养手册，做好日、周、月、半年、年保养。

6. 盾构机的维护保养方法有哪些？

答：盾构机的维护保养内容是按照主要组成系统分类列出的，并按照时间间隔和各部件类型分类在表格中列出要求，进行维护保养工作，其主要维护保养方法如下：

(1)盾构机运行过程中，严格执行巡回检查制，运用“五字操作法”(听、擦、闻、看、比)，定时仔细对设备进行巡回检查，发现问题及时解决，排除隐患；

(2)贯彻“十字作业法”，即清洁、润滑、紧固、调整和防腐，保证设备各零部件外表整洁，润滑充分，并保证各紧固件连接牢固，无腐蚀生锈现象；

(3)坚持设备“五定”润滑管理制度，即定点、定时、定质、定量、定人，认真做好设备润滑，降低设备的磨损，延长设备使用寿命；

(4)落实盾构机维护保养分区管理责任制，维护保养人员分工明确，与操作人员密切配合，负责督促所辖区域内的设备操作者正确操作、合理使用，并组织精心维护盾构机设备；

(5)维护保养人员必须认真执行交接班制。

7. 土压平衡盾构机主要由哪些系统组成，各系统的主要作用是什么？

答：土压平衡盾构机由掘进刀盘、盾体及后配套台车组成，主要包含以下各系统：刀盘刀具、主驱动系统、推进系统、铰接系统、人闸系统、管片拼装系统、渣土改良及排渣系统、同步注浆系统、盾尾密封系统、液压动力系统、电力及控制系统、测量导向系统、车架结构及辅助设备等。

(1)刀盘刀具:刀盘位于盾构机最前部,根据不同地质条件,刀盘上可安装各种类型的盾构机刀具,用于切削土体并保持开挖面整体稳定。

(2)主驱动系统:刀盘驱动由螺栓牢固地连接在盾构机前盾体承压隔板的法兰上,通过数台变频电机或液压马达驱动,使刀盘沿顺时针和逆时针两个方向旋转,进行盾构掘进作业。

(3)推进系统:由推进泵及数台安装在中盾内壁周圈均匀布置的液压缸组成,推进油缸后部撑靴顶在安装好的管片上,通过推进油缸的推力,为盾构机向前掘进提供反作用力,使盾构沿隧道设计轴线掘进。

(4)铰接系统:盾构机中盾和尾盾之间由一组油缸及密封装置相连,即铰接系统。铰接系统(分主动铰接系统和被动铰接系统两种形式)使中盾与尾盾沿轴线方向保持一定的角度,从而辅助盾构机转弯或纠偏。

(5)人闸系统:双室人闸安装在前盾上,包括物料室和作业室两部分,在前盾承压隔板上通过闸门与泥土仓连通,可采用常压或加压方式由此进入土仓内部,完成更换切削刀具、检查盾构机掘进状况等工作。

(6)管片拼装系统:管片拼装机安装在中盾的H型钢梁上,通过抓取机构将管片固定在拼装机上,使管片沿水平、垂直和隧道轴线三个方向做平移和旋转动作,完成隧道预制管片拼装作业。

(7)渣土改良及排渣系统:土压平衡盾构机渣土改良系统包括膨润土泥浆、泡沫以及高分子聚合物等改良材料的搅拌、存储、泵送装置;排渣系统包括螺旋输送机和皮带输送机。盾构机掘进时,渣土改良材料由泵送装置通过注入管路送至刀盘前部或土仓隔板上的注入口,与刀盘切削下来的渣土混合搅拌,经土仓最下部的螺旋输送机进土口,提出并举升至螺旋机尾部排土口,掉落在皮带输送机的皮带上,皮带输送机再将渣土向后输送,落入渣土运输车的土斗内,完成掘进排渣。

(8)同步注浆系统:由浆液存储箱、注浆泵及注浆管路组成,通过注浆泵将浆液填充到盾尾管片与地层间的施工间隙内,防止盾构机掘进过后地层过大沉降,并使地层与管片结合,以提高整体稳定性。

(9)盾尾密封系统:由盾尾油脂供应装置和盾尾密封刷组成,主要是防止同步注浆浆液及地下水从盾尾侵入到盾体内,影响掘进及管片拼装作业。

(10)液压动力系统:为盾构机各液压系统执行元件提供可控的液压动力单元。

(11)电力及控制系统:包括电缆卷筒、主供电电缆、变压器、配电柜、动力电缆、控制电缆、操作控制台、电气执行元件等。10kV高压电由地面通过高压电缆沿隧道输送到主供电电缆,通过变压器转变成400V、50Hz的常压电力进入配电柜,再通过供电电缆和控制电缆供盾构机使用。

(12)测量导向系统:为盾构机操作人员实时提供盾构机掘进姿态与隧道设计轴线的相对位置关系数据,为盾构机在规范规定的偏差范围掘进以及准确进行管片拼装提供依据。

(13)车架结构及辅助设备:为盾构机循环掘进作业的各种设备提供可靠的安装布置位置,并提供盾构机掘进所需的辅助运行设备。

8. 盾构机维护保养工作有哪些安全规定?

答:盾构机维护保养工作安全规定如下:

(1)维护保养工作必须在盾构机停机并采取了防止意外开机的措施后,方可进行。

(2)在维护保养工作过程中,如果需要完全关停电动机,或完全关停盾构机,则必须采取有效的防范措施,防止非故意的启动。必要时,应封闭维护区域,严禁未经许可的人员进入,以便形成一个安全区。

(3)操作手册中所给出的检查、维护工作的周期和具体要求必须严格遵守。

(4)在机身高度以上进行维护保养工作时,必须使用所提供的或其他合适的安全辅助装置和工作平台。

(5)在刀盘处进行维护工作时,维修人员需要使用安全绳具,并将绳具固定在指定位置。

(6)在高处进行维护作业时,必须佩戴并正确使用安全带。

(7)完成维护工作后,应按规定的拧紧力矩,重新拧紧所有已松开的连接螺栓。

(8)在压力管道处(压缩空气、水、液压、真空或氧气管道)进行维护工作前,必须确认产生压力的设备已经关停,管道内无残存压力,并采取防范措施,避免设备意外重新启动。

(9)如果液压缸、蓄能器或任何其他部件没有卸压,仍可能导致管路中的某位置处于压力状态。在开始工作前,必须对液压缸和其他受压部件进行保护,以防动作,并将蓄能器内的压力卸除。

(10)在松开或卸下较重零件的固定螺钉或螺栓之前,必须采取可靠措施,以防其倾翻或坠落。

(11)控制柜必须始终保持关闭状态。维护保养时,开启必要的门即可。电工离开工作场所,即使是暂时离开也需要将柜门关闭。在工作完成后,也要随即关闭柜门。

9. 盾构机维护保养工作有哪些环境保护规定?

答:盾构机维护保养工作有关环境保护规定如下:

(1)盾构机维护保养工作应正确使用各种润滑油脂,并采取有效的防漏措施。

(2)完成维护保养工作后,应清理所有把手、踏板、栏杆、台架、平台和梯子上的污物。

(3)完成维护保养工作后,各种废弃的工作液、材料和废弃零件应按照环保规范要求的方式进行处置。

第二节　盾构机维护保养计划制订与实施

10. 如何制订盾构机维护保养计划？

答：现代盾构机集光、机、电、液、传感、信息技术于一体，设备结构复杂，可靠性要求极高。盾构机正常运转需要由 PLC 统一指令，各系统协调配合作业。其开挖切削土体、输送土渣、拼装隧道衬砌的循环作业工艺，类似工厂流水线生产，任何环节的故障都将导致设备整体停机。因此，为保证设备的正常运转，应制订盾构机维护保养计划，它是按照设备各组成系统分类列项，按照设备生产厂家要求的时间周期，采用表格法将维护保养项目逐项列出，再由经过培训合格的机电维护技术人员逐项按时完成，并做好维护保养记录。

11. 盾构机维护保养的工作流程是什么？

答：盾构机维修保养工作流程如图 4-1 所示。

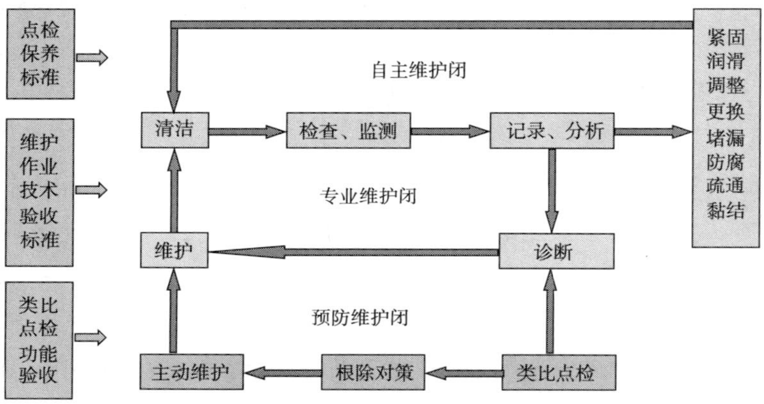

图 4-1　盾构机维护保养工作流程图（三闭环式）

12. 盾构机维护保养的作业人员应如何配备？

答：为保质保量完成盾构机维护保养工作，必须配备足够的经过培训合格的维护保养技术人员和取得相关特种作业证书的操作人员。与工程施工项目管理相适应，一般盾构施工均由专业化项目部完成。单台盾构机维护保养作业人员配备见表 4-1。

单台盾构机维护保养作业人员配备表　　　　表 4-1

班组	岗位/工种							
	盾构机操作手	地面监控员	机械维保	电气维保	拼装机操作手	龙门吊司机	浆液站操作手	蓄电池车司机
白班	1	1	2(技术)+1(焊工)	1(技术)+1(电工)	1+3(辅工)	1	1+4(辅工)	1
夜班	1	1	2(技术)+1(焊工)	1(技术)+1(电工)	1+3(辅工)	1	1+4(辅工)	1
小计	2	2	6	4	8	2	10	2

13. 盾构机维护保养计划包括哪些内容?

答:盾构机维护保养计划包括定期保养计划和非定期保养计划;

(1)定期保养计划是根据盾构机生产厂家提供的资料制订的按一定周期实施的保养计划,其周期分为以下6种:

①日保养计划:如泥浆泵的主轴承润滑和密封,每天都要加注黄油。

②周保养计划:如主轴承、主驱动变速箱、螺旋输送机驱动变速箱的油位以及油的污染程度检查等。

③月保养计划:如人闸门铰接部位的润滑、后配套应急灯电池电量检查、液压系统蓄能器压力检查等。

④季保养计划:如膨润土泵的润滑、吊机链条张力变形和磨损检查、吊钩的破裂和磨损检查等。

⑤半年保养计划:如主驱动齿轮油的检查及液压油滤清器的更换等。

⑥年保养计划:如空压机空气滤芯的更换、电缆卷筒轴承润滑及齿轮油更换等。

(2)非定期保养计划就是按点检巡检及状态评估情况制订的保养计划。

针对点检巡检的保养:如通过点检轴承温度等参数的变化发现设备故障隐患的保养。

针对状态评估的保养:针对盾构机使用及其本身特点制订检查计划,对设备进行全面的状态评估后做出的保养内容、配件计划以及通过振动监测分析对较大故障隐患进行的保养等。

14. 盾构机日常保养与维修的具体内容是什么?

答:盾构机日常保养与维修的具体内容如下:

(1)各部位的螺栓、螺母松动检查并拧紧;

(2)异常声音、发热检查;

(3)液压油、润滑油、润滑脂、水、空气的异常泄露检查;

(4)各润滑部位供油、供脂情况检查及补充;

(5)油位检查及补充;

(6)电源电压及掘进参数检查及确认;

(7)电气开关、按钮、指示灯、仪表、传感器检查及处置;

(8)液压、电气、泥浆、水、空气等管线检查确认及处置;

(9)安全阀设定压力检查及确认;

(10)滤清器污染状况检查确认及处置。

15. 盾构机周保养与维修的主要内容是什么?

答:盾构机周保养与维修的主要内容如下:

(1)检查油位、液压油滤清器有无泄漏;

(2)检查旋转接头,用润滑脂枪给轴承注油;

(3)检查刀盘驱动主轴承,检测油污染程度、含水量;

(4)检查刀盘驱动行星齿轮的油位,监听运行声音;

(5)检查推进油缸,润滑关节轴承;

(6)检查螺旋输送机变速器的油位,润滑螺旋输送机轴承、后闸门、伸缩导向(土压平衡盾构机);

(7)清理电动机、液压油泵的污物;

(8)检查铰接油缸,对润滑点注脂;

(9)润滑管片拼装机、管片吊机、管片输送机的润滑点,润滑所有轴承和润滑面;

(10)检查送排泥泵的密封及送排泥管道的磨损情况(泥水盾构机);

(11)检查空压机温度,检查凝结水和冷却器污染情况;

(12)液压油箱油位开关操作测试;

(13)检查皮带运输机各滚子的转动、刮板磨损情况(土压平衡盾构机);

(14)检查壁后注浆系统所有接头处的密封情况,润滑所有润滑点,彻底清理管线;

(15)检查并清洁主控室 PLC 及控制柜,检查旋钮、按钮、LED 显示的工作情况;

(16)检查并清洁风水管卷筒及控制箱、高压电缆卷筒及控制箱、传感器及阀组、接线盒及插座盒、送排泥泵站、照明系统等;

(17)检查变压器的油温、油标,清除变压器上的水污,监听变压器运行声音;

(18)检查刀具的磨损情况,当刀具磨损达到一定程度或由于地层条件变化时,进行刀具更换,刀具更换必须在确保安全的前提下进行,并做好更换记录。

16. 盾构机月保养与维修的主要内容是什么?

答:盾构机月保养与维修的主要内容除包括周保养内容外,还应包括:

(1)润滑人闸门的销轴;

(2)检查螺旋输送机的螺旋管的壁厚(土压平衡盾构机);

(3)检查皮带输送机变速箱油位、皮带张力(土压平衡盾构机);

(4)液压油取样检测,按质换油,检查或更换滤芯;

(5)检查管片拼装机轴承的紧固螺栓;

(6)检查空压机皮带,更换机油过滤器,按质换油;

(7)润滑后配套拖车行走轮的调节螺栓和轮轴;

(8)检查注浆压力表及传感器;

(9)检查蓄能器氮气压力;

(10)检查刀盘驱动装置行星齿轮的冷却水系统。

17. 盾构机季保养与维修的主要内容是什么?

答:盾构机季保养与维修的主要内容除包括月保养内容外,还应包括:

(1)润滑膨润土泵轴承(土压平衡盾构机);

(2)更换油脂泵齿轮油;

(3)更换后配套空压机空滤器、油滤器,检测溢流阀,紧固电气接头;

(4)检查循环水回路的水质;

(5)润滑送排泥泵的轴承(泥水盾构机);

(6)用超声探测仪检查送排泥弯管、泥泵壳体的壁厚(泥水盾构机);

(7)测量送排泥泵电动机的绝缘电阻(泥水盾构机)。

18. 盾构机半年保养与维修的主要内容是什么?

答:盾构机半年保养与维修的主要内容除包括季保养内容外,还应包括:

(1)更换所有液压油滤芯;

(2)检查刀盘驱动的齿轮油,必要时更换;

(3)检查电缆卷筒、水管卷筒传动装置油位,检查链条张紧并润滑;

(4)用压缩空气清洁后配套空压机溢流阀。

19. 盾构机年保养与维修的主要内容是什么?

答:盾构机年保养与维修的主要内容除包括半年保养内容外,还应包括:

(1)注浆泵安全检查,主轴承密封检查;

(2)更换空压机空滤器,检查分离器,按质换油;

(3)润滑电缆卷筒、水管卷筒的轴承,按质更换变速箱齿轮油;

(4)检查紧固变压器接头,用干燥压缩空气清除灰尘;

(5)更换皮带输送机齿轮油(土压平衡盾构机);

(6)后配套拖车操作运行安全检查。

第三节 盾构机各组成系统维护保养技术知识

20. 盾构机刀盘检查的要点是什么?

答:刀盘是盾构机能否掘进的重要部件,必须根据地质条件对刀盘进行检查。盾构机始发完成后,在施工环境允许时要进行第一次刀盘磨损检查;此后,按规定的时间间隔进行检查。检查要点包括刀具、钢结构焊缝、格栅、搅拌棒、刀盘开口、耐磨装置、定位块及刀具连接螺栓的拧紧力矩等,并将检查情况记录于刀盘检查单上。在切削刀具损坏或缺失的情况下进行掘进,将会导致刀盘的严重损坏。

根据盾构工程实际遇到的地质条件不同,检查的次数要求也会有相当大的变化。在隧道掘进工程开始时,应通过较短时间间隔的试验,确定最佳的检查时间间隔。在地质条件发生变化时,应重视刀盘检查。对于刀盘的维护保养主要有以下几点:

(1)定期进入土仓检查刀盘各部分的磨损情况,检查耐磨条和格栅是否过度磨损,必要时进行补焊；

(2)检查刀盘内搅拌棒的磨损情况，以及搅拌棒上的泡沫孔是否堵塞；

(3)在有条件的情况下检查刀盘面板、各焊接部位是否有裂纹产生。

21. 盾构机刀具检查的要点是什么?

答:刀具是易损件，必须进行定期检查和更换，使刀具保持完好状态。在进行刀盘维护保养的同时，需认真彻底检查刀具，如损坏应及时更换。由于刀具的布置是相互保护的，如果某把刀损坏了没有及时发现并更换，特别是在硬岩地层或磨砺性大的地层，继续掘进很可能造成成片的刀具损坏甚至刀盘损坏而无法掘进。

对于新购进的刀具或现场返修的刀具，要检查刀具的密封情况、刀圈的硬度及磕碰损坏情况、滚刀的启动扭矩数值等。

对不同刀具的磨损情况进行检测时须使用专用的磨损量检测工具，并注意以下几个方面：

(1)定期进入土仓检查刀具的磨损情况，根据地质情况决定是否换刀；

(2)检查圆盘滚刀的滚动情况和刀圈的磨损量；

(3)在换装刀具过程中检查刀具紧固螺栓的扭矩；

(4)检查刮刀的数量和磨损情况，如有丢失、脱落须立即补齐；

(5)检查刀具的硬质合金齿是否有剥落或过度磨损，必要时更换。

22. 滚刀的主要失效形式有哪些?

答:滚刀的主要失效形式包括：

(1)刀圈均匀磨损 N：刀圈超过规定值的均匀磨损。

(2)刀圈偏磨(弦磨)F：如果圆盘刀不在隧道开挖面上滚动，刀圈呈现单侧磨损。

(3)刀圈断裂 G：如果接触压力过高或者在坚硬的物体上滚过后，刀圈可能会断裂。

(4)刀圈碎裂 C：刀圈上掉落整块的碎片，而整个刀圈没有断裂。

(5)蘑菇形状 P：圆盘刀与隧道开挖面接触的工作表面出现延伸并呈现蘑菇形状。

(6)开口环丢失或磨损 V：用于避免刀圈沿盘轴线方向平行位移的开口环丢失或严重磨损而掉落。

(7)密封油泄漏 U：密封定位件或毂无明显损坏，但油脂因密封缺陷而从盘泄漏。

(8)盘体损坏 Z：盘体完全损坏，盘体的零件无法继续使用。

(9)毂磨损 H：强烈摩擦性土壤中的封闭式推进以及刀盘钢结构的磨损将导致毂磨损。

(10)密封定位件磨损 S：强烈摩擦性土壤中密封定位件严重磨损。

(11)毂或密封定位件故障 E：在金属上滚动(刀圈零件、螺栓等的丢失)可损坏毂或密封定位件，或导致毂与密封定位件卡涩，从而妨碍盘体绕其轴线自由旋转。

(12)多重偏磨 MF：盘体在推进过程中旋转缓慢，在某一点上停留时间过长。

23. 刮刀的主要失效形式有哪些?

答:刮刀是指只随刀盘转动而没有自转的盾构机破岩刀具。常用的刮刀分类有边缘刮刀、齿刀、先行刀、撕裂刀、贝壳刀、鱼尾刀等。刮刀主要以刀体上镶嵌硬质合金为主，少数也有整体铸造合金刮刀。其主要失效形式如下：

(1)正常磨损：在掘进过程中刀具与岩土的正常磨损。

(2)刮刀刀刃崩裂：在较大粒径砂卵石中掘进，遇有卵石冲击造成刀刃崩裂；在硬岩掘进中，滚刀磨损加大，刮刀直接切割未经滚刀破碎的岩层，会导致刀刃崩裂；在岩层中掘进时，转速太快，突遇硬岩冲击造成刀刃崩裂；在硬岩掘进中，贯入度过大等原因造成刀刃崩裂。

(3)刮刀刀体断裂：刀体本身的强度和韧性不够，贯入度过大等都会造成刮刀刀体的断裂。

(4)刮刀掉齿：合金刀齿的焊接工艺不过关，或者刮刀突遇硬岩时都会造成刮刀掉齿。

24.刀具与刀盘的主要连接形式有哪些，拆装刀具应注意什么？

答：刀具在刀盘上的连接形式主要有焊接、螺栓连接、销轴连接等。一般情况下，先行刀、导流刀、外径保护刀、贝壳刀多采用焊接。中心鱼尾刀、齿刀、周边刮刀、背装式撕裂刀、滚刀采用螺栓连接或销轴连接。

盾构机刀具拆装应注意以下方面：

(1)盾构机刀具拆装应由专人负责，使用专用拆装工具，并严格按照拆装工艺规程，做好检验、记录等工作。

(2)对于焊接刀具，刀盘表面刀具焊接位置应清理干净，刀体应按规定预留焊接坡口，焊接时焊缝高度和质量应符合焊接规范要求，且刀具与刀盘的夹角应符合设计要求。

(3)安装刀具时，重复使用的零件应严格按照新件标准检验，不合格的严禁继续使用。

(4)滚刀在装配过程中，对热装件(刀圈和轴承)须严格控制加热温度，对紧固件严格控制紧固力矩。选用的刀圈应满足工程地质需要。焊挡圈时一定要保证不在刀圈上点火。

(5)由于滚刀静转矩(可调整)对整个滚刀的使用性能影响很大，如果太大，岩土对滚刀提供的主动转矩不足以克服滚刀静转矩，刀圈转动不灵活，造成刀圈偏磨；如果太小，轴承的游隙过大，承受力的轴承滚子少，容易使受力集中的滚子崩裂，另外密封间隙增大，也容易造成油脂渗漏和泥沙侵入轴承。因此，必须根据地质条件按设计力矩进行调整并检验。

(6)采用螺栓连接的刀具，其连接螺栓必须使用扭矩扳手，按规定扭矩进行紧固。

25.盾构机常压开仓应注意哪些技术要点？

答：盾构机常压开仓是盾构施工过程中处理仓内异物，更换磨损刀具，检修刀盘等工作的主要技术措施，常压开仓作业应注意以下方面。

1)开仓准备

(1)根据工程现场施工情况以及地质条件，选择适宜的开仓位置，根据现场实际情况编制开仓专项施工方案，并按要求履行申请、审批程序，准备好开仓作业相关记录表格。

(2)根据地质条件和施工方案，常压开仓需进行土体加固的，应提前进行土体加固施工，并确认加固效果满足开仓要求。被迫停机开仓需进行土体加固时，加固施工还应防止刀盘及盾壳被浆液抱死。

(3)对开仓作业人员及管理人员提前做好安全技术交底，明确开仓目的和人员岗位职责。

(4)做好开仓所需的各种物资设备的准备工作。

(5)当地下水丰富时，还应做好盾尾的二次注浆，形成隔水环，防止地下水大量涌入土仓。

(6)对可能发生的突发事件做好充分的估计及应对措施，制订发生紧急状况的预案。

2)常压开仓程序

(1)盾构机到达预定开仓位置完成管片拼装，经工程师确认无误后，开动刀盘、螺旋输送机、皮带输送机等系统，进行清仓。

(2)土仓最上部的土压力传感器显示数据接近为0，打开人闸内出气闸阀，探测是否满足打开仓门的条件，同时通知第三方气体检测单位检测土仓内是否含有害气体，以便采取相应的措施。如果有水则在土仓隔板中上部，打开球阀排水，视流水量情况判断是否采取其他排水措施或打开仓门。

(3)在开仓前记录土压力传感器压力、所有推进油缸压力、推进油缸伸长量、测量系统等参数，在开仓期间，盾构机操作手随时注意这些参数的变化。

(4)打开仓门，并向土仓内输送新鲜空气，大约30min后作业人员方可进入土仓。

(5)打开仓门后，先让有经验的人员在人闸内目测检查掌子面情况，初步鉴定是否可以继续进仓。确认安全后，待土仓内温度下降且人员能够正常呼吸时，再进入到土仓内检查掌子面，鉴定可以继续作业，并预计可持续开仓的安全时间。

(6)将应急照明接入到土仓内，并将刀盘操作切换到人闸刀盘控制面板进行，且盾构机主操作室必须有人值守，防止发生误操作。

(7)如果土仓内水较多，可在土仓内放置一台潜水泵进行抽排水。

3)仓内作业

(1)进仓确认可以安全作业后，先清理已经露出的刀盘部分，然后视刀具磨损情况进行更换。在换刀过程中对工作面进行监视，特别应注意工作面突发性的涌水、涌砂现象，如果有少量泥土脱落，可使用木板进行局部封堵。整个换刀过程需要数次转动刀盘，每次转动刀盘前应将土仓内的物料工具等清理干净。刀盘转动方向必须一致，且尽可能减少转动次数。

(2)施工技术人员必须时刻观察掌子面和土仓内部情况。

(3)在开仓期间，应加强地表沉降监控，控制室直接与监控人员保持联系，任何变化必须记录，并立即执行指令。

(4)开仓作业期间应做好仓内通风，如果开仓作业需要焊接时，通风必须采取通排双向方式，保证作业人员的正常工作环境。

(5)仓内作业过程中，随时清理进出仓通道，以备紧急情况时作业人员能够迅速撤离出仓。

4)关闭仓门恢复掘进

(1)完成全部开仓作业工作项目后，作业人员必须将仓内的所有物资工具等清理干净，不得在仓内留有任何杂物，尤其是金属物品。清理完成后，经管理人员进仓确认无误后方可准备关仓门。

(2)关仓门前，还应根据地质条件和专项施工方案要求，采取有效的仓内部分土体回填工作，回填高度控制在不妨碍关闭仓门为止。然后，将仓门及密封条清理干净，用螺栓将仓门固定牢固。

(3)向仓内注入适宜的渣土改良材料，启动刀盘缓慢旋转，匀速向前推进，重新建立和恢复掘进土压。

26.盾构机加压开仓应注意哪些技术要点?

答:盾构施工中加压开仓换刀是一项特殊工艺，作业技术要点如下。

1)稳定土仓气压

加气压作业的关键在于保持土仓内的气压稳定，如果气压骤然变化，不仅会造成开挖面土体失稳坍塌，而且会导致仓内工作人员患气压病，危及仓内工作人员的生命安全。首先，应在加压进仓前尽可能对土仓进行密闭封堵，使土仓形成封闭仓体，以减少仓内气体的泄漏。密闭封堵主要从以下四个方面进行:

(1)通过人闸加减压试验检查人闸的密闭性;

(2)通过盾体中部注浆孔向盾体与围岩空隙中注入聚氨酯，隔断土仓与盾尾的通道;

(3)采取加大土仓内泥浆浓度和泥水压力的措施，使掌子面土体尽可能形成较厚的泥膜;

(4)加压过程检查地面是否泄漏，特别是地质钻孔位置，并对泄漏点进行灌水泥砂浆封堵。

其次，要有可靠的供气系统。由于不可能完全避免仓内气体泄漏，必须通过空压机不断供气来维持仓内气压稳定。因此，空压机及管路均要准备两套，一套使用一套备用，同时为了保证供电的连续性，应准备柴油发电机备用。

2)进仓人员要求

压气环境是一种特殊环境，对人的身体条件要求较高，因此必须严格遵守压气作业的相关规定，并熟悉人闸的操作及使用要求。

(1)进仓人员必须进行体检和培训，要求进仓人员具备能适应高气压环境的身体条件，凡患有呼吸道、耳道疾病和血压病患者均不能入仓作业;

(2)进行压气作业的人员在作业前8h禁止饮酒，作业过程中禁止饮用含有酒精的饮料，禁止吸烟;初次进入压气仓内时，应先通风或通氧气;人员进出人闸时需穿干燥衣服;

(3)每次进仓人员不得超过3人，且3人中必须有1人在仓内监测掌子面土体变化。

3)仓内空气要求

仓内气体质量关系到进仓人员的健康和安全，应保证仓内气体中各种成分的含量符合标准要求。

(1)进仓作业人员从人闸进入气仓和土仓前，首先应对气仓和土仓进行换气，以降低工作区的温度和湿度，增加人员舒适性，并防止原气体中氧气不足;

(2)人员进入人闸加压开始至作业完成出人闸为止，应按照压气规定每人每分钟需要的最小换气量($0.28m^3/min$),不停地换气,以保证仓内的氧气供应。

4)仓内安全用电要求

第一次开仓应有电工进入,以接通防爆照明灯。电工必须预先检查控制开关的灵敏度,检查用电设备是否符合安全用电规定;按潮湿环境布置用电设备,灯泡、插头、插座等接触部分要牢固;用电设备的漏电保护器要可靠,触电事故发生后要先断开电源,方可抢救人员;电工要熟悉用电安全技术,并不得擅离岗位,确保有人在气压作业时不停电。

5)加压作业医疗保障措施

压气作业除了有可靠的压气系统和严格的作业规程,还应有完善的医疗保障措施。

(1)有人在气压作业时,救护人员备好急救药品在仓外守候,隧道内运输车辆停在机头处待命,地面必须有救护车等候,有条件还可准备医疗舱;

(2)作业过程中监护人员不得离开岗位,监护人员要随时监视用电设备、消防设备等相应的设备,应连续观察人闸内人员的身体状况,发现异常应及时采取有效处理措施;

(3)作业人员感觉有胸闷等异常现象时要立即通知接应的监护人员,如果人闸里一名或多名人员有感觉不适的症状,应马上中断作业,撤离人闸;

(4)保证在高压空气中工作的人员出人闸后在工地上停留2h休息,观察他们的身体状况。

6)终止作业的情况

为了仓内操作人员的安全,一旦出现以下情况,仓内人员应立即终止作业,撤离土仓:

(1)气仓压力发生突变(如压力值波动超过±0.2bar①);

(2)掌子面出现漏水、坍塌或漏气现象;

(3)地面发现沉陷或漏气;

(4)出现机电设备故障,有可能影响到气仓供气。

27.通过人闸系统进行加压换刀作业的流程是什么?

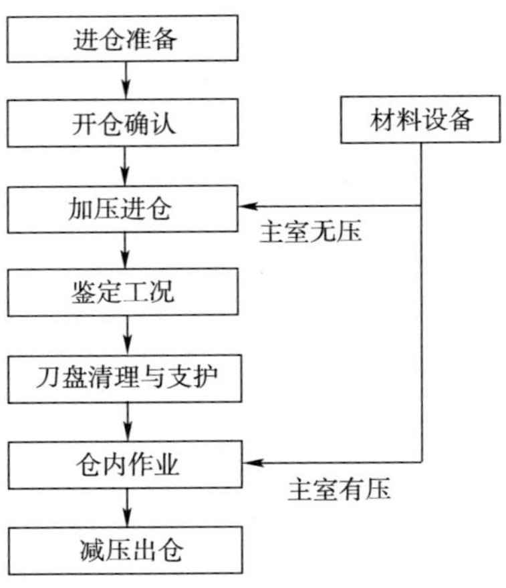

图4-2 加压开仓换刀工作流程

答:由于压气进仓作业关系到人员的生命安全,因此必须制定科学、严谨的作业流程,整个进仓施工过程按预先制定的管理与控制程序执行。加压开仓换刀工作流程如图4-2所示。

(1)进仓准备:为保证开仓作业连续、快速,必须做好充分准备。准备工作包括人员、材料设备准备和压气设备的检查与试验等工作。准备工作由专人负责,完成后由相关工程师确认,项目经理审核。

(2)开仓确认:通过试验观察仓内气压的变化情况,监视空压机的供气情况,同时在地面进行沉降观测,检查地面刀盘位置是否有气体泄漏,判定掌子面是否稳定。当确定达到

① bar=0.1MPa。

进仓作业既定标准要求时，按开仓管理与控制程序要求，各相关责任人签字后，方可开始实施加压进仓。

(3)加压进仓：进仓是指工作人员和材料先进入人闸主室，然后慢慢增加主室内的气压达到气仓相同气压，再打开气仓与人闸之间隔离门，人员和材料设备进入工作仓工作的过程。

(4)鉴定工况：第一次开仓先由有经验的工程师和电工进入，接通防爆照明灯并鉴定仓内的工作状况，主要是掌子面稳定情况。仔细观察并确认安全后，其他人员方可进入土仓进行下一步作业。

(5)刀盘清理和支护：工作人员进仓后，先在人闸、气仓和土仓撒冰块降温，然后用锹、铲对切口环进行清理，并进一步检查土体稳定情况，确认无误后立即用木板和拉杆对主轴以上开口进行封闭。

(6)仓内作业：在做好支护后，即可开始进行作业(换刀或排除障碍物)。作业过程中如要转动刀盘，人员和工具应全部撤出土仓。刀盘转动时，应最大限度减少旋转次数，以减少对开挖面的影响。作业过程中，如需增加材料和设备，则可先将材料和设备放进物料室，然后物料室加压至与主室压力相同，再打开物料室与主室之间的隔门联通进入主室。

(7)减压出仓：仓内作业完毕后，关闭土仓门前，对土仓及刀盘前方进行全面检查，避免工具、杂物遗留在机内。确认无误后关闭土仓门，然后退入主室，关闭主室与气仓的隔离门，按规定程序逐级减压，直至主室压力与外界大气压相同时，作业人员方可安全出仓。

28. 盾构机中心旋转接头检查的要点是什么？

答：中心旋转接头是通往盾构刀盘前方液体管路和信号线缆的重要通道，其检查要点包括：

(1)中心旋转接头在盾构机组装调试时，应进行旋转偏心量测试，防止偏心量过大，导致接头连接法兰的螺栓松动或受剪切断裂，造成无法掘进；

(2)经常检查旋转接头的泥浆或泡沫管是否有渗漏，并及时进行处理；

(3)每天对旋转接头部分的灰尘进行清理；

(4)检查旋转接头润滑脂的注入情况，如有堵塞应及时处理；

(5)经常检查旋转接头的转动情况，如有异常须立即停机并进行处理；

(6)在仿形刀工作前应检查油箱油位，必要时加注液压油。

29. 盾构机主驱动系统包含哪几部分？

答：主驱动系统是盾构机的“心脏”，主要包括以下零部件：主驱动壳体、主轴承、大齿圈、密封及支撑体、行星齿轮变速箱、润滑装置及主驱动变频电机或液压马达，如图4-3所示。

30. 主驱动轴承的检查与保养事项有哪些？

答：主驱动轴承(见图4-4)是盾构机“心脏”的最重要部件，须重点进行检查与保养。

(1)每天检查主轴承齿轮油油位，并作记录；

(2)检查主轴承齿轮油温度，如温度不正常须立即停机并查找原因；

(3)检查主轴承齿轮油分配马达工作是否正常；

(4)每天检查主轴承内、外圈润滑脂注入情况；

(5)检查主轴承密封油脂分配马达动作是否正常；在检查刀盘时，进入土仓实际检查主轴承密封油脂的溢出情况；

(6)定期提取主轴承齿轮油油样送检，根据检查报告决定是否要更换齿轮油或滤芯；更换齿轮油同时必须更换滤芯；

(7)定期检查齿轮油滤芯，并根据压差开关反映的情况判断是否更换滤芯；

(8)定期检查主轴承与盾体及刀盘螺栓连接的紧固情况。

图 4-3　盾构机主驱动系统

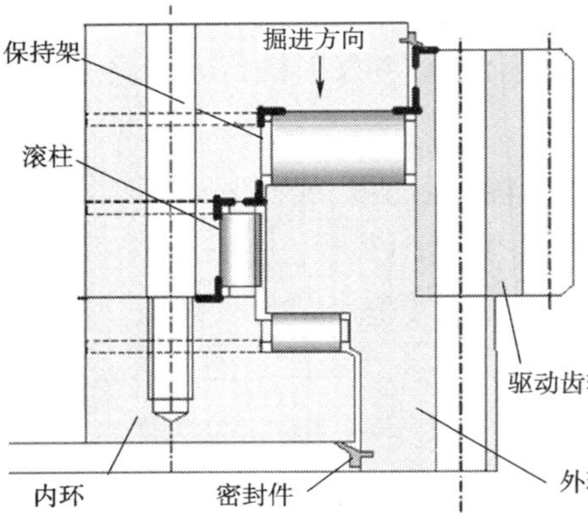

图 4-4　盾构机主驱动轴承

31. 如何有效延长主驱动密封的使用寿命？

答：盾构机主驱动系统是盾构机正常工作的"心脏"，主驱动密封的完好是"心脏"工作的最重要保障。必须采取有效措施延长主驱动密封的使用寿命，以提高盾构机整机运转寿命。

(1)盾构机主驱动密封的结构设计形式应合理有效，满足盾构施工工况的需要，具有足够的密封性能。与密封接触的配合面在经济合理的条件下，应具有较高的表面光洁度。

(2)选用适合盾构机运转工况的密封件材料种类和配方，采用高弹性模量和高变形能力的密封件，提高密封件的耐磨损性能。

(3)盾构机掘进过程中，应及时加注规定牌号的润滑油脂，并注意检查润滑油脂用量和注入压力是否符合要求。在更换油脂桶操作时，应注意严防各种污染物和水的侵入，保持润滑油脂的清洁。

(4)盾构机掘进过程中，注意主驱动的温度变化，严禁随意改变PLC设定的温度上限，因为主驱动在较高工作温度下运转，会造成密封件寿命急剧下降。

(5)盾构机掘进过程中，土仓压力应保持在规定的稳定数值，避免有较大波动。

(6)盾构机在地下长时间停止掘进时，应定时转动主驱动，注入油脂进行润滑，并保持一定压力。

(7)盾构机解体后，应及时进行主驱动清理，将主驱动密封外侧的泥沙清理干净，并用油脂泵注入新鲜油脂，保持密封的润滑。盾构机掘进超过4km左右时，主驱动密封应进行解体检查。

(8)盾构机计划停用一年及以上时，应将主驱动解体，并将密封部件清理干净，涂油后再用聚乙烯膜封存，放置于阴凉干爽的仓库内存放。

32. 主驱动变速箱保养的要点是什么?

答:主驱动变速箱作为盾构掘进的动力装置，应重点进行维护保养。

(1)检查变速箱油位，如油位过低，应先找出泄漏故障点，解决后再补充齿轮油;

(2)检查变速箱温度是否在正常范围，观察冷却水的流动情况;

(3)检查变速箱的温度开关，定期清除表面的污垢;

(4)主驱动变速箱第一次工作50h后必须更换齿轮油;

(5)定期对主驱动变速箱内的齿轮油进行取样检测，如不符合要求时应立即更换。

33. 主驱动变频电机或液压马达保养的要点是什么?

答:主驱动变频电机或液压马达是盾构机刀盘旋转切削土体的动力源，其保养要点如下:

(1)每天检查变频电机或液压马达的运转状况，如有异常应立即停机排除故障;

(2)检查变频电机或液压马达的工作温度和液压马达泄漏油温度;

(3)定期检测液压马达的工作压力;

(4)定期检查变频电机或液压马达的转速传感器，紧固其插头和连线。

34. 人闸维护保养的要点是什么?

答:由于人闸的特殊工作性质，人闸的维护保养分为使用前保养和使用后日常保养两种情况。

1）使用前保养要点

（1）测试气动电话和有线电话，如有故障或损坏要及时修理或更换；

（2）检查压力表、压力记录仪、空气流量计、加热器、照明灯工作是否正常，给压力记录仪添加记录纸，并作功能性测试；

（3）检查仓门的密封情况，首先清洁密封的接触面，如有必要可更换密封条；

（4）检查整个密封舱情况；

（5）检查刀盘操作盒操作是否正常；

（6）检查消声器和水喷头工作是否正常；

2）使用后日常保养要点

（1）用后如近期不再使用，可将人闸外部的压力表、记录仪拆除，并清理干净，妥善保管以备下次使用；

（2）洗干净，并将人闸门关紧；

（3）空气系统：包括对空压机、气体保压、工业用气、空气管路进行的日常保养。

35. 推进及铰接液压油缸维护保养的要点是什么？

答：推进及铰接液压油缸为盾构掘进提供推动力，其维护保养要点包括：

（1）清理盾壳下部的污泥和砂浆，防止污染油缸缸杆；

（2）检查铰接密封有无漏气和漏浆情况，必要时调整铰接密封的压板螺钉，以缩小间隙；

（3）对铰接密封进行注脂，每个注入点注入量为 0.5L/d；

（4）每天对推进油缸和铰接油缸的球头部分加注润滑脂；

（5）检查推进油缸靴板与管片的接触情况，如有较大的偏差应及时调整推进油缸定位螺栓，对于曲线段及时调整更为重要；

（6）润滑推进油缸定位调整螺栓，防止锈蚀；

（7）在每环管片安装之前必须清理管片的外表面，防止残留的杂物掉落后损坏铰接密封。

36. 盾构始发前如何做好盾尾密封刷手涂油脂工作？

答：盾尾密封刷焊接到盾尾壳体位置后，在盾构机始发前应做好盾尾密封刷手涂油脂工作。手涂油脂质量的好坏直接影响盾尾密封刷的使用寿命和密封效果以及盾尾密封油脂的消耗量。正确的手涂盾尾密封油脂方法如下：

（1）盾尾密封油脂必须选用手涂型油脂，不得使用泵送型代替；

（2）刷脂前，应将已经焊好的密封刷清理干净，刷毛处严禁有水或机油等其他物质；

（3）用工具将盾尾刷各层刷毛之间充分撬开，再将适量手涂型油脂充分涂抹至撬开位置，至少分五层填入，每次填入的油脂要塞到尾刷根部，依次逐层涂满，一般 6m 直径盾构机三道尾刷总共需要 2～3 桶手涂油脂；

（4）将三道盾尾刷全部涂抹饱满并手涂盾尾油脂后，及时拼装负环管片，拼装成环后及时进行泵送油脂注入。

手涂盾尾密封油脂如图4-5所示。

图4-5　手涂盾尾密封油脂

37. 盾构掘进过程中如何正确加注盾尾密封油脂？

答：在每次起动前以及推进过程中必须对盾尾密封加注密封润滑油脂。如果密封没有定期润滑，则同步注浆材料会透过密封刷并填充密封之间的间隙，使密封刷被浆液固化，失去弹性而达不到密封效果。

加注盾尾密封油脂以压力控制为主，以注入量控制为辅。密封油脂在盾尾刷腔体内的压力不小于2bar，直径6m盾构机的油脂注入量一般为10～15kg/m。如果注入压力突然升高，应该检查注入量是否过多或注入管路是否堵塞，并及时进行调整和疏通。如果注入压力一直达不到规定范围，应首先检查密封油脂注入情况是否正常，然后观察同步注浆压力和流量是否正常，且有无向盾尾漏浆现象，根据具体情况采取适当措施处理后方可正常掘进。

如果较长时间停机，应注意不要让最外侧密封刷被砂浆固结。为避免这种情况发生，有必要在砂浆黏结前，将盾构机向前移动3～5cm，并使用盾尾密封油脂填充当前间隙。

38. 盾构机如何实现洞内更换盾尾密封刷？

答：盾构机在掘进过程中，特别是在长距离掘进时，由于盾尾密封油脂加注量不足、掘进距离过长、盾构姿态调整过猛等原因，致使盾尾密封刷磨损或损坏。如果盾尾刷密封性能不能满足继续掘进要求，必须在隧道内更换盾尾密封刷，具体更换事项如下。

1）准备工作

（1）位置的选择：盾尾密封刷更换时应根据实际工程施工情况，尽量将盾构机停留在地面、地下无建（构）筑物，且地质条件相对较好的位置。

（2）注浆止水：盾尾密封刷更换需要进行焊接作业，先将旧的盾尾刷拆除，再将新的盾尾刷焊接到盾尾。施焊需要良好的作业环境，为了保证焊接质量和方便作业，必须在无水或者少水的环境下进行作业。焊接前必须对盾尾刷后部2～5环管片进行壁后二次注入水泥水玻璃双液浆，必要时还可通过管片吊装孔注入聚氨酯等止水材料，将管片与地层之间的流水通道完全封死，防止地下水通过盾尾进入盾构机内。

(3)千斤顶行程的确定:正常掘进循环中,盾尾密封刷始终位于安装管片的背后,因此它是无法看到和更换的。当需要更换盾尾密封刷时,需将盾壳内的最前部一环管片与第二环管片的接缝推至刚刚可以更换第二道盾尾密封刷的位置。一般拼装机在设计制造时均考虑此位置可拆除一环管片,并将盾尾密封刷露出第一道和第二道,这样既可保证更换作业的安全性,又具备可操作性。

(4)设备材料准备:拆除盾尾密封刷需要进行氧气切割作业,更换盾尾密封刷需要进行焊接作业,更换前要准备好气割、电焊机、焊条,以及填充盾尾间隙和盾尾密封刷的盾尾密封油脂等材料。

2)更换过程

一般情况先拆除管片C块和上半部分的B1、B2管片,更换该位置盾尾密封刷,更换完成后可根据实际情况将B1管片变换适当位置,与第二环管片重新进行拼装。接着拆除A1管片,更换完盾尾密封刷后立即与B1拼装好,并且将推进千斤顶顶好。然后依次拆除A、A2管片,并进行盾尾密封刷更换,全部更换完成后,再将B2和C块拼装到位。

在更换盾尾密封刷过程中,应注意气割和焊接作业安全,且不能损坏管片密封止水胶条。新更换的盾尾密封刷必须按要求先将刷毛内涂满油脂,再将管片拼装到位,管片整体重新拼装完成后,立即泵送盾尾密封油脂至正常压力状态,观察使用效果无误后,方可恢复掘进施工。

对于超大直径盾构机的洞内更换盾尾密封刷,要特别制定拆除管片及更换盾尾密封刷的详细顺序,防止意外发生。

由于隧道内焊接、切割会产生大量的烟雾,隧道内及盾构机自带风机需保证处于正常的工作状态。

39.盾尾密封油脂泵维护保养的要点是什么?

答:盾尾密封油脂泵维护保养的要点是:

(1)检查油脂桶是否还有足够的油脂,如不足应及时更换;

(2)经常检查油脂泵站的油水分离器,加注润滑油,排除冷凝水;

(3)检查油脂泵的工作情况;

(4)检查油脂泵的工作压力是否正常;

(5)检查油脂泵的气管是否有泄漏现象,如有泄漏应及时修理或更换;

(6)更换油脂桶时应对油脂量位置开关进行测试;

(7)检查主轴承密封油脂注入脉冲次数(一般为5~7次/min)是否正常,重点检查气动阀是否正常工作,如不正常应检查油脂管路是否堵塞或调整油脂泵压力。

40.管片吊机维护保养的要点是什么?

答:管片吊机维护保养的要点是:

(1)经常清理管片吊机行走轨道,注意给吊链加润滑脂;

(2)检查控制盒按钮、开关动作是否灵活正常,必要时检修或更换;

(3)检查电缆卷筒和控制盒电缆线滑环，防止电缆卡住、拉断；

(4)定期检查管片吊具的磨损情况，必要时进行修理和更换。

41. 管片拼装机维护保养的要点是什么？

答：管片拼装是盾构施工的重要工序，拼装机维护保养的要点是：

(1)经常清理管片拼装区域的杂物、污泥和砂浆；

(2)检查拼装机油缸和管路有无损坏或漏油现象，如有故障应及时处理；

(3)检查电缆、油管的活动托架，如有松动和破损要及时修理或更换；

(4)每周定期给液压油缸铰接轴承、旋转轴承、伸缩滑板等需要润滑的部位加注润滑油脂；

(5)定期检查管片拼装机驱动马达旋转角度编码器工作是否正常，如有必要对角度限位进行调整；

(6)检查抓取机构和定位螺栓是否有破裂或损坏，若有必要立即更换；

(7)定期检测抓取机构的抓紧压力，必要时进行调整；

(8)检查油箱油位和润滑油液的油位是否满足要求；

(9)检查各按钮、继电器、接触器有无卡滞、粘连现象，测试遥控操作盒，如有故障及时处理；

(10)检查充电器和电池，电池应及时充电以备下次使用；

(11)检查控制箱、配电箱是否清洁、干燥，无杂物。

42. 渣土改良及排渣系统主要包括哪些装置？

答：渣土改良系统主要包括泡沫注入系统、膨润土泥浆注入系统以及高分子聚合物添加系统。泡沫系统是由压缩空气将水和泡沫原液压入泡沫发生器，产生具有稳定性能的泡沫，与地层土体混合形成具有一定塑性的渣土。膨润土泥浆系统是由泥浆泵将具有一定浓度的膨润土泥浆注入刀盘前部和土仓，与地层土体混合形成具有一定塑性的渣土。当地层土体中富含地下水时，可加入高分子聚合物吸收部分水分，增强渣土改良效果。

排渣系统主要包括螺旋输送机、皮带输送机，以及渣土小车等运渣设备。

43. 泡沫系统维护保养的要点是什么？

答：泡沫系统是盾构机掘进时渣土改良的一种装置，其维护保养要点是：

(1)定期清洗泡沫箱和管路，清洗时要将箱内沉淀物和杂质彻底清洗干净；

(2)检查泡沫泵的磨损情况，必要时更换磨损的组件；

(3)检查泡沫系统水泵的工作情况，给需要润滑的部分加注润滑油脂；

(4)检查水泵压力开关的整定值，必要时进行校正；

(5)检查压缩空气管路情况，必要时清洗管路；

(6)检查电动阀和流量传感器的工作情况，如电动阀开闭动作是否正常，流量显示是否正

确,如有必要进行维修或更换;

(7)定期检查旋转接头处的泡沫管路有无堵塞,如发生堵塞要及时清理。

44. 膨润土泥浆注入系统维护保养的要点是什么?

答:膨润土泥浆注入系统是盾构机掘进时渣土改良的一种装置,其维护保养要点是:

(1)检查膨润土泵工作是否正常,定期润滑膨润土泵轴承和传动部件;

(2)检查气动阀开闭动作是否正常;

(3)检查油水分离器和压缩气管路,定期给油水分离器加油;

(4)检查膨润土管路,清理管路的弯道和阀门部位,防止堵塞;

(5)检查流量调节阀和压力传感器工作是否正常;

(6)定期清理膨润土箱和测试液位传感器。

45. 螺旋输送机维护保养的要点是什么?

答:螺旋输送机是盾构机掘进时渣土的提升输送装置,其维护保养要点是:

(1)检查螺旋输送机主油泵有无漏油现象,如漏油则须停机并进行处理;

(2)检查螺旋输送机驱动马达及液压管路有无漏油现象,如有漏油立即进行处理,并注意清洁;

(3)检查螺旋输送机油泵电机温度是否过高,如果温度过高应立即查明原因并进行处理;

(4)检查变速箱油位,如果变速箱油位过低,需添加齿轮油;

(5)检查螺旋输送机排渣闸门、伸缩油缸的润滑情况,及时清理杂物并添加润滑脂;

(6)检查螺旋叶片磨损情况,如果磨损严重,应补焊耐磨层;

(7)用超声探测仪检查螺旋输送机筒壁厚度,如磨损超过规定,应及时采取处理措施;

(8)定期测试断电状态时螺旋机输送闸门紧急关闭系统动作是否灵活正常。

46. 皮带输送机维护保养的要点是什么?

答:皮带输送机是盾构机掘进时渣土的水平输送装置,其维护保养要点是:

(1)检查各托辊和边缘引导滚轮的滚动情况,如滚动不好,应立即清理并润滑;

(2)检查皮带的磨损情况,如皮带磨损严重,应更换皮带;

(3)检查皮带是否有跑偏现象,如皮带跑偏需及时进行校正;

(4)检查皮带驱动装置变速箱油位,如果变速箱油位过低,需添加齿轮油;

(5)检查各轴承润滑情况,定期添加润滑脂;

(6)检查皮带松紧情况,必要时增加皮带张力;

(7)检查电路接线端子有无松动,如松动则需紧固;

(8)检查断路器、接触器、继电器触点烧蚀情况,如烧蚀明显,则用细砂纸打磨平,如严重烧蚀,则需更换触点;

(9)定期检查和清洁电机、电路等所有零件。

47. 皮带机跑偏如何进行调整？

答：皮带机跑偏的调整，关键在于消除皮带两侧所受的驱动力不平衡及皮带受到侧向力等因素。

对安装误差引起的跑偏，首先要消除安装误差，然后对该重接的皮带接头进行重接，之后对变形机架进行整形，严重的必须重新安装。

对运行中的跑偏，具体调整方法如下。

1）调整托辊组

皮带机的输送带在整个皮带运输机中部跑偏时，采取调整两侧竖向托辊组的位置来调整跑偏。为了方便调整，将托辊支架两侧安装孔加工成长孔。输送带偏向某一侧，则将某一侧的托辊组朝皮带运行方向前移，或将另外一侧的托辊组后移。这种方法可消除由于机架歪斜、振动等引起的皮带机跑偏。

2）调整从动滚筒与改向滚筒位置

如图 4-6 所示，滚筒的调整是皮带机跑偏调整的重要环节。皮带机中所有滚筒的安装位置轴线必须垂直于皮带机长度方向的中心线，若偏斜过大必然发生跑偏。对于皮带机前滚筒，若皮带向滚筒的 A 侧跑偏，则 A 侧的轴承座应当向前移动或 B 侧的轴承座向后移动，实现皮带 A 侧放松或 B 侧张紧。尾部滚筒的调整方法与前滚筒刚好相反。由于传动滚筒的调整距离有限，通常情况下，将传动滚筒轴心线调整至与皮带机长度方向垂直后利用螺旋拉紧装置来调整尾部改向滚筒轴承座的位置。此法可有效消除皮带松弛引起的皮带跑偏。

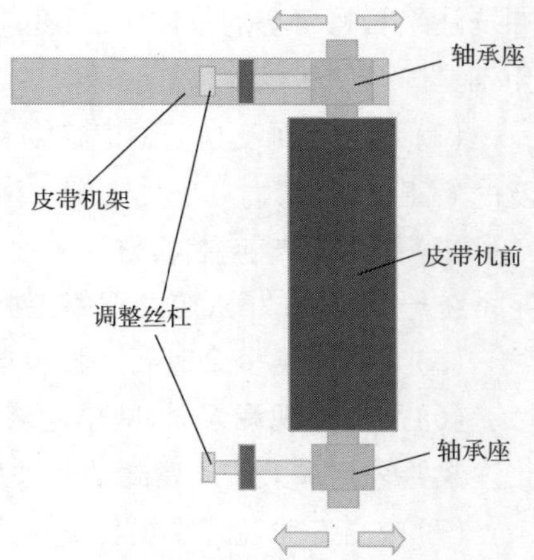

图 4-6　从动滚筒与改向滚筒位置调整

48. 同步注浆系统维护保养的要点是什么？

答：同步注浆系统是盾构施工防止地表沉降的重要控制措施，其设备维护保养要点是：

（1）每次注浆前应检查管路畅通情况，注浆后及时清理干净，防止残留的浆液不断累积堵塞管道；

（2）每次注浆前必须对注浆口的压力传感器进行检查，紧固其插头和连线；

（3）注浆前要注意整理疏导注浆管，防止因管道缠绕或扭转而增大注浆压力；

（4）定期检查注浆管的使用情况，如发现泄漏或磨损严重应及时修理或更换；

（5）经常对砂浆罐及其砂浆出口进行清理，防止堵塞；

（6）定期对注浆系统的各阀门和管接头进行检查，修理或更换有故障的设备；

（7）定期对注浆系统的各运动部件进行润滑；

（8）经常检查注浆泵水冷池水位和水温，必要时加水或换水，并注意防止砂浆等杂物进入冷却水池。

49. 盾构同步注浆易出现哪些问题，有哪些预防措施和解决方法？

答：盾构同步注浆易出现的问题如下：

(1)注浆过程中易发生注浆管堵塞；

(2)因注浆压力过大使地层和管片发生隆起和变形；

(3)注浆过程中可能出现某环管片所需浆液量增大；

(4)注浆过程中可能出现盾尾漏浆。

预防措施和解决方法是：

(1)在开始注浆前，可先注入足量的膨润土浆液，润滑注浆管，以减少浆液在管内的摩擦，防止注浆管堵塞，保证注浆作业顺利连续不中断进行。每次注完浆后，及时清洗注浆系统，确保注浆设备的清洁，为下次注浆做好准备工作。停机时需注入膨润土泥浆，防止堵管。

(2)堵管时，先判断堵管部位：①压入膨润土浆液或泡沫剂将浆体压出；②用高压清洗机冲洗注浆管将堵塞的浆体压出；③前两种方法无效时，只有采取将注浆管上部活动盖板打开，用工具向两侧将浆体捅开。

(3)加强地面及其周围建筑物和衬砌变形的监测，及时将信息反馈给注浆操作人员，以便及时修正注浆参数。

(4)每环掘进前，检查注浆系统工作状态是否处于正常，并且浆液储量要足够，掘进中注浆系统一旦出现故障，应立即停止掘进进行检查。

(5)浆液储量多余时要加强搅拌，时间过长应作为废浆进行处理。

(6)盾尾出现漏浆时，减小注浆压力，同时加强盾尾密封油脂的注入。若还未解决时，停止注浆并采用加大盾尾密封油脂注入量和注入压力来密封，处理好后再进行同步注浆和掘进。

(7)成立专业注浆小组负责注浆工作，同时压浆时派专人负责，对注入位置、注入压力、注入量作详细记录，及时绘制注浆压力—注浆量—注浆时间曲线，分析注浆效果，反馈信息并指导下次注浆。

50. 如何正确使用液压油、齿轮油？

答：为正确使用液压油，应采取以下几项措施：

(1)防止污染物和水的混入：加强油库、油桶、滤油器、油漏斗、油管等清洁管理工作，做到专具专用，用前用后保持清洁，无污染物混入。油桶底部常有水，系统中的空气含有水汽会冷凝成水，应设法排除。现场采用简易法鉴别污染程度时，有下列情况者必须更换液压油：第一，颗粒物尺寸大于40μm，即目视可见时或试管中用过的油呈现黑色并有恶臭味时；第二，加热后的油滴在滤纸上残留有黑色斑点时；第三，在加热到250℃的铁板上滴一滴用过的油有爆炸声时(含有水分)。

(2)防止空气进入：保持油箱中有足够的油量(高度)，吸油管口和回油管口均保持在油面以下。使用性能良好的密封件，管接头和各接合面的螺钉要拧紧。防止系统中各处的压力低于大气压或出现局部真空。开机前或更换新油时打开油缸排气阀，在油缸最大行程范围内往返运动数次，以排除空气。

(3)防止系统泄漏：由于多种原因系统的内外泄漏是难免的，特别是在新机初期使用时，要早查原因，采取措施。保证各元件设计、制造和装配的质量要求。如液压件在做耐压试验时，其压力要达到工作压力的150%～200%。又如各种接头安装时，要使螺母、螺纹配合适当并拧紧。选用较好黏温性能的液压油。定期检查系统中泵、阀、缸等元件的配合间隙，过大时要检修调整。各种密封圈，如O形圈换装时，要严格按规格选用，防止扭曲变形；U、V、Y形圈有方向性，不能装反；新旧密封圈分别存放，不能混存。

(4)防止油温过高：保持油箱中的设计油量。一般油面高度要达到油箱高度的80%，并及时更换液压油。新机的油箱要加满油，待开机后油箱中部分油进入各系统后油面会下降，须进行补油。在保证正常工作条件下，油泵压力要调至最低工作压力，以减少能量消耗。

为正确使用齿轮油，应采取以下几项措施：

(1)加强产品收货检查，如产品合格证、生产日期、包装等；

(2)运输、储存中避免靠近火源和高温，避免水分、灰尘及机械杂质混入，且储存期最好不要超过1年；

(3)采用正确的润滑方式；

(4)首次加油前，要对油箱及管路彻底清洗，以所选定的油品置换干净，按规定量加油；

(5)油量减少时，按规定补油，严防不同品牌和型号的油品混用；

(6)执行三级过滤制度，尽量避免水分、灰尘等杂质混入润滑系统；

(7)加强监测，定期取样检测油品性能，按时或按质换油。

51.如何正确更换液压油过滤器滤芯？

答：液压油过滤器滤芯更换应做到：

(1)在更换过滤器前，应停止系统工作并卸压。如果打开系统前没有首先进行卸压，则过滤器的爆发性排空可导致设备损坏或人身伤害，热态液压油可以造成烧伤或灼伤。

(2)不得使用管钳或锤子来紧固过滤器壳体。

(3)滤芯无法清洗，必须更换新的滤芯。

(4)如果控制面板上的故障指示灯变亮，或者故障显示在监视器(可视化)上，则必须更换过滤器滤芯。经过长期停机闲置之后，同样也必须更换滤芯。

52.如何正确更换回流过滤器滤芯？

答：如图4-7所示，回流过滤器滤芯更换步骤如下：

(1)关停设备并卸压；

(2)卸下过滤器盖3的固定螺钉，然后将其提起；

(3)上提带滤芯2的过滤器壳体5，将其卸下；

(4)前后轻微晃动，从过滤器壳体5中取出滤芯2，检查滤芯表面是否有肉眼可见的杂质，(出现可见微粒可以看做是设备部件即将出现故障的一个警告信号)；

(5)清洗过滤器壳体 5；

(6)检查过滤器头 1 和过滤器盖 3 是否有损坏，损坏的零部件必须予以更换；

(7)确保 O 形圈 4 和过滤器盖 3 无损坏，涂稍许清洁的液压油；

(8)将滤芯 2 插入过滤器壳体 5 并安装好，将过滤器盖 3 按原位装好并用螺钉紧固；

(9)给液压系统加压，然后检查过滤器是否有泄漏。

53. 如何正确更换分流过滤器滤芯？

答：如图 4-8 所示，分流过滤器滤芯更换步骤如下：

(1)关停设备并卸压；

(2)将通气螺钉 5 拧松一圈半；

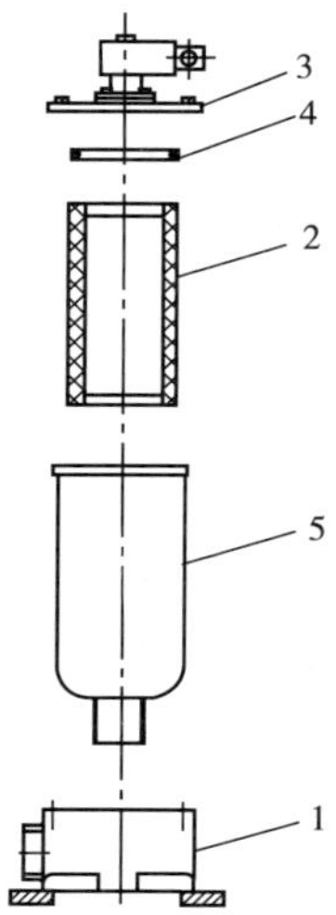

图 4-7　回流过滤器滤芯更换步骤

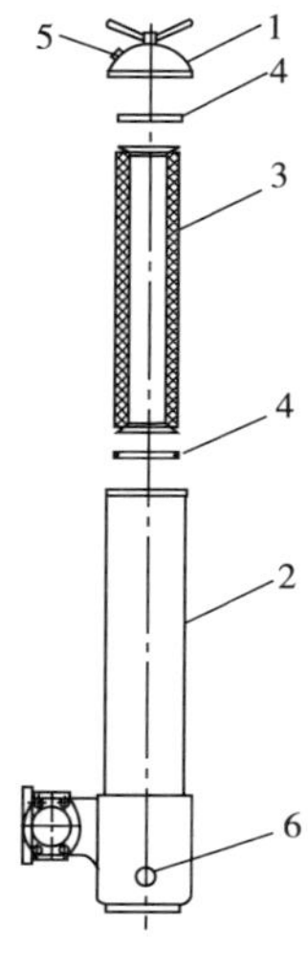

图 4-8　分流过滤器滤芯更换步骤

(3)卸开排放螺钉 6，并排出约 1.5L 油液至适当的容器中（不得将排出的液压油重新注入油箱）；

(4)用手逆时针拧松并取出贯头螺钉，打开过滤器盖 1；

(5)卸下滤芯 3，并检查滤芯表面是否有肉眼可见的杂质（出现可见微粒可以看做是设备部件即将出现故障的一个警告信号）；

(6)检查过滤器过滤器盖 1 和旁路阀是否有损坏，损坏的零部件必须予以更换以确保无污物进入中间芯轴孔；

(7)在滤芯 O 形圈 4 上稍微涂些清洁的液压油，然后将滤芯 3 直接推到过滤器壳体 2 的中间芯轴上；

(8)在过滤器盖 1 的螺纹上涂稍许清洁的液压油，然后用手拧紧；

(9)重新检查所有拧开的螺钉是否已拧紧；

(10)给液压系统加压，然后检查过滤器是否有泄漏。

54. 如何正确更换压力过滤器滤芯？

答：如图4-9所示，压力过滤器滤芯更换步骤如下：

(1)关停设备并卸压；

(2)松开过滤器壳体2的固定螺钉，并用容器收集留出的液压油(不得将收集的液压油重新注入油箱)；

(3)卸下滤芯3，检查滤芯表面是否有肉眼可见的杂质(出现可见微粒可以看做是设备部件即将出现故障的一个警告信号)；

(4)检查过滤器盖1和旁路阀是否有损坏，损坏的零部件必须予以更换；

(5)检查过滤器盖1的O形圈5和承环6是否损坏，必要时予以更换；

(6)在滤芯O形圈4上稍微涂些清洁的液压油，然后将滤芯3的开口侧直接推到过滤器盖1的接嘴上；

(7)在过滤器壳体2的螺纹上涂稍许清洁的液压油，并用手拧紧，然后拧入过滤器盖1中，直至限位；

(8)给液压系统加压，然后检查过滤器是否有泄漏。

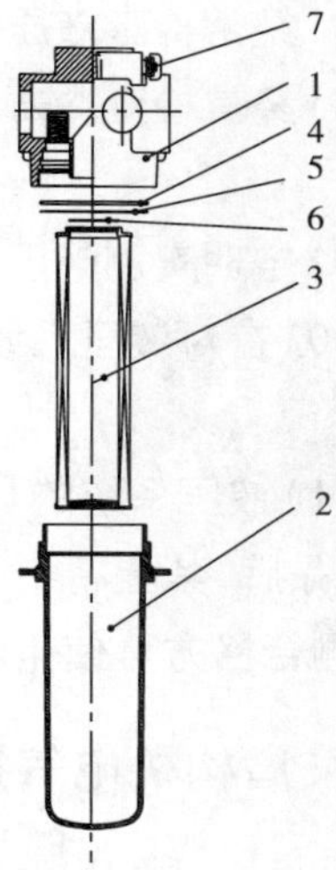

图4-9 压力过滤器滤芯更换步骤

55. 什么叫开式回路和闭式回路液压传动系统，各有什么优缺点？

答：液压传动系统按照液流的循环形式，分成开式回路液压传动系统与闭式回路液压传动系统两种。

开式回路液压传动系统中的油泵从油箱吸油进入管路，油液完成工作后便排回油箱。开式回路液压传动系统的优点是结构简单，油的散热和清洁条件好。缺点是油箱体积大，空气掺入油液后会被带入传动元件，从而造成系统中的液压冲击大。

闭式回路液压传动系统中油泵的吸、排油口直接与执行元件的油口相连，油液的流动形成一个闭合循环。为了补偿系统中的泄漏损失，通常需在系统中连接一个补油泵和具有一定容量的油箱。闭式回路液压传动系统的优点是油箱体积小，结构比较紧凑，空气不易掺入系统油液中。另外，在闭式回路液压传动系统中能维持一定的背压，工作平稳性好，操作灵活准确。但这种液压传动系统的元件结构复杂，散热条件差，油液过滤精度要求较高。

56. 盾构机液压动力系统检查及维护保养的要点是什么？

答：盾构机液压系统主要包括主驱动液压系统、推进液压系统、管片安装液压系统、螺旋输送机液压系统、注浆液压系统、辅助液压系统。其维护保养要点如下：

(1)每班检查油箱油位，必要时添加液压油；

(2)检查阀组、管路和油缸有无损坏或渗漏油现象，如有要及时处理；

(3)定期检查所有过滤器工作情况，并根据检查结果和压差传感器的指示更换滤芯；

(4)定期对液压油取样送检,并根据检验结果决定是否换油;

(5)经常监听泵的工作声音,发现异常应及时停机检查;

(6)经常检查泵、马达和油箱的温度,发现异常要及时检查处理;

(7)经常检查液压油管的弯管接头,发现松动要及时拧紧;

(8)经常检查冷却器的冷却水进、出水口温度和油液的温度,必要时清洗冷却器的热交换器;

(9)定期实测液压系统的压力,并与控制室面板显示值相比较;

(10)在对液压系统维修前,必须确保液压系统已停用并已卸压,在清空蓄能器时要特别注意;

(11)液压系统的加油和换油必须严格按照盾构机说明书规定的程序执行;尽量采用厂家推荐的品牌,禁止将不同品牌规格的油混合使用;每次加油前必须对所选用的油品进行抽样检测,检测合格方可使用。

57. 盾构机电气控制系统主要包括哪些部分?

答:盾构机供电系统主要包括地面高压配电室、高压电缆、电缆卷筒、高压开关柜、变压器、配电柜、供电电缆、控制电缆以及主机控制系统等部分。

58. 盾构机高压电缆检查维护的要点是什么?

答:盾构机高压电缆检查维护要点是:

(1)检查高压电缆外观有无破损,如有破损要及时处理;

(2)检查高压电缆铺设范围内有无可能对电缆造成损坏的因素,如果有要及时采取防范措施;

(3)连接好的高压电缆上电前,必须进行绝缘和耐压测试,合格后方可通电;

(4)使用过程中定期对高压电缆进行绝缘检查,电缆延伸时按规定进行绝缘和耐压测试;

(5)高压电缆垂直悬挂长度及弯曲半径须满足厂家提供的技术要求。

59. 盾构机电缆卷筒检查维护的要点是什么?

答:盾构机电缆卷筒检查维护要点是:

(1)检查电缆卷筒变速箱齿轮油油位,及时加注齿轮油;

(2)检查电缆卷筒链轮的链条,注意加注润滑脂;

(3)定期检查电缆卷筒滑环和电刷的磨损情况,注意滑环和电刷的清洁;

(4)检查电刷的弹力以及电刷与滑环的接触情况,必要时进行修理或更换;

(5)检查电缆接头的紧固情况,必要时紧固接头;

(6)检查绝缘支座和滑环的绝缘情况,必要时进行清洁处理。

60. 盾构机主变压器维护保养的要点是什么?

答:盾构机主变压器维护保养要点是:

(1)变压器应由具有高压电操作证的专业人员进行保养,并定期进行维护、检修;
(2)检查变压器散热情况和变压器的温升情况,以及油温是否超标、油色有无变化;
(3)定期对变压器进行除尘工作;
(4)监视变压器是否运行于额定状况,电压、电流是否显示正常;
(5)注意监听变压器的运行声音是否正常;
(6)观察变压器的油标,油面不得低于最低油位;
(7)检查是否有油液的渗漏现象;
(8)检查接地线是否正常。

61.盾构机高低压配电柜维护保养的要点是什么?

答:盾构机高低压配电柜维护保养要点是:
(1)检查配电柜电压和电流指示是否正常;
(2)检查电容补偿控制器工作是否正常;
(3)检查补偿电容工作时的温升情况,温度是否在允许的正常范围内;
(4)检查补偿电容有无炸裂现象,如有必须更换;
(5)检查补偿电容控制接触器的放电线圈有无烧熔现象,如有应立即更换;
(6)检查配电柜内的温度是否正常,检查配电柜制冷机是否正常工作,检查制冷机的冷却水流量是否正常;
(7)检查低压断路器过载保护和短路保护是否正常;
(8)检查大容量断路器和接触器工作时的温升情况,如温度较高说明触点接触电阻较大,需要进行检修或更换;
(9)检查柜内软启动器、变频器显示是否正常;
(10)对主开关定期进行 ON/OFF 动作试验,检查其动作可靠性;
(11)经常对配电柜及元件进行除湿除尘;
(12)定期对电缆接线和柜内接线进行检查,必要时进行紧固。

62.盾构机控制系统软硬件维护保养的要点是什么?

答:盾构机控制系统软硬件维护保养要点是:
1)PLC 系统
(1)检查 PLC 插板是否松动;
(2)检查 PLC 连接线是否松动,并紧固接线端子;
(3)检查 PLC 通讯口插头连接是否正常;
(4)定期清洁 PLC 及控制柜内的灰尘;
(5)定期进行 PLC 冷启动;
(6)备份 PLC 程序。
2)工业电脑(IPC)
(1)检查 IPC 与 PLC 的通讯线连接是否可靠;

(2)定期清洁 IPC 电脑和控制柜内的灰尘;

(3)备份 IPC 电脑的程序。

3)控制面板

(1)检查面板内接线的安装状况,必要时进行紧固;

(2)定期清除灰尘,并注意防水;

(3)定期检查按钮和旋钮的工作情况,如有损坏及时更换;

(4)检查控制面板上的 LED 显示是否正常;

(5)定期对控制面板上的 LED 显示进行校正,校正时要使用标准信号发生器,先校正零点,再校正范围,两者要反复校正;

(6)定期对推进油缸和铰接油缸行程显示与油缸实际行程进行测量校对,如有误差应及时校准。

63. 盾构机各类传感器使用及维护的要点是什么?

答:盾构机各类传感器使用及维护要点是:

(1)检查各种传感器的接线情况,如有必要紧固接线、插头、插座;

(2)清洁传感器,特别是接线处或插头处要清洁干净,防止水和污物造成故障;

(3)检查传感器的防护情况,如有必要须采取防护措施,防止损坏传感器;

(4)定期用压力表对压力传感器在控制面板上的显示情况进行检查和校准。

64. 测量导向系统维护保养的要点是什么?

答:盾构机测量导向系统是盾构机按设计轴线掘进及纠偏的保证,该系统的零部件非常精密,在盾构掘进施工比较恶劣的环境下,必须做好测量导向系统的维护保养。

(1)给测量导向系统各单元设置防护罩,使其减少受到水、灰尘、油、混凝土喷溅及其他机械碰撞的危险;

(2)对激光靶或马达棱镜进行目测检查,擦拭掉屏幕或棱镜表面的水汽、灰尘、泥浆等阻挡信号的污染物,可用腐蚀性不强的洗涤用品进行擦拭;

(3)检查激光靶或马达棱镜、倾斜仪的安装位置是否变形移动,连接螺栓是否损坏,电缆接头处是否有积水及其他污染物;

(4)检查测量窗口上是否有机械部件或新增物体阻挡视线,是否有机械部件或其他障碍物影响测量设备安全通过及影响电缆线的顺利收放;

(5)检查各电缆接头和电缆线的布置是否可靠;

(6)检查全站仪水准气泡是否偏离中心,并擦拭仪器镜头和显示屏;

(7)每周一次对盾构机姿态进行人工复测,并与导向系统结果进行比较;

(8)防止电脑过热、潮湿,防止不稳定的电压对导向系统造成损害;

(9)盾构机长时间停止掘进时,应关掉导向系统,延长使用寿命;导向系统闲置时间较长时,应定期保养、通电检查;

(10)在两个项目之间的空闲期间，联系导向系统生产厂家，对系统各部件进行全面的专业维护及标定。

65. 车架结构维护保养的要点是什么？

答：盾构机后配套车架结构维护保养要点是：

(1)经常检查台车行走机构的工作情况，并向轮轴加注润滑脂；

(2)定期检查各台车间的连接销、连接板，防止意外断裂或脱开；

(3)经常检查台车行走机构的跨度与钢轨的轨距是否合适，不合适时应及时调整；

(4)经常检查车架钢结构的变形和焊接部位的情况，如有损坏及时修整。

66. 水冷却系统维护保养的要点是什么？

答：水冷却系统维护保养要点是：

(1)检查进水口压力(一般为5bar左右)和温度(小于25℃)，如压力过低或温度过高，应检查隧道内的进水管路的闸阀、水泵及冷却器工作是否正常；

(2)检查水过滤器，定期清洗滤芯，定期清理自动排污阀门；

(3)检查水管路上的压力和温度指示器，如有损坏及时更换；

(4)检查水管卷筒、软管，如有损坏应及时修理，并对易损坏的软管作防护处理；

(5)检查水管卷筒的电机、变速箱及传动部分，根据需要加注齿轮油，并为传动部分加注润滑脂；

(6)定期检查主驱动马达变速箱水套、冷却器和温度传感器，并清除传感器上的污物；

(7)定期检查热交换器，并清除上面的污物；

(8)每天检查排水泵，如有故障应及时修理；

(9)每天检查所有的水管路，修理更换泄漏、损坏的管路闸阀。

67. 通风系统维护保养的要点是什么？

答：通风系统维护保养要点是：

(1)检查洞内外风机工作是否正常，以及有无异常声响；

(2)定期检查风机叶片固定螺栓有无疲劳裂纹和磨损；

(3)定期检查并润滑风机电机轴承；

(4)检查风管卷筒的固定情况；

(5)根据掘进情况及时延伸和更换风管；

(6)检查风管有无破损现象，如有，应及时修补或更换。

68. 盾构机运转过程中有哪些常见故障，如何排除？

答：盾构机包含系统较多，结构复杂，出现故障的原因复杂，需要机电专业人员进行故障排除。以下列出盾构机运转中的一般故障及排除方法，供参考。

(1)盾构机主机常见故障及处理对策见表4-2。

盾构机主机常见故障及处理对策 表4-2

故障现象	原因	对策
千斤顶不动作	液压泵出现故障	检修液压泵
	总阀不动作,液压油直接回流油箱	总阀动作时,确认滑阀的行程
	千斤顶操作阀出现故障	修理或更换O形圈等部件
	千斤顶出现故障	更换密封类部件,修理机械性损伤
各个千斤顶动作不顺畅	液压油从各个安全阀泄漏	修理安全阀
	切换阀不正常	检查切换阀
	泵排出量下降	检查油压类部件
	千斤顶出现故障	更换密封类部件,修理机械性损伤; 调准安装位置的同心度; 检查使用方法

(2)盾构机液压系统常见故障及处理对策见表4-3。

盾构机液压系统常见故障及处理对策 表4-3

故障现象	原因	对策
油不能从泵中排出	吸入管或过滤器堵塞	清扫过滤器,堵塞严重时对整个回路进行冲洗,更换新油
	油温过低,或黏度过高	通过空载运行使油温上升到适当温度(30~60℃);使用推荐黏度的液压油
	泵由于磨损而无法吸入	修补磨损处,更换部件或更换为新品; 确认油箱的规定油位
	吸入管正在吸入空气	检查管子的连接处是否漏气
压力无法升高	安全阀动作不良	检查压力设定是否恰当; 检查针阀是否正确位于阀座上; 检查活塞动作是否正常; 检查弹簧弹性
	油压管路系统内的泄漏较多; 泵自身出现破损以及松动; 机器出现破损或密封垫破损; 机器的动作不良(与油管路相通)	修理损坏部位
泵产生异常声音	油箱油面下降,吸入空气或从连接部分吸入空气	补充油; 检查管道连接部分
	增压泵出现故障; 粗滤器发生堵塞; 油温过低、黏度较高	修理增压泵
温度上升剧烈	油量不足 溢流阀的设定压力较高	补充工作油; 确认压力计和调整设定压力
压力油泄漏	油的黏度较低; 密封件破损; 密封件表面及O形环槽出现故障; 管道接头松弛	冷却工作油; 更换密封件; 检查密封件表面和O形环槽等; 紧固管道连接部分

(3)管片拼装机常见故障及处理对策见表4-4。

管片拼装机常见故障及处理对策 表4-4

故障现象	原因	对策
管片拼装机旋转不动作	泵本身出现故障	修理或更换泵
	安全泵出现故障	检查、修理部件，确认设定压力
	各电磁阀出现故障	确认滑阀的动作，检查配管
管片拼装机旋转动作不顺畅	平衡阀调整不良	重新调整平衡阀
	驱动用小齿轮和环形齿轮咬合不良	将间隙调整到3～4mm
	旋转环、径向辊的接触空隙少	去掉调整径向辊高度用的衬垫，将上面两处的空隙调为3～4mm
管片拼装机升降不动作	泵本身出现故障	修理或更换泵
	安全阀出现故障	检查、修理部件，确认设定的压力； 调查哪一部分发生了变形，修正或更换变形部分
	滑动面的卡滞 ①管片拼装机变形； ②打击； ③润滑油用完	处理或更换滑动面； 供脂
管片拼装机升降动作不流畅	千斤顶杆弯曲、卡住； 千斤顶内密封垫损伤	更换杆或密封垫

(4)刀盘装置常见故障及处理对策见表4-5。

刀盘装置常见故障及处理对策 表4-5

异常现象	原因	对策
刀盘不能旋转或不顺畅	变换器控制的安全回路运转故障	调整检查变换器控制盘； 检查和修理变换器控制回路
	凸轮开关出现故障	修理或更换
	润滑油用完	检查有关自动加油部分
	小齿轮和齿轮咬合不良或磨损	检查、修理安装部分
	挖掘面有障碍物	通过分析挖掘数据，进行“障碍物”设定及对应措施的拟定
	刀盘马达出现故障	更换小齿轮、修理马达或清除故障

（5）排土装置常见故障及处理对策见表4-6。

排土装置常见故障及处理对策　　表4-6

故障现象	原　　因	对　　策
螺旋机不能旋转或旋转不畅	泵自身出现故障	修理或更换泵
	溢流阀出现故障	检修部件，确认设定压力
	电磁阀出现故障	确认阀芯动作，确认线路
	凸轮开关出现故障	修理或更换
	机械方面的不善	检查油压管路、驱动部故障，检查螺旋叶片
	油压发动机出现故障	修理发动机

（6）供脂系统常见故障及处理对策见表4-7。

供脂系统常见故障及处理对策　　表4-7

故障现象	原　　因	对　　策
润滑脂不能从泵中排出	混入空气	修理或更换泵
	电机出现故障	
	泵出现故障以及附属机器出现故障	
泵的排出压力无法上升	泵出现故障以及附属机器出现故障	修理或更换泵
供脂的压力异常	泵内出现堵塞	调查是哪个部分的系统发生了堵塞
	分配阀内出现堵塞	断开指示器的配管系统
	软管、配管内出现堵塞	关于其他的细节，请参考润滑脂、润滑油检查要领

第四节　盾构施工安全技术管理

69. 北京市有关地铁盾构施工专项安全管理的规范及规定有哪些？

答：北京市有关地铁盾构施工遵循的管理规范及规定如下：

《地下铁道工程施工及验收规范》（GB 50299—1999）（2003年版）；

《盾构法隧道施工与验收规范》（GB 50446—2008）；

《北京市轨道交通建设工程重要部位和环节施工前条件验收暂行管理办法》（京建发〔2010〕746号文件）；

《北京市住房和城乡建设管理委员会关于印发〈关于加强盾构机安全使用管理的规定〉的通知》（京建法〔2011〕4号文件）；

《北京市轨道交通工程建设安全风险技术管理体系》；

《北京市轨道交通工程盾构施工管理规定》。

70. 盾构施工安全技术要点包含哪些方面内容？

答：盾构施工应遵循其施工工艺的特点做好安全管理工作，其安全管理技术要点包括：

(1)盾构机运输与吊装；

(2)盾构机始发与接收；

(3)盾构掘进与同步注浆；

(4)盾构管片拼装作业；

(5)盾构机开仓换刀作业；

(6)盾构机在特殊地层掘进施工。

71. 盾构机始发与接收安全技术措施有哪些？

答：盾构机始发与接收都是盾构施工工艺的关键环节，必须采取有效的安全措施，防止安全生产事故的发生。

(1)盾构机始发、接收阶段施工，必须严格执行设计及规范文件的相关要求。

(2)盾构机始发、接收必须编制专项施工技术方案，并经专家论证通过后，严格按照专项方案组织施工。

(3)盾构机始发：

①盾构机始发前不少于60d，按设计图纸要求完成端头加固，加固后土体应有良好的自立性、密封性及必要的强度，28d龄期时，及时钻芯取样，检验端头加固效果，其无侧限抗压强度及土体渗透系数满足设计要求。

②如需要应提前做好端头降水工作，保证地下水位降到结构底以下至少0.5m。

③洞门凿除过程中，密切观察土体加固的稳定及其土体是否有渗漏情况，一旦发现异常，应立即停止作业，检查加固和降水情况，采取相应措施确保满足设计要求后方可继续作业。

④盾构机始发时，应提前安装始发洞口密封装置，以备盾尾脱离竖井井壁后，及时向管片与洞门间填充注浆材料。

⑤一般情况盾构掘进至少100m以后，才能进行反力架及负环拆除。

⑥负环管片拆除前，应提前在洞口20环范围内，环向布设6道不小于14号槽钢进行纵向拉紧连接，待后浇环梁浇筑并拆模后再拆除联系槽钢。

(4)盾构机接收：

①盾构机接收前不少于60d，按设计要求完成接收端头加固；加固后土体应有良好的自立性、密封性及必要的强度，28d龄期时，及时钻芯取样，检验端头加固效果，其无侧限抗压强度及土体渗透系数满足设计要求。

②如需要应提前做好接收端头降水工作，保证地下水位降到结构底以下至少0.5m；

③盾构掘进至距接收洞门10m左右，要控制出土量以逐步减小掘进推力；当盾构机中心刀到达接收井围护结构时，推力降低到最小。

④洞口围护结构凿除后，应及时清理并安装接收洞口密封装置；安好后盾构机应立即向前推进，直至进入接收竖井的接收基座上；盾尾在脱离最后一环管片前，应采用速凝浆液加强盾尾注浆。

⑤盾构机到达前20环至盾尾完全脱离洞口期间，须加大地表沉降监测频率，必要时加强

对地层的补充注浆。

⑥盾构机接收解体前应提前在洞内最后20环范围内，环向布设6道不小于14号槽钢进行纵向拉紧连接，待后浇环梁浇筑并拆模后再拆除联系槽钢。

72. 盾构掘进与同步注浆安全技术措施有哪些？

答：盾构掘进施工安全技术措施如下：

(1)从事盾构掘进施工的作业人员，必须经过安全技术培训，经考核合格后方可上岗。

(2)掘进过程中必须根据监控量测情况，及时调整施工工序，并确认正常。

(3)掘进过程中，应由专业技术人员担任施工现场指挥，根据掘进情况，及时、准确地向各作业岗位发出操作指令。

(4)盾构掘进应连续作业，实行交接班制度，交接班时应对盾构机进行检查，确认合格并记录后，方可继续作业。

(5)掘进过程中出现下列情况之一时，必须立即停止掘进作业，经过分析，采取措施，确认安全后，方可恢复掘进作业：

①开挖面发生严重塌方；

②遇到障碍物无法掘进；

③反力架发生弯曲或扭曲；

④后背变形、位移超过规定；

⑤推力骤然增大或超过施工方案确定的推力；

⑥成型管片出现裂缝或接口出现劈裂、错位；

⑦成型管片沉降值、沉降速率和变形大于设计规定值；

⑧盾构机的切削功率(或切削扭矩)和密封舱压力大于额定值；

⑨影响区内地面、地下管线、建(构)筑物的沉降、倾斜度、结构裂缝和变形等测量数据有突变或超过限值时。

盾构同步注浆施工安全技术措施如下：

(1)注浆泵及管内的压力未降到零时，严禁拆除管路及松开管路接头；在拆除管路及注浆泵操作时，应佩戴防护眼镜；拆除后及时清洗，保持机械及隧道内整洁；

(2)隧道内施工注意蓄电池车过往，确保人身安全，浆液运输车与储存设备要经常清洗；

(3)盾构机操作手在开启同步注浆机器时应注意机器旁边有无其他工作人员，以免伤人；

(4)提高注浆质量管理，提前对不良地层进行加固，减少地表沉降；

(5)在停止掘进时，盾构机操作人员应停止同步注浆。

73. 盾构管片拼装作业安全技术措施有哪些？

答：盾构管片拼装是盾构施工的重要工序，必须注意拼装作业的安全可靠。

(1)凡从事管片拼装的人员应执行国家、行业现行的安全技术规程，遵守有限空间作业有关的安全管理规定，严禁违章作业；

(2)进入拼装作业现场必须戴好安全帽,并正确使用劳保防护用品;

(3)管片拼装必须由专人负责指挥,严禁非专业人员擅自转动拼装机,以免发生人员伤亡事故;

(4)举重臂旋转时,严禁作业人员进入举重臂活动半径内,拼装手在管片全部定位后,方可就位作业;

(5)拼装管片时,拼装手必须站在安全可靠的位置,严禁将手、脚放在环缝和千斤顶等部位,以防受到意外伤害;

(6)举重臂必须在管片固定就位后方可复位,封顶块拼装就位未完成连接和螺栓紧固时,作业人员严禁进入封顶块下方;

(7)举重臂旋转时,管片拼装机操作手必须看清楚旋转半径内的人员,并鸣警示铃;

(8)举重臂拼装头与管片必须拧紧到位,应经常检查其磨损情况,对内丝扣损坏的管片,必须采取可靠措施后,方准使用;

(9)拼装机回转时,拼装辊等回转物体有夹住人体的危险,在拼装机运动时,作业人员不得靠近;

(10)拼装机如超出旋转极限范围使用,软管有切断的危险,故不能解除拼装机旋转极限联锁;

(11)管片吊起或升降架旋回到上方时,不得长时间放置(3min 以上),否则会造成液压马达漏油,导致管片下落的危险;

(12)拼装机旋转中,警报蜂鸣器响,警示灯闪烁时,作业人员必须离开拼装机旋转范围;拼装机附近有人时,严禁做拼装动作;

(13)管片起吊销必须插到位并锁定,防止管片在起吊、旋转中发生销子脱出致使管片落下伤人的危险;

(14)插入管片起吊销时,销子和管片起吊金属件之间有夹住手指的危险,操作人员必须明确信号,确认操作人员安全后再操作;

(15)组装管片时,推进油缸要进行伸缩动作,会有夹住手足的危险,故拼装机和推进油缸之间严禁站人,确认作业人员安全后方可动作。

74. 盾构施工垂直起升龙门吊安全操作规程是什么?

答:盾构施工垂直起升龙门吊安全操作规程是:

(1)龙门吊应按特种设备管理要求取得检测合格证后方可吊装作业;操作人员必须持证上岗;

(2)滑线两端应标有鲜明的颜色,滑线应设置防护栏杆;

(3)轨道和起重机运行范围内应无障碍物;

(4)作业前应检查并确保:机械结构外观正常,各连接件无松动;钢丝绳外表情况良好,绳卡牢固;各安全限位装置齐全完好;

(5)作业前,应进行空载运转,在确认各机构运转正常、制动可靠、限位开关灵敏有效后,方可作业;

(6)起重机吊装作业时，吊装物至少要高于行驶线路范围内障碍物0.5m；

(7)吊运易燃、易爆、有害危险品时，应经安全部门批准，并有相应的安全措施；

(8)吊装作业时，严禁在吊装物下方穿行，严禁吊装物上站人；空车行走时，吊钩应离地面2m以上；

(9)吊起重物后应慢速行驶，行驶中不得突然变速或倒退；

(10)起重机行走时，两侧驱动轮联合同步，发现偏移应停止作业，调整好后方可继续作业；

(11)操作人员由操作室进入桥架或进行保养检修时，应有自动断电连锁装置或事先切断电源并佩带安全带；

(12)当遇6级及以上大风时应停止作业，并锁紧夹轨器；

(13)作业后，门式起重机应停放在停机线上，用夹轨器锁紧，并将吊钩升到上部位置，吊钩上不得悬挂重物；

(14)作业后，应将控制器拨到零位，切断电源，关闭并锁好操作室门窗；

(15)严禁酒后驾驶，严禁疲劳驾驶，严禁未断电源的情况下离开龙门吊；

(16)杜绝违章作业和违章指挥，做到“六不准、十不吊”。

75. 盾构施工水平运输电机车安全操作规程是什么？

答：盾构施工水平运输电机车安全操作规程是：

1)使用前的检查工作

(1)检查活动零件部位的润滑情况，确保齿轮箱的油位保持在标尺规定的范围内；

(2)检查电源装置的插销连接器是否牢靠，极性是否正确；

(3)敲击检查轮毂和轮轴的紧固性；

(4)检查制动机构是否灵活，闸瓦与车轮间的间隙为2~3mm；

(5)检查电气设备连接是否完好；

(6)检查司机控制器的反向手柄的转动灵活情况；

(7)检查警示铃的声音是否响亮，照明灯是否明亮。

2)操作注意事项

(1)将电源装置的插销按极性插入正负极的插座，开启电源及车头照明灯；

(2)任何人员不准乘电机车进出隧道；

(3)扳动司机控制器上的反向手柄，与运行位置一致，并将制动手轮朝逆时针方向旋转，解除制动；

(4)开启时和在弯道行驶时，要鸣响警铃、启动警报灯并鸣笛发出警示，行驶过程中，警灯严禁关闭；

(5)启动时，严禁将手柄从0位推到10位，需逐级推入，扳动司机控制器主手柄，沿顺时针方向转动，开动机器；

(6)工作完毕，应断开电源、关灯，转动制动手柄使机车处于制动状态，并将制动器手柄取走；

(7)电机车运行中发生故障，应将主手柄迅速退回0位；有不正常声响时，须停车检查；

(8)需要制动停车时，必须将司机控制器的手柄置于"制动"位减速，再采用空气制动；需要反向运行时，必须待机车停稳后，方可进行；

(9)下坡及弯道运行中，应将车速控制在10km/h；

(10)电机车在运行过程中，司机须时刻注意前方，发现行人要及时减速鸣笛警示；电机车距前方施工人员30m必须停车，待施工人员离开后，方可正常行驶。

3)电机车使用后的维护

(1)检查轮轴与轴承箱是否干涩，间隙不应小于2mm；

(2)卸下轴承箱盖，检查润滑脂是否脏污，一般每6个月更换一次；

(3)检查轴承间隙是否合适，可通过调整垫片使间隙保持在0.15~0.2mm内；

(4)检查轴承内外面和滚子表面，如发现磨损或疲劳现象须更换；

(5)定期检查轮缘的磨损情况，若轮缘厚度小于25mm或轮缘表面上形成的缺陷深度大于2mm，则更换新的滚轮；

(6)经常清理泥污，丝杆、销子、轴承等处常添加润滑脂；

(7)当闸瓦厚度小于10mm时，应更换新闸瓦并调整同心和间隙。

76.盾构施工用电安全技术措施有哪些？

答：盾构施工必须采取有效措施保证用电安全。

(1)施工现场井下的各种电气设备、电力和通信系统安装、验收、运行、检修、试验等工作，必须符合《施工现场临时用电安全技术规范》(JGJ 46—2005)的有关规定。

(2)盾构施工宜采用双路电源供电，当任一线路发生故障停止供电时，另一线路应仍能担负起盾构施工的全部负荷。

(3)高压开关柜应设过流保护和接地保护，使断路器能自动跳闸，起到断电保护作用。施工现场用电必须采用三级配电、两级漏电保护系统。

(4)电缆铺设：

①电缆吊挂高度从轨面算起不能低于2.5m；

②电缆必须吊挂平直，每5环宜作为一个固定点；

③高压电缆必须单独吊挂，不能与其他电缆(电话线、信号线等)混挂在一起，相互间要保持10cm以上的距离。

(5)放电缆的规定：

①放电缆必须穿绝缘鞋、戴绝缘手套，用高压电缆钳夹着施放；

②根据进度，掘进多少米就必须接多少米的电缆；

③吊挂电缆时，必须穿绝缘鞋、戴绝缘手套，并按规定吊挂好；

④遇有特殊情况(电缆打结或混乱)时，必须立即停电处理；

⑤停电处理电缆时，必须设专人看管开关柜，待处理好后方可送电；

⑥井下及洞内照明按有关规范规定执行。

第五章　盾构机附属设备

第一节　盾构施工附属设备及设施概述

1. 土压平衡盾构机施工一般应配备哪些附属设备，其用途是什么？

答：根据土压平衡盾构机施工的特点及工艺要求，施工过程中应配备如下附属施工设备：

（1）龙门吊：主要用于盾构施工中地面上及作业竖井内的物料吊运。

（2）电机车组：主要负责将盾构施工所需的物料由作业竖井内运至盾构机作业面，然后再将盾构掘进排出的渣土等杂物运出隧道至作业竖井内。单列电机车组一般包括1台交直流变频电机车、3～5台渣土运输车、1台浆液运输车、2节管片车。

（3）浆液搅拌站：其用途是为盾构掘进施工提供所需的同步注浆浆液。

（4）膨润土搅拌站：其用途是拌制和存储盾构掘进施工时渣土改良所需的膨润土泥浆。

（5）冷却循环水泵：其用途是为盾构机正常运转提供循环冷却及带有一定压力的清洁水源。

（6）隧道通风机：其用途是向隧道内压入清洁空气，满足施工人员作业环境需求。

2. 土压平衡盾构机施工附属设施有哪些？

答：为满足土压平衡盾构机施工工艺要求，所需的施工附属设施如下：

（1）基座：盾构始发和接收时，其主机的定位和承载装置。

（2）反力架：盾构始发时，为初始推进提供反作用力的装置。

（3）洞口密封：盾构始发和接收时，防止盾体或管片与洞门钢环间隙漏水、漏浆的密封装置。

（4）轨道道岔：盾构水平运输电机车多列调度装置。

3. 盾构机配套设备选用原则是什么？

答：以6.25m盾构机每掘进一环管片（1.5m）采用一次性出渣为例，介绍盾构机配套设备选用的原则。

1）选用基本原则

按照一次性运输每环渣土及单线运输方案，盾构机配套设备尤其是渣土车、浆液车、管片车及龙门吊的选用，既要保证盾构机的正常掘进，又要最大限度地满足各自的特点，充分发挥各自作用。

2)渣土车选用

渣土车是运输渣土的直接载体,在设计时务必要遵循以下几点:

(1)渣土车必须具有一定的刚度和强度,保证在龙门吊吊运时不发生扭曲变形,同时也不能设计过重,否则,将造成龙门吊超过50t的设计。

(2)渣土车的渣斗和底盘必须相对独立,以使龙门吊在吊运倒渣时只吊起渣斗,而底盘不动。

(3)一般情况,6m级盾构机使用4节渣土车的容积必须保证一次性装载完每环渣土量。

(4)渣土车的宽度不得超过盾构机内部的最大限宽,一般情况为1.5m,且应留有一定安全余量。

(5)渣土车的长度满足整列车转弯半径,且不得大于25m。

(6)考虑渣土车在龙门吊吊出时需顺利翻渣,在渣土车两侧必须设计起吊轴和偏心翻转轴。

(7)每环最大渣土量计算:

$$V=\pi/4\times D^2\times L=\pi/4\times 6.25^2\times 1.5\approx 46\text{m}^3$$

式中:D——直径;

L——管片宽度。

根据国内各城市修建地铁的地质情况,岩土的膨胀系数最大取1.4,故每环出土量约为$46\text{m}^3\times 1.4\approx 65\text{m}^3$,考虑预留一定富余量,每节渣车设计为$17\text{m}^3$,即每列车可输送$17\times 4=68\text{m}^3$。综合以上因素并结合管片车及浆液车设计,确定渣车设计外形尺寸为:长×宽×高=6200mm×1500mm×2300mm。

3)浆液车选用

浆液车主要是将浆液从洞外运到盾构机台车上的储浆罐内,满足每环同步注浆的最大注浆量,故作如下考虑:

(1)最大注浆量为6m^3。

(2)满足盾构机内限界尺寸限制,设计宽度为1400mm。

(3)转弯半径不得大于25m。

(4)浆液需从浆液车中顺利抽出,故设置防止沉淀的专用搅拌机构,且搅拌驱动机构噪声低,搅拌功率为18.5kW。

(5)设置适合于对含有固体颗粒的砂浆流体进行密封的结构;砂浆输送泵质量可靠,使用耐久,砂浆出口压力为1.2MPa,功率为11kW。

(6)综合考虑浆液车设计外形尺寸为:长×宽×高=5480mm×1400mm×2300mm。

4)管片车选用

管片车是将管片从洞外运到盾构机管片拼装区的载体,每列车2节管片车,每节装3片管片。

(1)同时考虑盾构机内部限界尺寸及管片设计尺寸,由于国内管片设计有两种,即1200mm和1500mm,所以,管片车设计时宽度按1500mm考虑。

(2)管片叠放在管片车上时,必须和管片车是柔性接触,即设置专门的橡胶垫,橡胶垫位置应适于管片受力,防止管片运输过程中损坏。

(3)按照管片的弧形应将管片车设计成内"凹"形结构,以保证最底层管片和管片车"三线"的充分接触,并应留有管片起吊的空间。

(4)三片管片叠放在管片车上,盾构机起重小车起吊最上一片管片时,必须从第二片最上部顺利通过,即管片车第一块和第二块管片到轨顶的距离分别为2014mm和1593mm。

(5)转弯半径不得大于25m。

(6)行走装置应设置缓冲器,且制动可靠;综合考虑各方面因素,确定管片车设计外形尺寸为:长×宽×高=3440mm×1500mm×540mm。

5)蓄电池车选用

蓄电池车是将渣土及材料从盾构机运输至吊出井的动力设备,其选用是否得当直接关系到洞内运输能否正常运行,故主要考虑如下:

(1)每辆蓄电池车必须具备牵引1节浆液车、2节管片车和4节满载渣土车全负荷的能力。

(2)能保证在35‰坡道上安全起动牵引整列车正常行驶,并可以安全制动。

(3)具备电制动、空气制动和手制动三种制动方式。

(4)具有变频装置,以适应不同的工况。

(5)配备的蓄电池单次充电需保证10km的运输距离。

(6)因蓄电池车和渣土车、浆液车、管片车为一个统一的运输整体,因此,对整体的刹车、轨距、连接方式等应有整体的部署。一般设计为:采用40t蓄电池车,整体采用排气制动,轨距为900mm,制动气管采用G3/4快速接头连接,每节车辆之间连接板两端采用销轴连接,连接板距轨面高度为430mm。

6)龙门吊选用

龙门吊是将渣土垂直运输到地面集土坑,并装卸管片等物资的起吊设备,主要考虑如下:

(1)首先满足满载吊运时的最大总重量,即渣斗自重+满载渣土重量。经计算,最大吨位不超过45t,即设计龙门吊应为45t(不含吊具)。

(2)根据施工场地的条件限制,自行设计跨距,并确定是否采用悬臂结构,但净高一般设计在8m以上,以保证翻渣机构必需的正常工作高度。

(3)根据施工场地的条件限制,龙门吊布置一般有两种方式,即平行于盾构掘进方向和垂直于盾构掘进方向,因此翻渣机构也分为两种,即龙门吊中央翻渣和侧面翻渣两种形式。选用时可根据实际情况自行设计或采用龙门吊自带翻渣装置。

(4)为保证大车行走平稳,大车行走机构一般采用变频设计,最大行走速度不超过35m/min。

(5)为节省垂直运输的时间和保证吊运时的稳定性,主起升机构一般采用变频设计,双制动,速度为10m/min(重载),最大可达16m/min(空载)。

(6)起吊横梁采用自动平衡装置,吊具可拆卸,摘挂方便灵活。

(7)设计副勾(有点动控制功能),一般用于吊运管片。按照施工方案,最大吊重为3片管片,每片管片最大不超过4t,故设计起重量为$4\times3\leqslant15$t,起升速度为15m/min。

(8)龙门吊设计时还需考虑声光报警、防雷、防潮、手动夹轨装置、起升高度限位装置、起重量限位装置、大小车行走限位装置、起升高度显示仪、重量显示仪、避雷针、风速仪、蜂鸣器等。

第二节　盾构隧道施工水平运输设备

4. 盾构施工水平运输机车编组的一般技术要求是什么?

答:隧道内水平运输一般采用轨道运输,使用电机车牵引,运输能力须满足盾构施工计划进度的要求。可选用单列、双列运输,按施工需要配备足够数量的编组列车。平板车上管片、渣斗等要放稳,不准超限。当平板车装运钢管、轨道、钢筋等长大件时,必须绑扎牢靠。

国内地铁盾构隧道施工一般选用单列水平运输模式,每列车编组包括:1 台 40t 变频电机车、4 节 $17m^3$ 渣土车、1 节 $6m^3$ 浆液车、2 节 15t 管片车。

5. 40t 变频电机车有哪些技术参数?

答:40t 变频电机车基本技术参数见表 5-1。

40t 变频电机车基本技术参数表　　　　表 5-1

整机参数	整机适应工作环境	海拔高度:≤2000m;环境温度:-20～40℃;相对湿度:≤95%
	机车外形尺寸(mm)	7000×1500×2280
	轨距(mm)	900
	黏着质量(t)	40
	蓄电池及箱的质量(kg)	13200
	黏着系数	0.28
	功率(kW)	110×2
	起动牵引力(kN)	120
	持续牵引力(kN)	96
	最高速度(km/h)	25
	持续速度(km/h)	8
	机车牵引质量(t)	160(35‰坡度)
	转向方式最小曲线半径(m)	25
	减振方式	橡胶弹簧减振
	重载爬坡坡度(‰)	35
	制动方式	电制动和气制动
	制动闸形式	双侧闸瓦制动
	制动距离	160t,2.8m/s
	紧急制动方式	气制动
	牵引销中心线距轨面高度(mm)	320、420
	轴距(mm)	2400
	轮径(mm)	840

蓄电池组	蓄电池型号	D-600
	单元电压(V)	2
	单元容量(mA·h)	600
	每台机车配备电池数量	90 节×3 箱×2 组
	输出电压等级	DC 540V　主回路变流器;DC 24V　控制、照明、信号
变频器	变频器型号	直～交 IGBT
	牵引变流器额定容量(kV·A)	300
	输入电压(DC)(V)	540±15%
	输出电压(AC)V	0～400
	输出电流(AC)(A)	400
	输出电流恒功频率范围(Hz)	33～99
	冷却方式	强制风冷
牵引电机	牵引电机型号	YJ70A
	额定功率(kW)	110
	最大转矩(N·m)	1850
	额定转速(r/min)	738
	最高转速(r/min)	2800
	额定电压(V)	400
	额定电流(A)	203
	额定功率因数	0.86
	额定效率	90%
	防护等级	IP55
	冷却方式	自通风
空气系统	空压机型号	V-0.6/t
	额定风量(m^3/min)	0.6
	制动风压(MPa)	0.75

6. 如何正确使用电机车铅酸蓄电池?

答:使用电机车铅酸蓄电池应注意以下几点:

(1)电池初次充电前应详细阅读出厂说明书,严格按规定进行充、放电,并做详细记录。电压、电位、温度等每小时记录一次。

(2)在电池进行充电准备使用前,应进行下列检查,不符合要求的情况经处理后方可充电:

①电池箱外观是否良好;

②电池连线是否松动;

③电池是否漏液;电解液是否充足,不足时充电前应补充蒸馏水;

④电池顶端是否有异物、污染等情况。

(3)电池充电过程中，要随时检查充电电压、电流、电解液温度，并做好记录：

①电池温度超过50℃时，应立即采取降温措施；

②单格电池反应剧烈，温度高，应考虑极间短路及电解液比重太低等情况；

③根据电池容量，充电时间一般为放电时间的1.1～1.2倍；

④充电后期检查电解液比重及液面高度；硫酸溶液浓度一般为5%；

⑤充电完毕，将电池的盖子旋好，并检查盖子的透气性。

(4)准备必需的防护用品，如橡胶手套、绝缘靴、皮围裙、护目镜等。

(5)用浓硫酸配制稀硫酸溶液时，应该把浓硫酸徐徐倒入水中，并不断搅拌，以防止酸液飞溅伤人。如果不慎溅到皮肤上，立即用清水冲洗干净。

(6)一般情况选用D600电池组，第一阶段充电电流在65～100A之间选择，当第一阶段充电至电池的端电压普遍升到2.4V时，应转为第二阶段，充电电流可选择40～50A。

(7)电池充足电的判断标准：用第二阶段充电电流充电的情况下，电池的闭路端电压应不低于2.6V，并且3h以上不变。电解液的密度在充电末期时，应达到(1.29±0.005)g/cm^3(30℃)，并且3h以上不变。极板上下均匀发生气泡，电解液由乳白色稍转清亮，气泡比较细。

(8)蓄电池在使用过程中，电解液中水的分解及蒸发会造成密度升高及液面降低，应加水调整。

(9)蓄电池在使用过程中会造成硫酸的自然损耗，使密度降低，应当用稀硫酸加以调整，切忌用浓硫酸调整。调整比重应该在电池充足电以后进行。

(10)在充电时，电池的温度不能超过50℃，当接近50℃时，应设法降温或减小充电电流。

(11)在充电过程中，若出现个别电池外壳有冒烟、火花现象，应使用清水冲刷即可消除。

(12)电池在充电过程中应当每隔1～2h测量全组电池电压，及时标示电池的电压、密度、温度。

(13)电池在充足电以后，应先放掉降温水，然后用碱溶液冲洗电池表面，再用清水冲洗干净即可，不可将碱溶液浸入电池中。

(14)不要在发热源附近使用蓄电池，否则将导致蓄电池破损及寿命缩短。

(15)应使用湿布清扫电池，不要使用汽油等有机溶剂，也不要使用含这些物质的布抹电池。不要用排气器或干布(特别是化纤)清洁电池，因为它有可能产生静电而引起危险。

(16)运输与存放：

①电池运输过程中严禁翻滚和摔掷有包装箱的电池组；

②搬运电池时不要触动极柱和安全阀；

③蓄电池如果为带液荷电出厂，运输中应防止电池短路；

④电池在安装前可在0～35℃的环境下存放，但存放不能超过6个月，超过6个月储存期的电池应充电维护，存放地点应清洁、通风、干燥；

⑤每年检查一次连接部分是否有松动现象，并及时处理。

7.17m^3渣土运输车有哪些技术参数?

答：17m^3渣土运输车基本技术参数见表5-2。

$17m^3$ 渣土运输车基本技术参数表 表 5-2

总容量(m^3)	17
整车自重（t）	12
轨距(mm)	900
转向架轴距(mm)	1150
轮径(mm)	400
牵引销中心线距轨面高度(mm)	430
最小通过曲率半径(m)	25
最高速度(km/h)	25
整车制动方式	空气制动
减振方式	弹簧减振
整车外形尺寸(mm):长×宽×高	6200×1500×2300

8.$6m^3$ 砂浆运输车有哪些技术参数?

答:$6m^3$ 砂浆运输车基本技术参数见表 5-3。

$6m^3$ 砂浆运输车基本技术参数表 表 5-3

型号	SJC－07
是否带自行走搅拌	带自行走搅拌
外形尺寸(mm)	4500×1400×2200
自重(kg)	6200
轨距(mm)	900
轮径(mm)	400
牵引销中心线距轨面高度(mm)	430
总容量(m^3)	6.5
搅拌电机、减速装置、功率	搅拌电机:Y160M－4
	减速机速比: 1:200
	功率:7.5kW
搅拌扭矩及搅拌轴密封方式	搅拌扭矩:29.4N·m
	密封方式:油脂密封
	直径:1347mm
	转速:12r/min
砂浆泵类型	单螺杆泵:60－2
流量	砂浆泵:10m^3/h
压力范围及泵送距离	压力范围:0～1MPa
	泵送距离:4.5m
注入管:管径、长度(接头为 3in①)	内径 70mm,外径 108mm,长度 200mm
整车制动方式	空气制动
最小转弯半径(m)	15
减振方式	弹簧减振

注:①1in＝0.0254m。

9. 管片运输车有哪些技术参数?

答:管片运输车基本技术参数见表5-4。

管片运输车基本技术参数表

表5-4

型号	GPC-15	外形尺寸(mm)	3580×1500×545
载重(t)	15	自重(t)	3.6
轨距(mm)	900	轮径(mm)	400
制动方式	手制动	最小转弯半径(m)	25
减振方式	弹簧减振	牵引销中心线距轨面高度(mm)	430

第三节 盾构隧道施工垂直运输设备

10. 盾构施工中垂直运输设备一般技术要求是什么?

答:盾构施工过程中垂直运输设备一般采用50t级别双主梁龙门吊,配置主钩和副钩。根据施工现场情况还可用15~20t桁架式门吊或塔式起重机配合车站施工。垂直运输设备的操作人员必须能直视到地面及井底的吊放点。操作人员按指令作业,上下吊运保持吊物平稳。垂直运输与水平运输转换处的吊运口尺寸要满足吊运物的尺寸需要,吊运机械及吊具的起吊能力应通过计算,满足起重要求。

11. 盾构施工中龙门吊与通用龙门吊的区别是什么?

答:龙门吊作为盾构工程施工的垂直提升设备,除具备通用龙门吊的功能外,一般还应注意以下方面:

(1)工作级别:整机A7,起升机构M7,运行机构M6;设备可在6级以下风力情况下正常工作。

(2)龙门吊跨度按一般地铁盾构工程考虑,并尽量采用可变跨度结构设计,变跨范围一般为3m。

(3)吊钩一般配置:双卷筒主钩45t(不含吊具,变频控制)和单卷筒副钩15t。

(4)吊钩起升高度:轨上8m,轨下28m(根据实际基坑深度确定)。

(5)主钩起升采用变频调速控制,额定负载起升速度不小于15m/min,空载下降速度不小于20m/min,具有点动控制功能。

(6)主梁两端均设置悬臂,且一侧可拆,有效悬臂长度以主钩吊具可正常卸土为准,一般不小于5m。

(7)行走大车采用四轮驱动、四轮制动。

(8)主钩土斗吊具可实现90°旋转,方便龙门吊现场布置,满足土斗吊具方向与隧道线路一致的要求。

(9)龙门吊应有降噪措施,满足城市夜间施工要求。

(10)设计时应充分考虑多次移机拆装方便要求。

12. 盾构施工专用吊索具有哪些,如何正确使用?

答:盾构施工过程中,物体吊装作业频繁,各种吊索具使用较多,主要吊索具有钢丝绳吊索、卡环、麻绳、半圆厚壁管、吊梁、纤维吊带、专用吊耳、管片吊装头等。

(1)各种吊索具的使用必须符合《建筑施工起重吊装安全技术规范》(JGJ 276—2012)的相关规定。

(2)吊索具在投入使用前及使用过程中,应经常检查吊索具外观质量,发现问题严禁继续使用。

(3)横吊梁应采用 Q235 钢材,必须经过设计计算,标明起重量后,方可投入使用。

(4)纤维吊带在使用过程中,遇有物体棱角锋利时,必须采用半圆厚壁管扣于棱角位置后才能起吊。

(5)盾构大型部件及设备吊装采用专用吊耳时,吊耳必须固定位置使用,不得随意变动位置。吊耳采用螺栓连接时,还应检查螺栓的规格型号必须符合要求;吊耳采用焊接连接时,焊接完成后应检查焊缝质量满足设计要求。

(6)盾构管片吊装头在使用过程中,每天必须检查其外观质量,出现变形、丝扣磨损严重的严禁继续使用。每三个月应对管片吊装头进行无损探伤,发现裂纹的严禁继续使用。

13. 45t/15t 双主梁门式起重机(跨度 20m)有哪些技术参数?

答:45t/15t 双主梁门式起重机(跨度 20m)的基本技术参数见表 5-5。

45t/15t 双主梁门式起重机(跨度 20m)的基本技术参数表 表 5-5

型号	45/15t - 20m 双主梁门式起重机	1 台套
工作级别	A7	
起重量	双卷筒主钩 45t;单卷筒副钩 15t	
跨度	20m,可调跨度到 17m,悬臂两侧各悬 5m,其中一侧悬臂可拆卸	
主钩配置	变频调速电动机:YZP315M-8 110kW	2 台
副钩配置	电动机:YZR225M-6 30kW	1 台
起升高度	轨上 8m,轨下 25m	
起升速度	主钩:15m/min; 副钩:10m/min	
主起升变频器	CIMR - G7A40900F	2 套
大车配置	电动机:YZR180L-6 15kW	4 台
小车配置	电动机:YZR160L-6 11kW	1 台
大车运行速度	50m/min	
小车运行速度	35m/min	

续上表

大车供电方式	软缆供电,电缆型号:3×150+1×50	
操纵方式	司机室或遥控器操纵	各1套
大车行车轨道	QU80	200m
总质量	120t	

第四节　盾构施工水、电、气、浆液供应设备

14. 盾构施工循环水的用途和要求是什么?

答:盾构施工循环水分内循环系统水和外循环系统水。内循环系统水的用途是对液压油、主驱动齿轮油、空压机、配电柜中的电器部件及刀盘驱动变速箱进行冷却,并为泡沫剂的合成、盾构机及隧道的清洁提供用水。外循环系统水主要是通过管道与外面蓄水池的冷却塔进行热交换,并为内循环提供补充水源。

盾构作业竖井附近设置容量约 $10m^3$ 的蓄水池,与蓄水池连接的一台高压水泵将冷却水通过铺设在隧道中的 DN80 进水管输送到盾构机进水管卷盘。通常情况下,进入盾构机水管卷盘的水压控制在 5bar 左右,温度控制在 25℃ 以下。然后通过盾构机上的内外水循环系统热交换器将内循环水进行热量交换后回到盾构机的回水管卷盘,再由铺设在隧道中的 DN100 回水管送回蓄水池冷却塔进行循环冷却。盾构机上的水消耗后可以利用外循环向内循环补水。

15. 如何配置盾构工程施工用电?

答:盾构施工供配电方式分为盾构机供电和其他设备供电。

1)盾构机供配电

盾构机采取 10kV 电源供电,其供电电缆采用额定电压 10kV 橡胶套软电缆。电缆从高压配电室盾构高压开关舱位馈出,穿 ϕ100 钢管至始发竖井,沿隧道挂钩敷设到井下盾构车架高压配电柜(敷设高度大于 2.5m),并每隔 50m 悬挂"高压危险"警告牌一块。盾构机 10kV 电源容量应与不同盾构机的需求相匹配。

2)其他设备供电

①盾构施工其他附属设备,如龙门吊、浆液站、电池充电间、通风机、水泵、照明等的供配电,一般采用 400V 箱式变压器,单台盾构机配套容量约为 400kVA,通过三级配电分配到各使用设备。

②隧道照明线路采用三相五线制,电压等级为 220V,选用铜芯绝缘线沿隧道壁架空敷设,高度大于 2.5m。隧道照明采用 40W 日光灯,每隔 10m 架设一只,每只灯具设熔断器及漏电保护开关。接电采用 A、B、C 三相挑接,要求三相负载平衡。灯具金属外壳与接地线直接连接。

③从井口开始，每隔 200m 设置隧道照明专用配电箱一只，作为照明线路的分段开关和隧道内动力用电设备的电源。

16. 盾构用 10kV 高压输电电缆技术要求是什么？高压电缆接头有哪些形式？

答：盾构用 10kV 高压输电电缆选用乙丙橡皮绝缘氯丁橡皮护套高压橡套软电缆。其技术特性为：

（1）电缆导体最高额定温度为 90℃。

（2）短路时（最长持续时间不超过 5s）电缆导体的最高温度不超过 250℃。

（3）电缆允许最低环境温度：UGEFP 型为 −15℃；UGEFHP 型为 −33℃。

（4）电缆允许最小弯曲半径：用于固定设备时为 $6D$；以自由活动方式连接时为 $10D$；用电缆卷盘收放时为 $12D$；用转向导轮时为 $15D$（其中 D 为电缆直径）。

（5）盾构施工常用高压电缆规格见见表 5-6。

盾构施工常用高压电缆规格表 表 5-6

芯数×标称截面(mm^2)	电缆近似外径(mm)	20℃主线芯绝缘电阻≥(MΩ·km)	电缆近似质量(kg/km)
3×35+3×10	59.2～64.2	500	5861
3×50+3×16	63.1～68.1	440	7166
3×70+3×16	69.5～74.5	390	8771

盾构用 10kV 高压电缆中间接头一般有高压电缆接头箱和插拔式快速接头两种。

17. 盾构隧道正常施工所需空气质量标准是什么？

答：盾构隧道正常施工空气质量必须符合下列规定：

（1）空气中氧气含量不得小于 20%。

（2）瓦斯浓度应小于 0.75%。

（3）有害气体浓度规定如下：

①一氧化碳不得超过 30mg/m^3；

②二氧化碳不得超过 0.5%（按体积计）；

③氮氧化物换算成二氧化氮不得超过 5mg/m^3。

18. 盾构施工通风有什么规定，通风机械的性能参数是什么？

答：盾构施工通风必须符合下列规定：

（1）应采取机械通风（通常选用压入式通风）；

（2）按隧道内施工高峰期人数，每人需供应新鲜空气不得小于 3m^3/min，隧道最低风速不得小于 0.25m/s。

按上述规范规定，一般情况下，盾构施工过程中洞内作业人员一般为 15～20 人，因此，盾构施工所配置通风机械的基本技术性能参数见表 5-7。

盾构施工所配置通风机械的基本技术性能参数表　　表 5-7

功率(kW)	风量(m^3/min)	风压(kPa)
30×2	500	4~6
37×2	600	4~6

19. 盾构隧道施工有害气体如何监测,可采取哪些预防措施?

答:盾构机应配置性能完好的固定式有害气体检测仪器,主要检测一氧化碳、二氧化碳、甲烷等气体浓度。检测方式采用实时监测报警方法。检测位置重点是盾构主机内、螺旋机排土口、皮带机出渣口及台车尾部等位置。另外结合便携式气体检测仪对整个施工区域定时进行监控检测。

对于预计将通过存在可燃性、爆炸性有害气体的盾构隧道地段,必须事先对这些地段及周围的水文地质等采用钻探或其他方法进行预先的详细调查,查明这些气体存在的范围与状态。目前尚无专门对付可燃性、爆炸性有害气体的特种盾构机,只能由地面或洞内采取措施加以稀释和排出这些气体。

(1)洞内施工必须采用专门仪器、仪表测量可燃性气体、有害气体和氧含量,并做好记录。

(2)必须选择合适的通风设备、通风方式、通风风量,做好隧道通风。将可燃性气体和有害气体控制在容许值以内;当发生可燃气体和有害气体浓度超过容许值时,应立即撤出作业人员,加强通风、排气,只有当可燃气体、有害气体得到控制时,才能继续施工。

(3)当存在燃烧和缺氧危险时,应禁止明火火源,防止火灾。

(4)做好应急物资配备。井下配备防毒呼吸面罩、氧气袋、担架、消防器材、防水照明灯具等急救物资。防毒面罩要求至少可以供有氧呼吸 1h,应急防水照明灯要求工作时间至少持续 1h。同时做到定期对急救物资进行完好性检查,确保所有应急物资都能够正常使用。

(5)对员工进行应急设备使用方法培训和应急演练,确保出现问题后员工能够做到自救和互救。

20. 盾构用砂浆搅拌站的主要技术性能参数是什么?

答:盾构用砂浆搅拌站的主要技术性能参数见表 5-8。

盾构用砂浆搅拌站的主要技术性能参数表　　表 5-8

配置项目	规格	功率	数量
1.5m^3砂浆搅拌机	1.5m^3	22kW	1 台
上料螺旋输送机	ϕ273×5m	5kW	1 台
	ϕ325×5m	7.5kW	1 台
斗式上砂提升机	HD300×17.1m	5kW	1 台
水泥料仓	55t		1 个
粉煤灰料仓	55t		1 个
砂储存斗	4m^3		
电动筛砂机		4kW	1 台

续上表

配置项目	规格	功率	数量
电动除尘器		1.1kW	2台
水秤	1.7m^3		1套
砂秤	1.66m^3		1套
水泥、粉煤灰叠加秤	1.35m^3		1套
水路管线及附件		2.2kW	1台
气泵	1.0m^3	4kW	1台
气路管线及附件			1套
全自动控制系统			1套
搅拌机平台	4m×4m×8m		1套
搅拌站封闭	4m×4m×8m		1套
微机室	2m×1.8m×2.5m		1套

21. 盾构施工同步注浆单液浆如何拌制和输送?

答:盾构施工采用的注浆材料不同,其配套设备的组成与形式也不同,现对应用比较广泛的单液浆的拌制和输送进行配套设备的适应性分析。

1)单液浆拌制

单液浆配比的特点是含有细砂,搅拌一般采用强制式立轴搅拌机。整套系统由砂料筛分装置,砂料、粉煤灰、水泥、膨润土自动上料计量装置,水及外加剂添加计量装置,搅拌楼、控制室等组成。它可实现封闭式自动化搅拌,确保浆液配比准确且拌制浆液有好的和易性,并满足环保要求。

2)浆液输送

拌制好的单液浆一般采用储浆车,通过电机车编组运送至盾构机储浆罐台车位置,再利用储浆车上安装的泵送设备,把浆液泵送到台车上的储浆罐内备用。

第五节　盾构施工辅助设施

22. 盾构始发和接收施工时基座一般如何设置?

答:盾构始发和接收施工时基座设置一般应做到:

(1)盾构始发前由于要进行盾构设备组装,因此,始发基座一般应延长到10~12m,以利于盾构主机的组装。

(2)为防止盾构始发刚进洞时盾构机出现"叩头"现象,除洞门内设置导轨外,还应适当将始发基座的标高提高10~20mm,以消除由于盾构机自重发生的盾构主机下沉。

(3)盾构接收时,为保证盾构机顺利推上基座,接收基座导轨标高可较盾构机壳体适当降低10mm,且接收基座导轨端部应设置坡口,保证盾构顺利接收。

(4)盾构始发与接收基座应具有足够的强度和刚度,能够安全可靠地承载盾构机自重。

(5)基座定位时，基座两侧导轨的中心线必须与施工方案设计的始发轴线或接收时盾构实际姿态的轴线平行。

(6)基座的前后左右四个方向均应采取可靠的固定方式(尤其曲线始发时)，以防止盾构机偏心受力造成基座变位移动。

23. 盾构半环始发时反力架应如何设置?

答:盾构半环始发时反力架的安装应注意以下方面:

(1)根据洞口后浇环梁预留长度和负环管片数量，准确定位反力架的安装位置，且反力架框架中心线与盾构机的中心轴线要保持垂直。

(2)盾构半环始发的负环管片一般采用通缝拼装，因此，要特别注意第一个负环管片的拼装位置应按方案设计定位，保证准确无误。

(3)最后一环负环与正式环管片相连接，应尽可能采用整环，以确保正式环管片受力均匀。

(4)当最后一个整环的负环管片推出至刚露出盾尾后，应停止推进，紧贴负环管片后部位置安放马鞍形垫铁，垫铁与反力架之间架设4根水平钢支撑，如图5-1所示。架设完成后，再缓慢增加盾构推力向前掘进。

图5-1 盾构半环始发时反力架的安装图

(5)盾构半环始发时，由于只有盾构机下半部的推进千斤顶受力，因此，推进速度应缓慢，防止盾构机“上漂”。同时脱出盾尾的负环管片应及时支撑牢靠，防止外翻变形。始发负环推进过程中，应加强监测，确保反力架及支撑体系安全可靠。

24. 盾构施工始发与接收时洞口密封如何设置?

答:盾构始发和接收施工时应安装可靠的洞门密封装置。洞口密封装置的作用是防止盾构施工始发和接收时地层泥水和衬砌注浆浆液外泄。安装洞门密封装置之前，应对橡胶帘布的整体性、硬度等进行检查，对圆环板的成圆螺栓孔位等进行检查，并提前把橡胶帘布的螺栓孔加工好，然后将洞门预埋件的螺栓孔清理干净，最后按照帘布橡胶板、圆环板、折叶式压板的顺序进行安装。

25. 盾构施工一般选用何种形式的道岔?

答:盾构施工中，为实现水平运输机车交会调度，一般需在隧道内某一固定位置设置道岔。最常用的道岔形式有“Y”形、“N”形和“S”形。随着盾构机的不断向前推进，盾构工作面至道岔的距离将不断增大，这会造成运输机车不能及时到达，致使盾构推进中途等待时间过长。因此，一般盾构施工选用的道岔均制造成活络道岔。它能按照实际施工情况，与盾构推进同步向前移动到合适位置，避免运输机车等待对盾构掘进施工效率造成的影响。

第六章　预制钢筋混凝土盾构管片

第一节　钢筋混凝土盾构管片预制基础知识

1. 钢筋混凝土管片与管环的内涵是什么?

答:钢筋混凝土管片是盾构施工所使用的衬砌材料,单位用“片”或“块”来表示;管环是盾构施工中隧道所使用的预制衬砌环,单位用“环”来表示。

钢筋混凝土管片是管环的基本单元;管环是由管片按照设计要求拼装后形成,是管片进入隧道的形式。根据隧道直径大小,1 管环可分为 5 ~ 9 片或更多片的管片。

在盾构施工中,管环要承受盾构掘进时产生的巨大顶推力、壁后注浆压力、结构周围土体或水压等多重力的作用而不产生变形或破裂;在隧道成型后,管环还要承受周围的水压力、土压力和相关结构受力载荷而保持结构稳定。因此,管片不仅自身需要极高的强度和抗渗要求,还要求其具有极高的尺寸精度和预埋件质量,以保证拼装后管环接缝严密、结构受力及其他功能目标的实现。

如果我们把隧道视为一个“产品”,这个产品最终以管片以及由管片组成的管环来表现。

2. 管片如何分类?

答:管片按材质分为钢筋混凝土管片、钢纤维混凝土管片、钢管片、铸铁管片和复合管片等。其中,铸铁管片一般作为负环管片使用,但由于其制造成本较高,现已很少采用;钢管片一般在盾构机整体过站或始发负环时使用;钢纤维混凝土管片在国外已有使用,在北京地铁十号线已完成试验研究,并有 80 环的应用实例。钢筋混凝土管片是目前隧道衬砌结构中最常使用的类型。本书中若不具体指出管片类型,均指钢筋混凝土管片,并简称管片。

管片根据其在拼装成环时的作用和位置,一般分为标准块、邻接块和封闭(顶)块。

管片按使用钢材分为钢筋混凝土管片和预应力钢筋混凝土管片。预应力钢筋混凝土管片在国外已有使用,但在国内尚处于试验研究阶段。

3. 何为钢纤维混凝土? 改善钢纤维混凝土性能的方法有哪些? 钢纤维混凝土管片的优缺点是什么?

答:(1)钢纤维混凝土与普通钢筋混凝土的不同之处在于其用钢纤维代替了部分或全部的钢筋。与相同水胶比的钢筋混凝土相比,钢纤维混凝土具有更高的抗拉强度、抗弯强度和抗剪强度，但抗压强度提高幅度较小；具有较强的约束裂纹扩展能力，变形性能大；具有极好的耐磨性能、较好的抗冻融性和耐热性。

（2）关于纤维增强混凝土力学性能的理论有纤维间距理论、复合材料理论和微观断裂理论等。但综合各种理论可以确定，纤维的增强效果主要取决于基体强度（f_m）、纤维的长径比（即钢纤维长度 l 与直径 d 的比值）、纤维的体积率（钢纤维混凝土中钢纤维所占体积百分数）和纤维与基体间的黏结强度（τ），以及纤维在基体中的分布和取向（η）的影响。当钢纤维混凝土破坏时，大多情况是纤维被拔出而不是被拉断，因此改善纤维与基体间的黏结强度是改善纤维增强效果的主要控制因素之一。

目前，常用的改善钢纤维混凝土性能的主要途径有增加纤维的黏结长度（即增加长径比），改善基体对钢纤维的黏结性能，以及改善纤维的形状、增加纤维与基体间的摩阻和咬合力。

（3）钢纤维混凝土最早在欧洲和美国用来制作工业用地板，其在掘进隧道和采矿工业方面最普遍的应用是用于喷射混凝土，主要用于初始衬砌、修理和竖井内衬等。近 20 年来，钢纤维混凝土的使用又扩展到预制的钢纤维混凝土管片。世界上第一个应用钢纤维混凝土管片的衬砌工程是 1989 年～1990 年意大利西西里建造的供水隧道，此后，英国、加拿大和美国等国家陆续在隧道施工中使用了钢纤维混凝土管片。

钢纤维混凝土的优点也就是钢纤维混凝土管片的优点，即钢纤维管片在制作、运输、拼装和顶推过程中边缘和转角部位碎裂少，特别是在受力不均匀时也不易产生爆裂；即使在施工中有损坏，也不会整块掉落，便于修复。在使用时，钢纤维管片有更高的承载能力，并且使用钢纤维管片能提高隧道的安全性和耐久性。其缺点是管片生产时的一次性投入加大。但如果考虑隧道投入使用后的维修费用，其最终的成本较钢筋混凝土管片也许更为经济。

4. 管环如何分类？

答：管环按拼装成型后隧道的形状（国内有使用或生产过）可分为单圆环、双圆环和方形环。其中，单圆环也称环形环，是目前最常见和最普遍使用的类型。在北京的盾构施工中，目前只使用过环形。

管环依据隧道所处地质条件和结构受力，可分为标准管环和加强管环；每种管环又根据隧道曲线施工和纠偏需要，分为组合管环（直线环＋左转环＋右转环）和通用管环两种。在北京的盾构施工中，最常用的是组合管环。

5. 通用管环的优点有哪些？

答：通用管环设计和施工技术在国外已经非常成熟，但在国内推广使用较晚。在国内，深圳率先在地铁建设中使用了通用管环。

与组合管环相比，通用管环具有以下三方面的优势：

（1）节约模具：一套模具即可以适用隧道的不同线形，从而减少了模具采购的数量。

（2）利于连续生产：管片加工厂可以连续生产，无需因为隧道施工纠偏的需要而调整转弯管片的需求量。

(3)重复使用:一条隧道竣工后,模具可以在其寿命范围内重复使用,不需要因为隧道线形变化而增减转弯模具。

6. 北京盾构施工中使用过的钢筋混凝土管片有哪几种?

答:北京盾构施工中使用过的钢筋混凝土管片共有6种规格,其主要技术参数详见表6-1。

北京盾构施工中使用过的管片类型汇总表　　表6-1

序号	规格(m)	厚度(mm)	环宽(m)	外径(m)	内径(m)	管片构成	混凝土强度等级	混凝土抗渗等级
1	11.6	550	1.8	11.6	10.5	标准块6A+邻接块2B+封顶块1K	C50	P12
2	10	500	1.8	10	9	标准块6A+邻接块2B+封顶1K	C50	P10
3	6	300	1.2	6	5.4	标准块3A+邻接块2B+封顶1C	C50	P10
4	4	250	1.2	4	3.5	标准块3A+邻接块2B+封顶1F	C50	P10
5	3.5	250	1	3.5	3	标准块2B+邻接块2L+封顶块1F	C50	P10
6	3.2	250	1	3.2	2.7	标准块2B+邻接块2L+封顶块1F	C50	P10

7. 北京的钢筋混凝土管片生产厂家需要具备哪些条件?

答:根据《盾构法隧道施工与验收规范》(GB 50446—2008)的相关条款,结合北京地铁建设管理有限公司等采用盾构法施工的建设方的有关规定,在北京生产钢筋混凝土管片的厂家,一般需要具备以下四个方面的条件:

(1)生产厂家具备混凝土预制构件专业二级及以上资质;

(2)具有生产管片的模具、机具设备(钢筋加工、混凝土生产和运输等)、成型车间和足够的储存场地;

(3)建立了健全的质量管理体系、质量控制和质量检验制度;

(4)编制了管片生产施工组织设计、专项技术方案并报批。

8. 钢筋混凝土管片生产厂的场地规划与布置需要考虑哪些因素?

答:钢筋混凝土管片生产厂的场地规划与布置需要根据管片生产工艺、生产能力或规模以及管片存放周转等情况进行统筹设计与安排。场区一般分为三大功能区域,即生产区、办公区和生活区。

生产区根据在其内作业内容,分为钢筋加工区、混凝土搅拌站及原材料存放区、混凝土成型区、管片后期养护及存放区和配套设施区。其中,配套设施区有地磅房、锅炉房、配电室和空压机房等。规划时应注意：各功能区的划分必须与生产工艺和生产规模匹配；混凝土成型车间应尽量远离办公区；在功能区内，根据需要应相应布置有运输行车路线、吊装行车路线、辅助振捣气路、蒸汽养护管道或后期养护系统等配套设施。

9. 钢筋混凝土管片生产工艺有哪些，各有什么优缺点？

答：钢筋混凝土管片生产工艺依照不同的生产组织方式分为固定台座法、机组流水法和流水传送法，每种生产工艺各具优缺点，表6-2是三种管片生产组织方式从多个方面比较的对照表。

钢筋混凝土管片预制生产不同组织方式对照表 表6-2

项目	固定台座法	机组流水法	流水传送法
运行特点	以固定的模板为中心，桥式吊车为主要运输工具的生产流水系统	以固定的振动台为中心，桥式吊车为主要运输工具的生产流水系统	以固定的振动台为中心，自动化传输线为主要运输方式的生产流水系统
设备组成	模板+吊车+振捣和养护设施	振动台+模板+吊车+养护设施	振动台+模板+自动化传输线+吊车和养护设施
成型方法	附着式振捣、手动插入式振捣	振动台、手动插入式振捣	振动台
优缺点	优点：模位静态有利于质量控制，工艺简单。 缺点：分散布置模位占地面积较大，人工振捣会影响产品质量稳定性	优点：工艺简单且紧凑，可集中养护增加其效率。 缺点：带模起吊增加吊车负荷，模具移动频繁易发生变形	优点：生产组织自动化程度高。 缺点：产品质量和生产效率受传输线影响较大
适用对象	适用于可以采用附着式振捣或插入式振捣的各种项目	适用于不带附着式振捣器的模板，尤其适用于构件体积不太大、生产场地有限的一次性项目	适用于生产规模大、运行周期长和要求专业化生产的项目
经济分析	一次性投资少，建设期短	一次性投资少，建设期短	一次性投资较大，建设期较长
北京最早应用时间和厂家	2000年 北京城建建材工业有限公司	2003年 北京建工混凝土构件有限公司	2009年 北京港创瑞博混凝土有限公司

10. 钢筋混凝土管片厂家需要几个车间，车间布置需要考虑哪些因素？

答：钢筋混凝土管片厂家一般会建设2个车间，一个用于钢筋加工，另一个用于管片混凝土成型。其中，在钢筋加工车间建设时，需要考虑设置钢筋原材和骨架成品存放区、钢筋加工设备和胎具位置的摆放、钢筋原材及骨架成品的运输通道、吊车的配备及配套电路和供暖等因素。在混凝土成型车间设计时，应充分考虑管片模具及模具配套气路和蒸汽管道位置、混凝土运输通道、骨架和混凝土料吊装设备安装、管片翻转设备安放、管片临时储存区域配套电路和供暖等因素以及为未来模具增容预留空间等。

11. 生产钢筋混凝土管片的主要配套设施和设备有哪些？

答：生产钢筋混凝土管片与生产其他预制构件类似，其用到的主要配套设施和设备可参见表6-3。

主要钢筋混凝土管片的生产设备　　　　表6-3

序号	所属类型	设备名称	数量
1	与混凝土有关	成套搅拌站	根据拟投资建厂总额、计划的管片生产规模和拟设计的自动化程度进行相应配备
2		运输设备	
3	与钢筋加工相关	（调直）切断机	
4		弯曲机（弯弧和弯箍）	
5		钢筋焊接机	
6		二氧化碳电焊机	
7		成型胎具	
8	与管片成型相关	管片模具	
9		布料斗	
10	与管片养护相关	蒸汽锅炉	
11		蒸汽养护系统	
12		蒸汽覆盖罩（必要时）	
13		后期养护系统	
14	吊运类	混凝土运输车	
15		管片运输平车	
16		叉车	
17		电动双桥吊	
18		吊具	
19		龙门吊车	
20	成品检试验设备	水平拼装试验台	
21		检漏试验台	
22		（试验室和试验仪器设备）抗拉拔试验装置	
23	配套类	空压机	
24		管片翻转机	

12. 钢筋混凝土管片模具的作用是什么，基本结构是什么，如何分类？

答：钢筋混凝土管片模具是浇筑成型管片混凝土的模板，其质量是影响管片质量的关键。这是因为：一方面模具在混凝土管片生产中是重要的生产物资，是决定管片外形尺寸精度、混凝土成型质量和拼装后的管环质量的关键因素；另一方面模具还会对生产工艺和生产进度产生显著影响。因此，对影响隧道衬砌工程质量起关键作用的管片来说，模具的重要性不言而喻。

管片的模具目前均采用钢材作为制作材料，因此称为钢模。绝大多数钢模采用的是管片外弧面朝上的结构设计，如图 6-1 所示。此结构的钢模一般是由底座、底模、侧模板（弧板）、端模板和盖板组成，采用优质钢材（16 锰）在数控机床上加工成型。弧板和端模板的开启方式，常见有滚轮式、平移式和铰接式，其中，铰接式在国内外普遍选用。另外，由于模具的底板、弧板和端模板都是直接接触混凝土的部分，因此，上述三部分是保证模具型腔尺寸和成型管片质量的关键部件。

图 6-1　钢筋混凝土管片钢模示意图

管片模具根据振捣方式分为人工振捣和机械振捣两类；机械振捣又根据模具是否移动，分为整体式振动平台振捣和附着式整体振捣。目前，国内外最常用的是附着式整体振捣。

13. 钢筋混凝土管片模具选择应注意哪些问题？

答：选择钢筋混凝土管片模具需要综合考虑提升企业科技含量、改善企业形象和企业的经济承受能力等因素，其总的原则为：

（1）模具的选型符合安全可靠、有效运行的原则；

（2）模具厂家的设计技术是先进且成熟的；

（3）在模具设计时，需要充分考虑合同模具在管片生产时对相关设备和人员安全的影响；

（4）模具是全新和完整的，且品质优良，自身的尺寸精度高、强度高并不得漏浆；

（5）模具应是按合同规定的标准设计的，性能稳定，且应连续使用 1500 次以上（事实上，目前好品质的模具，只要使用得到、保养到位，使用 3000 次以上也能满足管片的精度要求）；

（6）设计人性化、操作简单，便于安装、拆卸、检查和维护。

14. 自动化流水生产线有什么优缺点，其设计产能与生产实际效能的关系是什么？

答：流水传送法俗称自动化流水线。按目前世界上最先进的全自动化流水线计算，理论上平均 8min 生产出一块钢筋混凝土管片，1h 生产 7.5 块，24h 生产 180 块。有报道说，如果操作熟练，流水线生产一块钢筋混凝土管片的时间还可以缩短到 6min。因此，自动化流水线代表了行业最快的管片生产工艺。

与固定台座法和机组流水法相比，自动化流水线的优点是：

（1）安全可靠：人工在操作台位上，相对固定；

（2）质量相对稳定：按照自动化程序，人为干扰因素少；

（3）节约人力：较传统的工厂在同等产能情况下可以减少约 30% 的人工；

（4）提高工效：模具循环利用率高，同等模具设备，生产能力可以提高大约 30%；

（5）经济节约：节约厂房，节约能量；

(6)工厂清洁:工作环境相对好。

但是自动化流水线对运营管理要求、混凝土性能、设备可靠性以及工人操作技能要求更高,当其中任何一个环节出现小的纰漏时就会影响整个流水节拍,进而降低生产效率。

当然,为了防止出现意外,自动化流水线也配备了人工操作的设施。人工操作只在某一操作失灵时作为备用,只有在有充分的信息和工人操作熟练的情况下,操作人员方可以按照自己的指令行使;但此时需要禁止一切设备的自动化运行,以免造成机械事故。

自动化流水线的设计产能与生产实际效能的关系,恰似家用轿车的设计时速和实际上路速度的关系一样,设计产能是在管理能够跟得上且有较高的进度需求以及相关配套设施等各方面都满足需要时的生产能力;而生产实际效能常常因任务量不饱满、无需加快进度和生产厂家自身管理跟不上等限制因素,一般会低于设计产能。

15. 钢筋加工主要包括哪些工艺?

答:钢筋加工主要包括钢筋连接、主筋加工成型、箍筋加工成型、钢筋网成型、钢筋笼成型和钢筋强化等加工工艺。

16. 加工钢筋混凝土管片的钢筋加工工艺有哪些,每种工艺的具体工作内容是什么?

答:钢筋混凝土管片的钢筋加工主要包括钢筋连接、主筋加工成型、分布钢筋成型、箍筋加工成型和钢筋骨架电焊成型等加工工艺。

钢筋连接分为热连接和机械连接。热连接的种类有电阻点焊、闪光对焊、电弧焊、电渣压力焊、气压焊和预埋件埋弧压力焊等。当钢筋混凝土管片主筋需要连接时,多数厂家采用热连接中的闪光对焊;箍筋如果需要连接时,多采用电弧焊。机械连接分为套筒冷挤压连接、锥螺纹连接、直螺纹连接[直螺纹连接常见形式有镦粗直螺纹连接和滚压直螺纹连接;滚压直螺纹又分为挤(碾)压肋滚压螺纹、直接滚压螺纹和剥肋滚压螺纹]及活套式连接。

钢筋混凝土管片主筋加工成型工艺为:切断下料→弯曲成型。管片中最大直径的螺纹钢筋是受力主筋,原料一般为 $\phi18$ 以上的直条螺纹钢筋,多为9m、12m定尺料或根据管片钢筋确定的定尺料。加工设备可选择传统手工设备或数控的自动化生产线。当然,根据管片钢筋确定的定尺料对于管片加工厂家来说,钢筋是零损耗;其中,对于外径6m的管片,与9m的定尺料相比,使用12m的定尺料损耗会更小些。

钢筋混凝土管片分布钢筋成型工艺为调直切断。钢筋直径处于主筋和箍筋之间,可选择传统手工设备或数控的自动化生产线。

钢筋混凝土管片箍筋加工成型采用传统手工加工工艺为:调直切断→弯曲成型;现代化自动加工工艺为:调直切断→数控弯箍。箍筋一般是小直径的盘条钢筋,原料为 $\phi8 \sim \phi14$mm 热轧或冷轧的光圆盘条或螺纹钢筋。加工设备可选择传统手工设备或数控的自动化生产线。

钢筋混凝土管片钢筋骨架成型一般在胎具上进行。一般会根据图纸要求,在胎具上精确设置出主筋、箍筋和分布筋、螺栓弯管加强筋和注浆孔埋件等加强筋(在管片的骨架中,为增加抗震性能，会在预埋螺栓弯管和注浆孔埋件处设计有螺旋加强筋，在螺栓弯管承台的四周设计 U 形和三角形加强筋）的位置。钢筋的交叉点一般采用 CO_2气体保护的电阻点焊。

17. 北京地铁工程用钢筋混凝土管片与其他工程用钢筋混凝土管片在技术要求方面有什么区别？

答：从目前已完或在建工程对管片的技术要求来看，两者都采用了 C50 的混凝土，抗渗等级均在 P8 ~ P12 之间。南水北调工程要求钢筋混凝土管片混凝土的抗冻融指标为 F150，但对于 C50 混凝土来说，正常情况下，其抗冻融性能达到 F150 应该没有什么问题，因此，不同工程的管片的技术要求在本质上没有太大的差别。但管片的单方含钢量会随着管片工程和外径的变化有较大不同，具体详见表 6-4。

北京各类工程用钢筋混凝土管片技术要求和用钢量对照表 表 6-4

序号	工程类别	规格/外径(m)	技术要求	单方含钢量(kg/m³)	备注
1	地铁工程	≤6 ≥10	C50 P10 或 P12 C50 P10 或 P12	140 ~ 170 200 ~ 240	单方含钢量均为标准管片的用量，加强钢筋混凝土管片的含钢量会更大些
2	电力工程	3.2 或 3.5	C50 P8 或 P12	160 ~ 190	
3	市政工程	3.2 或 3.5	C50 P8 或 P10	150 ~ 180	
4	南水北调工程	6	C50 P10 F150	200	

第二节 钢筋混凝土管片预制

18. 钢筋混凝土管片预制前需要做哪些准备工作？

答：钢筋混凝土管片预制前，主要应该从人（包括技术和质量管理人员以及操作工人）、机（包括生产和运输的各个方面）、料（包括所有预制形成管片的原材料和辅料）、法（技术、质量控制和安全等一切与生产相关的手段和方法）和环（生产场地建设、废弃物处理和降噪等与环境相关问题的处理）五个方面做好工作，主要内容如下：

（1）配备了满足生产与质量控制要求的组织机构与人员；各工种劳动力的配置满足各工序在人数上的要求，并完成各岗位相应技能的培训；技术负责人、试验室主任、试验员、质检员、安全员、吊车司机、混凝土操作手和焊工等持证上岗。

（2）各生产场地规划和建设完成，生产线布置符合工艺要求。

（3）模具和机械设备就位并调试完毕；各种计量设备和器具经检定或测试满足要求。

（4）设计图纸审核、施工组织设计和方案编制并报批；施工组织设计的编制应使管片生产有序、进度安排合理，并需要明确采取哪些预控措施以保证质量；对涉及结构和人身安全的工序，也需要有相应的、明确的规定和措施。

（5）钢筋混凝土管片的各种原材料采购进场并复试合格；混凝土配合比设计以及相关试

验等技术准备工作完成。

(6)必要时,明确与环境友好相关的方法和措施等。

19.钢筋混凝土管片如何预制?

答:钢筋混凝土管片生产厂家可能由于模具设计和工艺布置不同,在生产工艺上会存在或多或少的差异。但由于机组流水法在国内较少采用,本书给出了自动化流水线和作者原工作单位(北京城建建材工业有限公司)的固定台座法的管片生产工艺流程。

(1)自动化流水线钢筋混凝土管片生产工艺流程为:全部系统启动→流水线牵引传送系统启动→模具相继分布在流水线上→各个工位在流水线工作台上转移,各工位开始工作→浇筑完成的混凝土模具进入静养→养护室门打开→完成浇筑的混凝土模具进入养护室的自动线上→蒸养完成,模具离开→养护室门关闭→脱模、返回移动工作台→复原→开始下一个管片浇筑循环。

(2)固定台座法钢筋混凝土管片生产的工艺流程如图6-2所示。

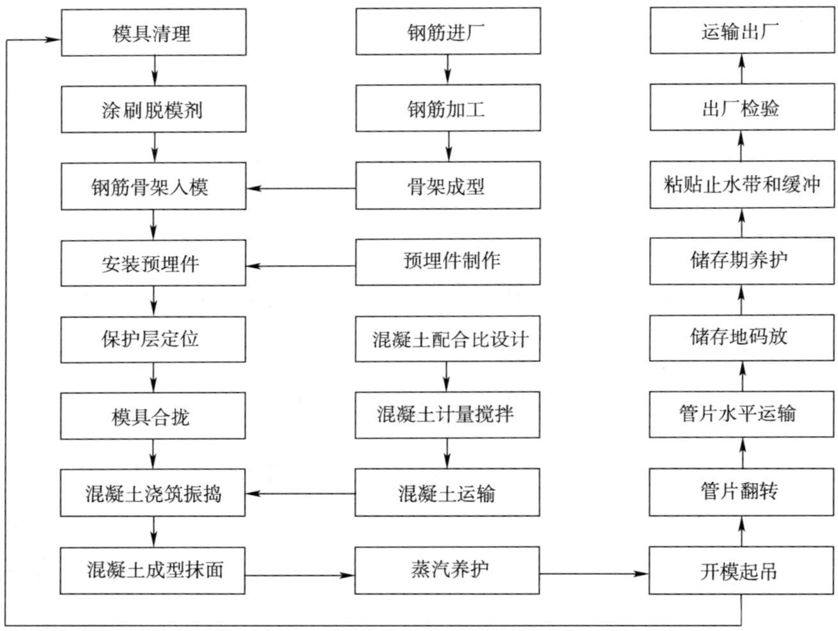

图6-2　固定台座法钢筋混凝土管片生产工艺流程图

20.新购模具如何验收?

答:新购管片模具进场应按照既定程序进行认真检验并验收,验收内容和注意事项如下:

(1)检查是否具备完善的技术文件,模具材料应符合质量要求。

(2)模具外观检验:检查各种零件是否齐全,检查焊缝、底部及上盖紧固后的密封质量及油漆状况。

(3)模板开合检验:侧板、端板、盖板要进行开合检验,以确认是否方便使用;合模后的型腔精度检验要检测其宽度、弧长、深度、对角线长、端模夹角、侧模与底模垂直度等,确认模具精度满足设计对管片成品的尺寸要求；还要确认模具各组成部件加工精度符合制作时的设计要求。

(4)检查底部振动器及控制装置是否齐全完好。

(5)模具安装后须进行初验，符合设计要求后可试生产；在试生产的管片中，随机抽取3环进行水平拼装检验，合格后方可正式验收。

(6)模具的最终验收合格以水平拼装为依据。

钢筋混凝土管片厂家应该要求模具制造厂家提供检测工具和出厂检测原始数据(模具档案资料)，便于用户今后在使用当中定期检查对照。

21.模具使用过程中应注意哪些方面?

答:钢筋混凝土管片模具的寿命即周转次数主要取决于其结构设计、制造质量和使用的材料，但同时也与生产使用和保养有极大关系。根据作者多年的经验，在日常的模具使用中，主要应做到:

(1)由于管片模具精度要求仅为0.3mm，因此，管片模具组装前应确保模具各部件各部位洁净、无混凝土细屑和废旧密封条等微小的杂物;

(2)按照模具手册要求顺序合模和开模，并应按说明书要求的扭矩紧固相应螺栓，由中间向两端顺序拧紧；注意如果反顺序操作，会造成模具变形、精度失准;

(3)任何时候都应避免用铁器敲击模具；清理模具内表面阴角部位时，最好使用专用小工具;

(4)钢筋骨架入模前，应将脱模剂均匀涂刷在模具的混凝土接触面；钢筋骨架入模时应轻放，并应有专人指挥和协助，避免对模具的混凝土接触面造成撞击。

22.钢筋混凝土管片生产过程中，模具检验的内容有哪些?

答:钢筋混凝土管片生产过程中，需要对模具进行检验的内容有:模具清理是否干净、脱模剂涂刷是否均匀、模具密封是否严密、预埋件安装是否精确到位以及每生产100环需要对模具的宽度、弧长、弦长、边模夹角、对角线和内腔高度等指标进行检验。具体的检测方法参见《盾构压隧道施工与验收规范》(GB 50446—2008)。

需要说明的是，在实际中，检验弧长多用钢卷尺贴在侧板顶面的方法进行量测，而模具侧板顶面在使用一定时间后，因清理混凝土及其他原因会产生一些坑坑洼洼，进而会影响模具的弧长值。而模具的弦长是在量测的基础上，通过计算而得，其值会因量测数据的不准确而产生误差。因此，建议钢筋混凝土管片厂家日常应加强对模具的清理，并避免野蛮施工对模具造成损伤。同时，应加大对模具宽度、内腔高度和边模夹角等使用专用工具量测的几个指标的检测频率，并加大管片水平拼装的频次，以确保模具精度满足设计对管片成品的要求。

此外，作者还要强调，在《盾构压隧道施工与验收规范》(GB 50446—2008)中，管片的宽度偏差为1mm，而在地铁设计规范中，错缝拼装的管片成品的宽度允许偏差仅为0.2mm，在北京的地铁设计中，图纸给出的管片宽度允许偏差也仅仅是0.3~0.4mm。尽管此值已经超过了设计规范的规定，但还是不能符合生产实际。在模具加工时，除了各部件的加工精度外，还涉及组装精度的问题，因此，正常的、新出厂的模具偏差一般在0.3~0.4mm。在使用一段时间后，模具的宽度一般会在0.6～0.8mm之间，如此，控制管片的宽度偏差小于1mm可满足《盾构压隧道施工与验收规范》（GB 50446—2008）的要求，却不能符合设计图纸的要求。

根据北京及国内其他采用盾构法施工的城市多年的经验，管片宽度偏差为1mm对工程质量并无影响，因此，本书作者建议有关部门应尽快组织修改地铁设计规范相关条款，以增加标准对实际施工的规范和指导意义，并促进管片图纸要求与管片生产实际真正相符。

23. 模具长期不使用时，应如何存放？

答：不管什么原因导致模具长期（超过1个月）空闲时，都应将模具内外清理干净，内表面和连接部位涂刷机油以预防锈蚀，并覆盖存放。

24. 如何优选钢筋？

答：钢筋混凝土管片厂家应选择信誉良好、质量稳定和供货保证能力强的钢筋生产或供应厂家。钢筋原材料除了力学性能、工艺性能和质量偏差满足规范要求外，还需要具有良好的焊接性能（如钢材Mn含量在1.0%左右的钢筋）。另外，如果是进口钢筋弯弧或弯箍设备，还需要注意螺纹钢的螺纹要与加工设备相匹配。

25. 钢筋加工的主要质量控制点有哪些？

答：钢筋加工的主要质量控制点有：

（1）钢筋的品种、规格以及数量需要满足设计要求；

（2）钢筋调直方法、切断后的半成品尺寸、折弯点位置、箍筋内净尺寸、弯钩的外观和尺寸偏差需要符合相关规范的要求；

（3）采用焊接连接的质量要有保证；

（4）如有弯钩弯后平直部分长度不能保证时，需要与管片设计和采购单位协商沟通。

26. 骨架采用点焊时，应注意哪些问题？怎样才能确保钢筋加工的质量？

答：钢筋骨架的成型质量是决定管片受力功能的影响因素之一，因此，企业应加强对钢筋骨架加工的管理，在点焊时，需要注意以下事项：

（1）在符合设计的成型胎具上施焊时，组成骨架各钢筋的位置要正确；

（2）采用CO_2气体保护焊的方式焊接；

（3）需要按设计要求对钢筋相交点进行点焊时，尽力避免少焊、漏焊或假焊，并且焊接处不应有水锈、油渍等；

（4）点焊后，焊点应牢固且不伤主筋，并且焊接处不应有缺口、裂纹及较大的金属焊瘤；

（5）焊点表面不得有气孔和夹渣；

（6）内、外弧主筋的加工弧度需要考虑焊接产生的收缩应力；

（7）进行必要的焊渣清理等环节。

为确保钢筋加工的精度，应做到落料成型，排料焊接，整料焊接，整体拼装采用靠模法；在保证骨架强度的同时,可采用对称跳点焊接法以减少焊接应力。

27. 钢筋骨架入模应具备什么条件?

答:钢筋骨架入模时,应具备的主要条件是:

(1)钢筋骨架质量经检验合格;

(2)模具已清理干净;

(3)脱模剂涂刷均匀。

28. 钢筋分项验收有哪些内容?

答:钢筋分项验收内容有原材料性能、钢筋隐检、钢筋加工、钢筋焊接质量以及钢筋骨架安装。

29. 钢筋隐蔽工程检验包含哪些内容?

答:钢筋隐蔽工程检验内容包括以下四个方面,并均应符合设计或相关规范要求:

(1)受力钢筋的品种、规格、数量和位置等;

(2)钢筋的连接方式、接头位置、接头数量和接头面积百分率等;

(3)箍筋和分布钢筋的品种、规格、数量和间距等;

(4)预埋件的规格、数量和位置等。

30. 钢筋混凝土管片选用混凝土原材料的注意事项有哪些?

答:钢筋混凝土管片选用混凝土原材料除了应满足各原材料产品质量标准外,还应注意的事项有:

(1)水泥选用质量稳定、供货有保证的厂家产品,且为碱含量不大于0.6%的低碱水泥,避免使用含氯化物和出厂超过3个月或受潮结块的水泥;

(2)外加剂选用聚羧酸高性能减水剂,不得使用氯盐类外加剂或对钢筋有腐蚀作用的外加剂,由外加剂带入混凝土中的碱含量不大于0.75kg/m^3;

(3)砂、石料采用低碱活性或无碱活性材料,且厂家供货应稳定;

(4)掺和料的使用一般会有利于混凝土耐久性,其适宜掺量在使用前应进行试验验证;应避免使用廉质的掺和料,以防对管片产生不利影响。

31. 钢筋混凝土管片在混凝土配合比设计中应考虑哪些因素?

答:钢筋混凝土管片混凝土配合比设计应考虑混凝土设计强度等级、混凝土施工性能、设计要求的耐久性能(最大水胶比、最小胶凝材料用量、碱含量、氯离子含量、抗渗性能和抗冻融性能等)、管片脱模和出厂等未到28d的早期强度要求以及技术经济性等因素。

32. 如何提高钢筋混凝土管片中的混凝土耐久性?

答:与其他混凝土一样,钢筋混凝土管片中的混凝土耐久性能包括抗冻性能(快冻法与慢冻法)、抗水渗透性能、抗硫酸盐侵蚀性能、抗氯离子渗透性能(RCM 法与电通量法)、抗碳化性能和早期抗裂性能等。

影响混凝土耐久性能的因素很多,但总结起来可以通过以下三个方面来提高混凝土的耐久性能:

(1)保证原材料质量是基础。如控制水泥细度,选用级配良好的砂和石并减少砂和石中的含泥量和泥块含量,使用优质掺和料和高性能外加剂。

(2)正确的混凝土配合比设计是保证混凝土耐久性的关键。遵循《普通混凝土配合比设计规程》(JGJ 55—2001)中有关于保证混凝土耐久性的相关技术规定,如控制最大水胶比、最小胶凝材料用量、氯离子含量和碱含量等,并应选择与所处结构环境相适应的混凝土。

(3)规范的混凝土生产与科学施工是保证结构中混凝土耐久性的重要环节。因此,必须加强对混凝土生产和施工阶段的质量控制,特别要杜绝新拌混凝土浇筑前的人为加水;加强浇筑后混凝土表面的保湿措施,控制混凝土强度过快增长,并避免过早拆模和拆模时混凝土与外界的温差过大;加强拆模后管片的潮湿养护等。

33. 钢筋混凝土管片混凝土搅拌、浇筑和运输时,应做好哪些工作?

答:钢筋混凝土管片混凝土搅拌、浇筑和运输时,应做好如下工作:

(1)搅拌司机到岗,搅拌系统工作性良好,计量偏差满足要求,搅拌时间满足搅拌均匀性要求;

(2)混凝土如需运输,需要采用专用运输车运输,混凝土运输过程中应减少耽搁,以减少混凝土浇筑等待时间,避免混凝土分层;

(3)混凝土运输、浇筑和间歇的全部时间不得超过混凝土初凝时间;

(4)当辅助式振捣出现突发事故不能工作又不能及时更换,需要采用插入式高频振捣棒振捣时,应先两端后中间均匀布料,分层摊铺,并控制振捣插入点间隔半径不大于 30cm,且一定要避免振动棒与钢模接触或碰撞预埋件;

(5)对于附着式振动器模具,应分层下料,混凝土下料后开启振动器,减少模具空振,并需要保证混凝土连续成型;

(6)采用振动台成型时,应先紧固固定模具的装置,保证模具各部位同步振动;开始下料后,开动振动台,注意要均匀下料直到混凝土布满整个模具;

(7)在振动过程中注意检查模具各连接部件,发现松动后立即紧固;

(8)浇筑混凝过程中,应采取措施避免欠振和过振;

(9)混凝土浇筑完成后,将洒落在模板上的混凝土残渣和浆皮清理干净。

34. 钢筋混凝土管片混凝土试件应如何留置?

答:钢筋混凝土管片混凝土试件留置原则如下:

(1)每拌制 100m^3 同配合比混凝土,至少取样 1 次;每次取样至少留置 3 组 150mm ×

150mm × 150mm 或 100mm × 100mm × 100mm 抗压试件，并随同钢筋混凝土管片一同蒸汽养护；

(2)其中一组试件与钢筋混凝土管片同条件养护，脱模后再转入标准养护，累计养护时间为 28d，用于检验评定混凝土 28d 抗压强度；

(3)其余两组试件与成品钢筋混凝土管片同条件养护；其中一组用于检验钢筋混凝土管片脱模强度，另一组用于检验钢筋混凝土管片出厂强度；

(4)相同配合比的混凝土每 30 环留置一组抗渗试件，用于检验混凝土抗渗性能。

35. 同条件养护试件的作用是什么？

答：同条件养护试件是指在试件制作完成后，与浇筑后的混凝土及脱模后的钢筋混凝土管片在相同的条件下存放或养护，以使试件与钢筋混凝土管片所处的环境完全相同，并用同条件试件强度推定钢筋混凝土管片成品的强度，旨在更准确了解钢筋混凝土管片在脱模或出厂时的混凝土强度。推定钢筋混凝土管片实际达到混凝土强度等级的 28d 标准养护试件，也要求先同条件养护再转标准养护至 28d，其目的是为了消除蒸汽养护对混凝土强度的影响，以便更加切合成品混凝土强度的实际情况。

36. 怎样进行混凝土收面工作？

答：成型抹面是在混凝土浇筑完毕间隔一定时间后，打开模具上盖，分 3 ~ 5 次收平并抹压模具最上层新浇筑后的混凝土表面，以消除气泡并抹平因上盖造成的混凝土表层不平。

初次收水抹面前需要对表面修整，即先用刮扛沿侧模顶部表面刮除自由面多余混凝土直至刮平，并将模具外侧混凝土清除干净；再用木抹子提浆、铁抹子压光 2 ~ 4 次，以使混凝土表层(钢筋混凝土管片的外弧面)搓平压实、光滑平整；最后清洁模具上盖并喷涂脱模剂，并整理、清扫模具及现场。切忌抹面时洒水或水泥，否则，经养护后的成品钢筋混凝土管片的外弧面容易出现裂缝和爆皮等表观质量缺陷。

37. 钢筋混凝土管片混凝土如何养护？早期养护应怎样进行？

答：钢筋混凝土管片的养护分为早期养护和后期养护两个阶段，每个阶段都应该执行既定的养护方案。早期养护是指混凝土浇筑后但尚未脱模期间的养护，一般采用蒸汽养护，以加速混凝土强度增长，加快模具周转。但在早期养护阶段，必须严格控制静停时间、最高温度和升降温速度。

如果钢筋混凝土管片厂家没有根据工艺要求经试验确定更为科学的养护制度，在早期养护阶段，可参考以下几点制定养护制度：

(1)浇筑完毕抹面成型后，首先需要在混凝土面覆盖塑料薄膜，并采取其他必要的预防蒸汽热量损失的措施，将模位整体覆盖严实，以减少表层混凝土失水；

(2)静停或低温预养护 2 ~ 3h，然后通蒸汽诱导混凝土水化反应在高温高湿条件下快速进行，促使混凝土强度增长以加速模具周转，提高生产率；

(3)控制升温速率在10～15℃/h；最高温度不超过60℃；降温速率不大于15℃/h；脱模时钢筋混凝土管片表面与环境温差不大于25℃。

另外，早期养护过程必须认真记录温度变化并留有记录，以备质量追溯。

38. 钢筋混凝土管片脱模时应具备什么条件？

答：钢筋混凝土管片脱模强度应符合设计要求；当设计无要求时，强度应根据钢筋混凝土管片尺寸、混凝土强度设计等级、起吊方式和存放形式等因素综合确定。但在一般情况下，当与钢筋混凝土管片同条件进行养护的混凝土强度脱模试件经试验，其抗压强度值达到设计强度等级值的50%，且降温到与环境温度差不大于20℃时，可以脱模。如果采用吸盘脱模，脱模强度还可适当降低，具体强度达到多少合适，钢筋混凝土管片厂家需要通过试验自行确定。

39. 钢筋混凝土管片后期养护一般怎样进行？

答：钢筋混凝土管片的后期养护，也称二次养护，其目的是减少或缓减干缩裂缝。钢筋混凝土管片后期养护在脱模后开始，且要在粘贴止水密封条前进行，其目的是使钢筋混凝土管片混凝土后期强度继续增长和结构更加致密。一般采用的养护方法为：非冬期施工期间，可以采用人工浇水、自动喷淋或池水养护等方式进行，一般继续养护7d，当有条件时可以养护14d；如果处于冬期施工期间，可采用在钢筋混凝土管片表面喷涂养护剂方法进行养护。

为了避免温差裂缝，脱模以后的钢筋混凝土管片最好先在车间内降温，然后再从车间吊运到养护（存放）场地进行养护存放；尤其当室外有较大的风速时，温差控制就更为重要。

受限于北京钢筋混凝土管片价格明显偏低、水中养护又需要专门的场地和更多的成本以及多次吊运可能导致成品更多磕碰等问题，结合北京盾构工程成品隧道总体质量较好的情况，目前北京的钢筋混凝土管片厂家已经很少进行二次养护。

40. 钢筋混凝土管片如何存放？

答：钢筋混凝土管片可以采用平放或侧放两种方式，堆放高度需要根据存放场地的硬化条件、钢筋混凝土管片自重、存放场地面积等相关因素经计算并试验后确定。平放是将每环钢筋混凝土管片内弧面朝上放置，一般每环可为一垛，自下而上码放；其中，楔形片放在最上层，当然因脱模强度等条件限制，也可单独码放。侧放是将钢筋混凝土管片中的标准块和邻接块等较大的钢筋混凝土管片采用侧面直立、相互紧靠的方式码放，高度一般不超过4层。相同面积的存放场地，侧放时的码放数量与平放方式比较，一般可至少增加1倍。但需要注意的是，无论是哪种存放方式，每层钢筋混凝土管片之间都需要用较好质量的垫木将其分割开来，且应保证垫木放置的位置正确，并需要确保各层垫木竖向成一直线，而且还需要采取可靠措施防止钢筋混凝土管片倾覆。

41. 冬期预制管片应注意哪些问题？

答：(1)与夏季生产相比，冬期可适当提高水泥用量；

(2) 控制混凝土浇筑入模温度不低于10℃;

(3) 混凝土浇筑成型车间应有保温措施,并应避免成型后的混凝土表面被寒风直接吹裂;

(4) 适当延长降温时间;新脱模且表面温度较高的管片应避免直接暴露在寒冷的空气中;

(5) 冬期采用平放的管片,应采取措施防止注浆孔及周边混凝土胀裂。

图 6-3 混凝土管片冻害实景图

图 6-3 为混凝土管片冻害实景图。

42. 钢筋混凝土管片成品的检验项目有哪些?

答: 管片成品检验项目有外观质量、尺寸偏差、水平拼装、检漏试验和注浆孔预埋件抗拔性能试验,以及其他设计要求的试验。注浆孔预埋件抗拔性能试验是在设计要求的抗拔力下进行,一般每个工程检验一次,且一般是管片厂家委托具有对外承接试验资质的专门机构或单位来完成并出具报告;外观质量、尺寸偏差、水平拼装属于管片企业自检的项目,具体检验方法和频率可参见《盾构法隧道施工与验收规范》(BG 50446—2008)。至于检漏试验,虽然相关规范有要求,但鉴于检漏试验对管片自身质量要求太高(即细小的龟裂裂纹都会导致稳定水压困难,进而造成检漏试验不能正常进行),而设计要求的 P10 或 P12 其实完全可以通过混凝土抗渗试验来验证,因此,目前管片厂家实际上很少进行管片成品的检漏试验。另外,对于 C50 的混凝土,本章作者曾进行了数百组的专门试验,结果表明,一般情况下,C50 混凝土的抗渗性能达到 P20 是不成问题的,质量好一些的抗渗性能可达到或超过 P30。

43. 钢筋混凝土管片水平拼装检验的意义是什么?

答: 水平拼装检验是按批随机抽取管片进行的检验,该检验不仅可以通过对被检管片自身尺寸偏差的确认,来推定相应模具的尺寸精度是否满足要求;更重要的是,可以通过对成环后的外径、环缝和水平缝等尺寸的检验,来推定相对应的管片模具是否存在扭翘或变形。因此,水平拼装检验是极其重要的模具检测手段。

44. 钢筋混凝土管片常见的表观质量缺陷有哪些,如何处理?

答: 由于钢筋混凝土管片结构质量是影响隧道耐久性的主要因素,管片的结构质量容不得有任何问题;而且由于成品隧道最终以管片成环后的管环来体现,管片的外观质量要求通常也很高,特别是内弧面。但由于混凝土本身是一种非均质材料,加之生产中又会因人工操作质量和原材料本身变化等诸多不确定因素的影响,因此,管片成品往往会存在诸如水印、较大气泡、缺楞及掉角等预制构件的质量通病;在存放 1 个月左右以后,表面还会出现龟裂或小的裂缝等表观质量问题。钢筋混凝土管片表观质量缺陷等级划分见表6-5。

钢筋混凝土管片表观质量缺陷等级划分表　　表6-5

序号	名称	现　象	缺陷等级
1	露筋	管片内钢筋未被混凝土包裹而外露	严重缺陷
2	蜂窝	混凝土表面缺少水泥砂浆而形成石子外露	严重缺陷
3	孔洞	混凝土内外孔穴深度和长度均超过保护层厚度	严重缺陷
4	夹渣	混凝土内夹有杂物且深度超过保护层厚度	严重缺陷
5	疏松	混凝土中局部不密实	严重缺陷
6	裂纹	①可见的贯穿裂缝	严重缺陷
		②长度超过密封槽、宽度大于0.2mm,且深度大于3mm的裂缝	严重缺陷
		③非贯穿性干缩裂缝	一般缺陷
7	连接部位缺陷	①连接件松动	严重缺陷
		②管片连接处混凝土麻面、掉皮或掉角	一般缺陷
8	外形缺陷	棱角磕碰、翘曲不平或飞边凸肋等	一般缺陷
9	外表缺陷	①密封槽部位在长度500mm的范围内存在5个以上直径大于5mm且深度大于5mm的气泡	严重缺陷
		②管片表面麻面、掉皮、起砂或存在少量气泡等	一般缺陷

管片厂家应尽可能采取措施,杜绝成品存在严重缺陷,并努力使管片的外弧面除小气泡外,无其他明显瑕疵;此外,还应控制存在一般缺陷的管片数量不应大于本工程管片总数量的10%。需要注意的是,对存在一般缺陷的管片,在按既定的修补方案进行处理后,还需要重新检查验收。

45. 与钢筋混凝土管片混凝土相比,生产钢纤维管片混凝土应注意哪些事项?

答:钢纤维混凝土是工程中常见的特种混凝土之一,曾广泛用于隧道衬砌、矿井、公路桥梁、防爆和维修等工程。但由于钢纤维生产工艺、形状和技术性能等不同,市场上钢纤维的种类很多,且价格也在4000~16000元/t之间不等。另外,如果钢纤维混凝土在使用时出现钢纤维结团问题,不仅达不到在混凝土中掺加钢纤维的目的,反而会削弱钢纤维结团所在处的混凝土局部强度,严重者,还会导致结构早于使用寿命破坏。因此,在生产前,首先要优选合适的钢纤维原材料,尤其是钢纤维的品种和长径比会直接影响其在混凝土中的分散性。在设计混凝土配合比时,应充分考虑骨料粒径、水胶比和砂率同样会影响纤维的分散,还应考虑掺入钢纤维可能会降低混凝土强度等问题(掺入钢纤维可能会增加用水量),因此钢纤维混凝土必须进行充分的试拌和模拟试验。在搅拌、运输和浇筑钢纤维混凝土时,应采取措施避免钢纤维结团。其中,在搅拌时,可采用先将钢纤维和水泥等全部原材料干拌均匀,然后再加水和外加剂湿拌均匀的方法;或者采用先将其他原材料湿拌,然后边搅拌边加入纤维直至拌匀的方法。作者推荐使用后一种方法,这是因为该法可以减轻对搅拌机磨损,同时也可减少搅拌时排放的粉尘。在运输和浇筑时,和普通混凝土一样,混凝土搅拌车罐体要全程均匀转动;浇筑时不得随意加水,还应避免过振、欠振或漏振等施工质量问题,进而避免混凝土分层或纤维分布不均匀等现象。

46. 钢筋混凝土管片生产过程中应留有哪些技术资料?

答:目前尚无国家或行业标准或规范对盾构施工需要留存资料做统一或明确的要求,北京也没有相关的地方标准。但在北京的地铁施工中,管片厂家一般都是依据北京地铁建设的管理方——北京市轨道交通建设管理有限公司在2006年4月21日印发的京轨建科字〔2006〕103号文件"关于印发《盾构管片资料管理规定》的通知"的规定,结合工程建设管理方对资料留存的管理要求,并综合北京市市政和建筑工程资料管理规程的要求进行资料留存。表6-6为北京地铁盾构钢筋混凝土管片资料留存目录。

北京地铁盾构钢筋混凝土管片资料留存目录 表6-6

序号	资料名称	所用表格	城建档案馆	建设单位	监理单位	生产单位
1	钢筋混凝土管片生产施工组织设计				●	■
2	钢筋混凝土管片生产专项施工方案(冬、雨、检验计划、修补方案等)				●	■
3	有见证取样和送检见证人备案书				●	■
4	混凝土试块强度统计、评定记录	表式C6-2-9	★	▲	●	■
5	有见证试验汇总表		★	▲	●	■
6	混凝土总碱含量计算				●	■
7	混凝土氯离子含量计算				●	■
8	钢筋复试报告、见证记录及报告、钢筋焊接报告	表C4-9			●	■
9	水泥复试报告、见证记录及报告	表C4-10			●	■
10	砂子复试报告	表C4-11				■
11	石子复试报告	表C4-12				■
12	外加剂复试报告、见证记录及报告	表C4-13			●	■
13	粉煤灰复试报告	表C4-14				■
14	混凝土配合比申请单、通知单	表C6-10				■
15	混凝土开盘鉴定	表C5-10			●	■
16	混凝土施工配合比					
17	混凝土搅拌记录					
18	混凝土质量检查表					
19	隐蔽工程检查记录	表C5-1			●	■
20	混凝土浇筑记录	表C5-78				■
21	混凝土养护测温记录	表C5-13				■
22	(钢筋)分项工程质量验收记录	附录A			●	■
23	(模板)分项工程质量验收记表					
24	(成品)分项工程质量验收记表	附录B			●	■
25	钢筋混凝土管片水平拼装	表C6-1		▲	●	■
26	钢筋混凝土管片检漏试验报告	表C6-1		▲	●	■
27	混凝土抗压强度试验报告(28d强度)、见证记录及见证试验报告	表C6-11		▲	●	■
28	混凝土抗渗试验报告、见证记录及见证试验报告	表C6-13		▲	●	■
29	钢筋混凝土管片出厂合格证	附录C		▲		■

第三节　钢筋混凝土管片使用

47. 橡胶止水条和缓冲垫的材质分别是什么？

答：橡胶止水条的材质多为三元乙丙橡胶，主要作用是防水；缓冲垫的材质一般为丁腈软木橡胶，作用就是缓冲盾构掘进时管片间巨大的顶推力。在北京，为了更好地保证上述两种材料的粘贴质量，多为管片加工厂家粘贴。

48. 粘贴橡胶止水条和缓冲垫需要注意哪些事项？

答：橡胶止水条是隧道构造防水的重要举措，粘贴缓冲垫可以减小盾构顶推时管片接触面间的瞬间巨大的挤压力，因此，止水条和缓冲垫的粘贴是非常重要的工序。在粘贴时，需要努力做到以下几点：

(1) 管片止水槽的基面必须干净、干燥、坚实、光滑且平整；当止水槽处存在较大气泡时，需要事先修补。

(2) 黏结胶刷涂应均匀、到位，无积胶现象，特别是在管片四角的位置。

(3) 粘贴止水条后，要用小锤等工具敲击且应均匀到位、不遗漏，确保止水条粘贴牢固；对于缓冲垫，应确保粘贴面与管片侧面压实无翘曲。

(4) 需要根据气候条件，按使用说明书的要求确定止水条和缓冲垫粘贴后的停放时间；在一般情况下，粘贴工作应至少在管片出厂前 2 天完成，以确保粘贴强度。

49. 钢筋混凝土管片出厂应具备什么条件？

答：钢筋混凝土管片出厂应同时具备的条件有：

(1) 当出厂龄期达到或超过 28d 时，管片混凝土标准试件的强度和抗渗性能结果需要达到设计要求；当出厂龄期不足 28d 时，同条件混凝土试件抗压强度不小于设计强度的 100%，并有充分证据保证抗渗性能满足设计要求；

(2) 止水带和密封垫粘贴时间不少于 2d，且通过手工拉或拽无开裂或粘贴不到位的现象；

(3) 相关的生产过程资料已齐全，并出具了合格证。

50. 钢筋混凝土管片使用过程中应注意哪些事项？

答：北京使用的钢筋混凝土管片，一般在内弧面中心位置预埋有带丝扣的注浆孔，在四个侧面的中部都间隔设有用塑料弯管成型的弯螺栓孔，在四个侧面的下部都设有一道通长的止水槽。上述预埋件和预留孔或槽都要在钢筋混凝土管片拼装和顶推时用到，因此，管片厂家和现场施工单位应做好以下几项交接或交底工作：

(1) 注浆孔埋件具有双重作用：一方面在隧道成型后因渗水或漏水需要二次注浆时，作为注浆孔使用；另一方面在现场拼装钢筋混凝土管片时，与拼装机的拼装头拧固以形成管环，是钢筋混凝土管片拼装时的主要受力件。因此,在施工时,一定要确保注浆孔的各项尺寸和丝扣与拼装头的尺寸和丝扣完全匹配,且在拼装时,必须确保拼装头完全拧固到位。在北京的盾构工程中,曾经出现过因为注浆孔的尺寸或丝扣与拼装头的尺寸或丝扣不匹配以及拼装头没有拧固到位而导致拼装时拼装头弯曲或滑丝、注浆孔埋件被损坏或拔出等实例,更严重的情况还会导致注浆孔周边混凝土大块剥落或钢筋混凝土管片摔落。在确保预埋件的丝扣和拼装头丝扣匹配的同时,施工单位还应严格按照拼装头厂家提供的使用次数使用,以预防因为丝扣磨损导致拼装头拧固不到位而发生事故。

(2)预留弯螺栓孔是连接钢筋混凝土管片间的弯螺栓装配地点所在,如果弯螺栓的弧度和尺寸与预留弯螺栓孔不相符,会导致螺栓孔或螺栓孔周边混凝土因遭受异常的局部应力而损坏。因此,盾构施工单位一定要在批量加工螺栓前,在管环上试装螺栓,以预防成型隧道的质量问题或减少损失。

(3)拼装过程中,要杜绝野蛮施工并应严格控制相邻管环之间的错台高度,以克服在顶推管环时,止水条被挤出既定的位置进而失去其防水作用的问题。

第七章　北京盾构工程概况

第一节　北京盾构工程发展历程

1. 北京盾构工程经历了怎样的发展历史？

答：早在20世纪60年代，伴随着北京地铁1号线工程的建设，北京城建集团（原基建工程兵）就开始研究和开发盾构法隧道施工技术。1966年在北京开始设计制造直径7m的半机械化压缩混凝土盾构机（见图7-1），1968年开始修建地铁盾构施工试验段工程。试验段累计完成盾构法隧道87m，取得了一些盾构施工经验，但未形成规模施工能力。后来由于当时的国情和经济技术实力等因素影响，盾构机的研制开发工作处于长期停滞状态。

图7-1　北京首台半机械化压缩混凝土盾构机组装图

进入20世纪90年代，随着国内外盾构技术的发展和应用，结合北京地铁的发展需要，北京又开始研究盾构工程设计施工技术。1996年，北京城建设计研究院在北京地铁5号线可行性研究报告中，正式提出了采用盾构法施工技术的设想和可行性分析，并于1999年从技术、经济上作了全面论证。经论证认为，在北京地铁5号线采用盾构法施工的条件已经成熟，同年该论证得到原国家计委的批准。

2000年1月28日，随着北京城建集团与德国海瑞克隧道机械公司盾构机采购合同正式签约，具有国际先进水平的盾构法施工技术及设备引进到北京地铁5号线试验段工程。2001年3月直径6.19m的面板式土压平衡盾构机从雍和宫站端竖井始发，经过约一年时间的试验推进，盾构机到达北新桥站接收，标志着北京城建集团率先在北京地铁施工中正式采用盾构法进行地铁隧道施工取得圆满成功。之后盾构法施工逐步推广到其他地铁线路，成功开启了北京地铁建设的盾构时代，使我国地铁建设施工工艺发生了一次质的飞跃。

1999 年 10 月至 2000 年 7 月，原北京市政集团公司购置了日本石川岛播磨重工业株式会社制造的直径 3.33m 辐条式土压平衡盾构机，成功用于北京市亮马河北路污水隧道工程，为北京市地下管线等地下隧道工程建设提供了更加丰富的设计依据和施工经验。

北京经过近十几年来盾构工程施工的快速发展，除轨道交通工程以外，盾构工法已成功应用到铁路、水利、城市市政公用管线等更广泛的地下工程建设施工领域，形成了一系列具有较高实际应用价值的北京典型地层盾构施工工法。期间，有关部门组织编写制定了《盾构法隧道施工与验收规范》(GB 50446—2008) 、《轨道交通盾构隧道工程施工质量验收标准》(QGD - 1008—2005) 等国家及地方行业标准。

近年来，在北京地铁 4 号线的上软下硬地层，以及北京地铁 9 号线的大直径卵漂石地层中盾构工法的成功应用，攻克了具有世界性的盾构施工难题，提高了北京盾构施工技术水平，这也必将对盾构技术在北京乃至全国的广泛应用起到重要的推动作用。

2. 北京第一个采用盾构法施工的地铁隧道工程是哪一个?

答:北京第一个盾构法施工的地铁隧道工程是 2000 年开工的北京地铁 5 号线盾构试验段工程。试验段工程位于北京地铁 5 号线北新桥站至雍和宫站区间隧道的左线，线路长度约为 688m。试验段工程地质及水文地质条件具有典型的北京地区砂卵石地层的地质特点，如图7-2 所示。

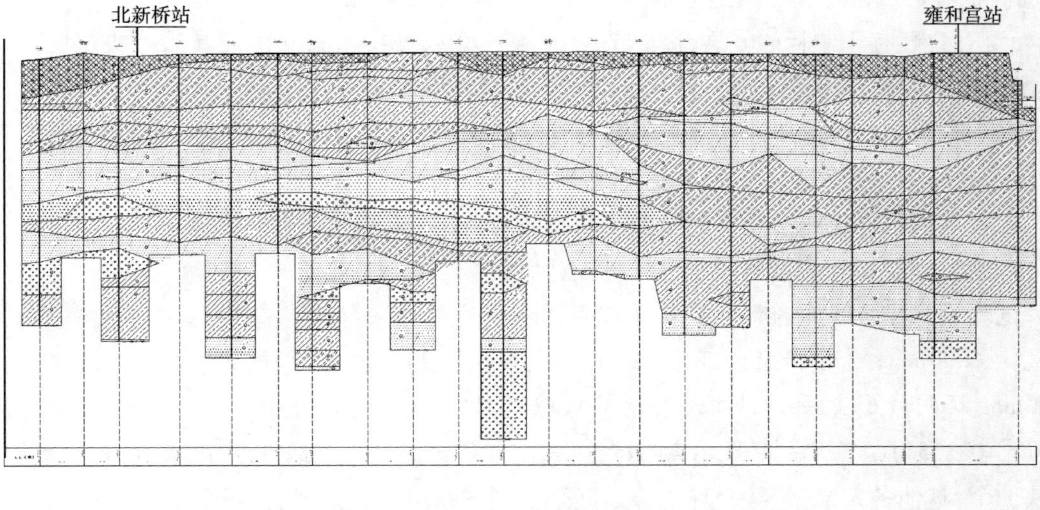

图 7-2　北新桥站至雍和宫站地质纵断面图

1) 工程地质条件

北京地铁 5 号线车站及区间隧道均在第四纪地层中通过。根据工程地质及水文地质勘察资料，北京地铁 5 号线盾构试验段工程沿线穿越的地层从上到下主要有: 人工填土层、黏质粉土、砂质粉土②层 (夹粉质黏土②-1 层、重粉质黏土②-2 层，局部夹粉细砂透镜体②-3 层)，粉细砂③层 (K11 +900 以北的砂层中出现粉质黏土、黏质粉土③-3 层)，圆砾④层 (一般粒径为

5 ~ 20mm，最大粒径为 150mm，中粗砂填充，局部成为中粗砂④-2 透镜体，该层中部或底部颗粒较粗，成为卵石④-3 层，其粒径一般为 20 ~ 80mm，在里程 K11 + 950 以北地段，圆砾、卵石层逐渐变薄尖灭，出现黏质粉土，粉质黏土④-1 层），黏质粉土、砂质粉土⑤层（含姜石，局部夹细砂透镜体，夹粉质黏土、重粉质黏土⑤-1 层和黏土⑤-2 层），中粗砂⑥层（含少量砾石，夹粉细砂⑥-1 层和粉质黏土、重粉质黏土⑥-2 层），卵石⑦层（亚圆形，未风化，一般粒径为 20 ~ 80mm，最大粒径为 200mm，中粗砂或黏性土充填，局部地段颗粒较细，逐渐变为圆砾或砾砂⑦-1 层），粉质黏土、黏质粉土⑧层（仅分布于里程 K10 + 700 以北地段，含氧化铁和姜石，夹重粉质黏土、黏土⑧-1 层和粉细砂⑧-2 层）和卵石⑨层（为亚圆形，风化 ~ 微风化，一般粒径为 20 ~ 60mm，最大粒径为 180mm，中砂或黏性土充填，夹粗砂⑨-1 层）。

2）水文地质条件

根据工程勘察报告，地层中贮存有上层滞水、潜水和承压水。

上层滞水：赋存于杂填土①-1 层以及黏质粉土、素填土①层和黏质粉土、砂质粉土②层的孔隙之中，主要接受自来水、消防水管道以及雨污水管道、居民院落化粪池的渗漏补给，其次为大气降水的垂直渗流补给。水位根据补给强度不同而不同，本区间水位埋深在 5.0 ~ 7.0m 之间。

潜水：赋存于粉细砂③层、中粗砂③-1 层、砾砂③-2 层、圆砾④层、中粗砂④-2 层、卵石④-3 层的孔隙之中，水位埋深在 14.0m 左右。本区间的潜水主要接受上层滞水和河水的垂直渗流和区域侧向径流补给。在雍和宫附近，潜水具有弱承压性，水位高出含水层顶板 0.5 ~ 2.8m。护城河水位仅高出河边潜水水位 0.08m，显示河水对潜水有补给趋势。

承压水：赋存于中粗砂⑥层、卵石⑦层、粉细砂⑧-2 层、卵石⑨层及其砂土夹层的孔隙之中，主要接受潜水的垂直渗透补给和区域侧向径流补给，地下水流向为自西向东。承压水的排泄方式主要为侧向径流排泄和垂直越流补给深层承压水。本区间承压水含水层的顶板埋深为 21.0 ~ 25.0m，水头高出含水层顶板 1.0 ~ 3.0m。

上述地层基本上属于北京地区典型的地质条件，具有广泛的代表性。

3）北京地铁 5 号线试验段工程结构设计概况

试验段工程区间隧道覆土深度为 12 ~ 18m，隧道结构采用单层预制拼装式管片衬砌，管片外径为 6000mm，衬砌厚度为 300mm，管片间采用预制弹性密封橡胶圈防水。管片环宽为 1200mm，环向分 6 块，即 3 块标准块（中心角 67.5°），2 块邻接块（中心角 67.5°），1 块封顶块（中心角 22.5°）。管片之间采用弯螺栓连接，环向每接缝有 2 个螺栓，纵向共设 16 个螺栓（封顶块 1 个，其他各 3 个）。管片环与环之间采用错缝拼装方式。管片端面采用平面式，仅在设置防水胶条处留有沟槽。管片有三种类型：标准环、左转环和右转环（见图 7-3）。

3. 北京第一台地铁盾构机的主要配置情况是怎样的？

答：根据北京地铁 5 号线试验段工程盾构区间隧道沿线的工程地质及水文地质条件，选用了由德国海瑞克公司在德国本土工厂制造的面板式土压平衡盾构机作为隧道施工设备，出厂编号为 S169。这是德国海瑞克公司向中国销售的第一台盾构机设备（见图 7-4）。

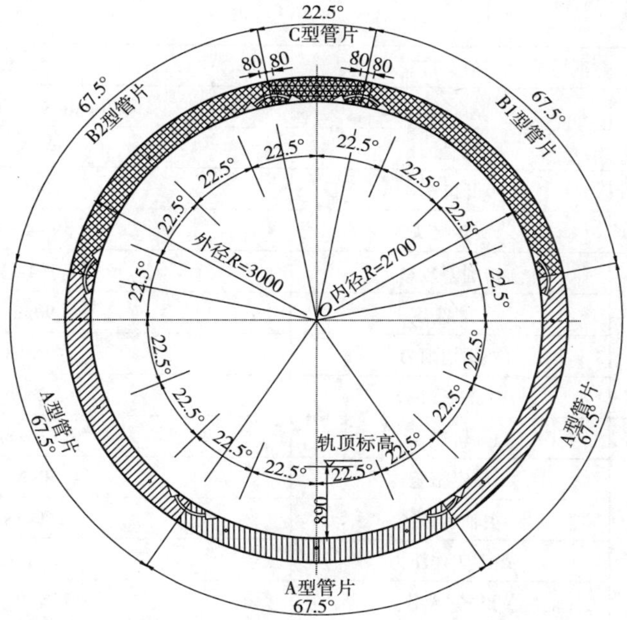

图 7-3　北京地铁 5 号线试验段工程管片分块图

该盾构机直径为 6190mm，主机长 8m，设置有铰接装置，整机全长 57m；采用 16 对推进千斤顶推进，总推力为 28350kN，最大推进速度为 80mm/min；主驱动采用 8 台变量液压马达驱动，额定总扭矩为 4250kN · m，刀盘转速为 0 ~ 3r/min。该盾构机在掘进过程中可以向开挖面和土仓内注入泡沫、膨润土浆液、高分子聚合物和水等渣土改良材料，对开挖面土体进行流塑化改造，以适应多种地质条件下盾构掘进的需要。海瑞克盾构机 S169 技术参数见表 7-1。

图 7-4　北京第一台地铁盾构机（德国海瑞克本土工厂生产）

海瑞克盾构机 S169 技术参数表　　表 7-1

序号	部　位	项　目	参　数
1	盾壳	盾壳外径	6190mm
		盾壳长度	8m
		整机总长	57m
		整机质量	520t
2	盾尾	外径	6170mm
		长度	3555mm
		盾尾密封刷	3 排
		密封油脂注入点	4 × 2 个

续上表

序号	部　位	项　目	参　数
3	刀盘	直径	6200mm(左右方向旋转)
		质量	约 43t
		开口率	38%
		旋转接头	1 套,4 +4 +1 通道
4	刀具	切削刀数量	124 把
		刀具高度	90mm
		外周切削刀	16 把
		仿形刀	2 套
5	主驱动装置（液压马达驱动）	转速	0 ~3r/min
		额定扭矩	4250kN · m
		主轴承直径	2600mm
		最大工作压力	3.0bar
6	人闸	形式/人数	双室/5 人
		最大工作压力	3.0bar
7	推进系统	油缸行程	2000mm
		油缸数量	16 ×2 个
		最大推力	28350kN
		推进速度	0 ~80mm/min
8	铰接系统	油缸行程	150mm
		油缸数量	14 个
		总拉力	4000kN
9	管片输送机	工作负荷	3.5t
		行走速度	6/38m/min
10	管片拼装机	形式	全液压比例式
		自由度	6 个
		纵向移动行程	2200mm
		轴向行程	1200mm
		转动范围	±200°
11	螺旋输送机	螺旋机内径	700mm
		螺距	630mm
		转速	0 ~22r/min
		最大扭矩	225kN · m
		最大通过粒径	250mm
		输送能力	$400m^3/h$
12	皮带输送机	总长/带宽	45m/800mm
		输送能力	$300m^3/h$
		带速	0 ~2.5m/s

续上表

序号	部位	项目	参数
13	齿轮油润滑	齿轮油流量	20 L/min
		主驱动齿轮油加入量	220L
14	液压油供应	油箱容积	3350L
		推进千斤顶输送量	103 L/min
		刀盘驱动输送量	2×725 L/min
15	油脂供应	盾尾密封油脂消耗量	约30kg/环
		刀盘传动润滑油脂消耗量	约1.6 L/h
16	同步注浆	同步注浆管路	DN50,4个
		注浆泵输送能力	$2\times10m^3/h$
17	渣土改良系统	注入口数量	(4+4)个
		泡沫剂泵输送量	5L/min
		水泵输送量	133L/min
18	电气设备	控制电压	24/230V
		保护级别	IP55
		补偿单元	cos 0.9
		变压器安装功率	1259kVA
		一次/二次电压	10kV/400V
19	安装功率	刀盘驱动装置	630kW
		螺旋输送机	160kW
		皮带输送机	30kW
		装机总功率	1070kW

4. 北京第一个采用盾构法施工的排水工程及盾构机配置情况是怎样的?

答:1999年10月,原北京市政集团采购的日本石川岛播磨重工业株式会社制造的ϕ3.33m辐条式加泥土压平衡盾构机(见图7-5,其主要技术参数见表7-2),首次用于北京市亮马河北路污水隧道工程。该工程是酒仙桥污水处理厂的配套工程,距亮马河北岸6~80m。隧道全长1675m,内径2700mm,纵坡1‰,线路平面最小半径350m,覆土深5.746~8.057m。隧道衬砌厚250mm,环宽1000mm,设计强度C50,抗渗等级P8。每环衬砌由2块标准块、2块邻接块和1块封顶块共5块预制钢筋混凝土砌块组成(见图7-6)。砌块通缝拼装,封顶块纵向插入,衬砌纵向、环向均用M24弯螺栓连接,衬砌接缝采用由遇水膨胀性橡胶和氯丁橡胶复合压制而成的弹性密封垫进行嵌缝防水。

隧道沿途地面较为平缓,地面有民房、厂房、油库等建筑物,地下有电力、电信、天然气、给水、合流管道等。隧道主要穿越重亚砂土、轻亚砂土、中亚砂土、重亚黏土互层。地下水位埋深为-1.50~-4.30m,属上层滞水和潜水的混合水。

图 7-5　北京市亮马河北路污水隧道工程使用的盾构机

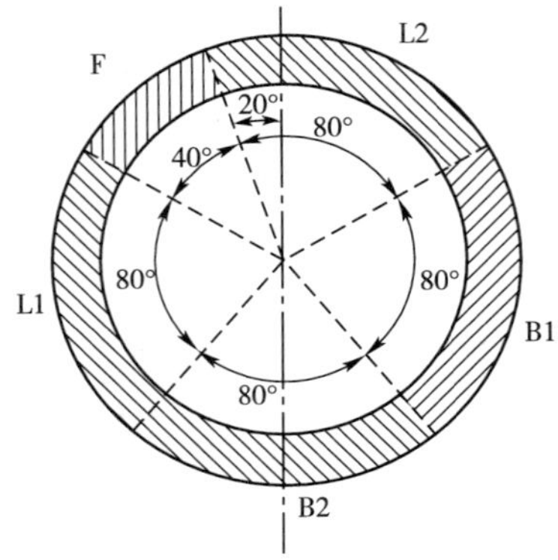

图 7-6　北京市亮马河北路污水隧道工程管片分块图

北京市亮马河北路污水隧道工程盾构机主要技术参数表　　表 7-2

部　位	项　目	参　数
基本参数	隧道内径(m)	2.7
	外径(m)	3.33
	长度(m)	5.875
	灵敏度	1.8
	总功率(kW)	232.25
	总重量(kN)	680
推进系统	长行程千斤顶	800kN × 1800mm × 4
	短行程千斤顶	800kN × 1150mm × 8
	推进速度(mm/min)	0 ~ 53
	总推力(kN)	9600
刀盘	支承方式	中心支承(幅条式)
	驱动方式	液压马达
	转速(r/min)	0 ~ 2.2
	最大扭矩(kN · m)	820
螺旋输送机	结构	ϕ420mm × P300mm(有轴式)
	驱动方式	液压马达
	转速(r/min)	0 ~ 22.4
	排土能力(m^3/h)	39.2
皮带运输机	长(m) × 宽(m)	0.5 × 23.0
	皮带转速(m/min)	76
	驱动方式	电动
	排土能力(m^3/h)	60
注浆系统	可注浆液类型	单、双液注浆
	注浆方式	可手动、自动
盾尾密封	密封形式	注油脂式三道钢丝刷
	注油脂	自动注油电动泵(工压 5MPa)

续上表

部 位	项 目	参 数
挖掘数据管理	管理方式	盾构机挖掘运转数据自动计测，输出方式可以满足每挖掘推进100mm数据输出、记录的要求（内装数据管理软件）
	数据管理输出方式	带计算机运算电路（内置于盾构机操作盘），RS422信号变换输出（向地面计算机输出掘进数据）
挖掘控制方式		土压控制（PLC控制）、体积控制、手动控制均可，装有球面交换型土压计×1组
加泥搅拌装置		刀盘中心加泥注入设备（带逆止阀装置），刀盘（背面）带搅拌装置
管片安装设备		冕状齿轮旋转式（管片起吊、旋转、轴向滑动能力22kN）及轴向插入式
后续台车设备		门式（带双侧行走轮），单侧搭载装置，9台

5. 目前北京最大的土压平衡盾构机是哪一个？

答：2011年9月底，北京市政路桥控股集团的直径10.22m圆形土压平衡盾构（见图7-7）在北京地铁14号线东风北桥站始发，标志着超大直径土压平衡式盾构机在北京地铁建设中开始投入使用。大盾构机掘进的线路包括"三站"、"三区间"。"三站"为东风北桥站、将台站、高家园站；"三区间"为东风北桥站—将台站区间、将台站—高家园区间、高家园站—阜通东大街站区间，全长3919.05m。其中盾构区间隧道长3605m，区间线路最小曲率半径为300m，坡度为18‰。主要穿越黏土、泥岩、砾石、砂土等地层。大盾构机先后穿越了北京东四环路、大面积平房区、高压电力塔基等地区老旧建筑，以及首都机场高速路、机场快轨、京顺路等众多建（构）筑物。

图7-7 直径10.22m土压平衡式盾构机

完成的圆形隧道结构用于地铁左右线线路敷设，为国内地铁首次应用"单洞双线"技术，并且大盾构机直接穿越在建车站，同时进行地铁暗挖车站中洞的开挖，经扩挖后成为地铁车站结构。此施工方法的使用在世界范围属首次。

本工程所用盾构机设备由日本日立造船株式会社设计，北京华隧通掘进装备有限公司在其母公司河北秦皇岛天业通联重工有限公司工厂制造组装。其开挖直径为10.26m，盾壳最大直径为10.22m，设备主机总长度为11.55m，主要技术参数见表7-3。

直径 10.22m 土压平衡盾构机主要技术参数表　　表 7-3

部　位	项　目	技术参数
盾构尺寸	设备总长	94.5m
	盾壳长度	11.5m
盾体	外径	10.22m
	盾构形式	土压平衡盾构机
盾尾	外径	10.22m
	盾尾密封	4 道钢丝刷
	注浆孔	5 个
推进油缸	最大总推力	108000kN
	千斤顶最大伸出速度	8.5cm/min
	千斤顶最大回缩速度	8.5cm/min
刀盘	外径	10.26m
	旋转方向	顺/逆时针
	质量	105t
管片安装机	形式	真空吸盘式
	旋转角度	顺/逆时针各 210°
螺旋输送机	形式	有轴式
	螺旋输送机门	液压缸控制
	质量	50t

6. 目前北京泥水盾构施工技术应用的情况是怎样的?

答:北京首次使用泥水盾构机(见图 7-8)的工程是北京铁路枢纽地下直径线铁路隧道工程。

北京铁路枢纽北京站至北京西站地下直径线工程,自北京站起,沿崇文门西大街、宣武门大街、莲花池东路至北京西站。线路全长 9151m,其中隧道长 7285m,盾构隧道长 5175m。线路平面最小曲线半径为 500m,最大纵向坡度为 20‰。隧道最大开挖深度达 41m。直径线隧道采用单洞双线设计,其中盾构隧道开挖直径为 12.04m,管片外径为 11.6m,内径为 10.5m,环宽为 1.8m。管片分块采用 8 +1 形式,管片环缝设 18 根 ϕ36mm 弯螺栓,纵缝设 50 根 ϕ30mm 的弯直螺栓连接,管片设计强度为 C50,抗渗等级为 P12。北京铁路地下直径线工程是国内第一条采用盾构法施工的铁路地下隧道,也是目前城市最大直径的双线铁路隧道工程。

图 7-8　北京首台直径 12.04m 泥水盾构机

北京铁路地下直径线工程沿线地层为第四系全新统、上更新统冲洪积层和第四系全新统人工堆积层,下伏基岩为上第三系中、上新统砾岩。其中隧道穿越地层从东向西主要为粉土、粉细砂、粉质黏土、圆砾、卵石层等。盾构机穿越的地层 95.21% 为砂卵石地层,盾构区间地层细颗粒含量极少,0.074mm 以下的约占 2.4%,10mm 以上的含量大于 60%,最大砂卵石粒径达到 280mm 左右,且含有大直径孤石、漂石。盾构区间覆土厚度为 11 ~ 29m。地下水位埋深为

15～17m，局部上层滞水埋深为11.5m。含水层主要为砂卵石层、圆砾层及砂层，最大渗透系数为1.74×10^{-3}m/s，最大水土压力为0.3MPa 。

北京首台直径12.04m泥水盾构机技术性能参数见表7-4。

北京首台直径12.04m泥水盾构机技术性能参数表 表7-4

部 位	项 目	技 术 参 数
盾构尺寸	设备总长	58.5m
	盾壳长度	11.52m
	总质量	1400t
盾体	外径	11.97m
	盾构形式	泥水平衡式
盾尾	盾尾密封	4排
	注浆孔	5个
推进油缸	最大总推力	140700kN
	油缸数量	25对,50根
	推进速度	0～40mm/min
刀盘	形式	8个辐条带有辐板
	外径	12.04m
	旋转方向	左/右
	开口率	30%
	转速	0～2.3r/min
	质量	164t
刀具	先行刀数量	30把
	切刀数量	284把
	周边刮刀数量	16把
	仿形刀	1把
主驱动	形式	变频电机
	最大扭矩	15700kN·m
	脱困扭矩	20410kN·m
	功率	1620kW
管片安装机	形式	真空吸盘式
	旋转角度	±210°

7. 北京使用过敞开式盾构机吗?

答:敞开式盾构机是掘进机的重要形式，它也是由初期的隧道掘进机雏形向现代高度自动化盾构机实现过渡的重要标志。此外，敞开式盾构机还代表了一种盾构掘进模式。手掘式及半机械式盾构机均为半敞开式开挖，这种方法适于地质条件较好、开挖面在掘进中能维持稳定或增加辅助措施能维持稳定的情况，其开挖一般是从顶部开始逐层向下挖掘。若土层较差，还可借用千斤顶加撑板对开挖面进行临时支撑。采用敞开式开挖，处理孤立障碍物、纠偏、超挖均比其他盾构掘进方式容易。但对于复杂地质条件或高富水地层，应慎重选择敞开式盾构机。

图 7-9　北京地铁复八线试验的半断面插刀盾构机

1995 年 5 月 ~ 9 月，由当时的北京市地下铁道建设公司与原铁道部隧道工程局科学研究所联合研制的半断面插刀盾构机（见图 7-9），在成功进行了出厂试验后，顺利通过了北京市科学技术委员会的技术鉴定，之后在北京地铁复八线上进行应用性试验取得成功。插刀盾构机研制的主导思想是，根据北京地质条件选定设计参数，结合北京浅埋暗挖法的施工实际，吸收国内外有关技术成就，研制适合当时国情的隧道掘进机械。

半断面插刀盾构施工法是一种敞开式开挖软土隧道的方法，是一种上半断面采用插刀盾构机，下半断面采用浅埋暗挖法相结合的施工方法，是一种推进插刀可以切土、机架跟进后可以进行喷混凝土作业的隧道掘进方法。它的最大特点是利用插刀遮檐取代浅埋暗挖法中的超前小导管注浆支护，因此可以简化作业程序，提高掘进速度，使周边轮廓圆顺，减少超挖量和地表下沉量，保证施工安全，降低施工成本。

半断面插刀式盾构机主要由盾壳、推进机构、拖拉支承框架、能够活动的插刀等组成。这些插刀可以组合成不同的断面形状和尺寸。推进机构是用设在插刀和支承框架之间的液压千斤顶将插刀以单插刀或成组插刀的方式进行推进，当所有插刀都推进一个行程时，将所有千斤顶收缩，把支承框架向前拖动。插刀推进和拖动支承框架的力，由盾构插刀与围岩间的摩擦力来平衡，故它不需管片环作为支承后座。而且使用插刀盾构机不需在终点设置拆装井，这种盾构机可以将框架部分和插刀收拆起来，从已衬砌好的隧道内退出。插刀式盾构机是敞口的，它适用在开挖面稳定的土层中掘进，其技术参数见表 7-5。

北京地铁复八线试验的半断面插刀盾构机技术参数表　　表 7-5

项　目	技 术 参 数
外形尺寸	长 6170mm，宽 5737mm，高 3100mm
插刀布置	拱顶插刀 9 个，宽度 600mm；两侧插刀 4 个，宽度 660mm；底部插刀 8 个，宽度 500mm
液压千斤顶	21 个推力 500kN、行程 500mm 的液压千斤顶
盾构灵敏度	0.88
爬坡能力	3%
转弯半径	≥250m
质量	55t

近年来，北京计划在多项地铁工程中投入使用技术水平先进的、以机械方式开挖的敞开式盾构机。其中北京地铁 6 号线二期 15 标段郝家府站—东部新城站区间使用的敞开式盾构机

已经在三一重工北京公司制造组装，其主要参数见表 7-6。另外，北京地铁 16 号线工程土建施工 21 合同段丽泽商务区站—夏家胡同站区间也将进行敞开式盾构施工。

北京地铁六号线敞开式盾构机主要技术参数　　表 7-6

部　位	项　目	技术参数
基本配置	类型	敞开式
	开挖直径	6220mm
	掘进速度	80mm/min(推进速度)
	总推进力	28000kN
	主机长度	约 9.15m(盾体)；约 10.8m(前檐伸出)
	掘进机总长度	约 65m
	总装机功率	800kVA
盾　壳	盾壳外径	6220mm
	盾尾密封形式	3 道钢丝刷 + 1 道止浆板
	外部止浆密封	1 道(布置于铰接段)
活动前檐	数量	7 个(2×7 个油缸)
	伸出最大长度	1000mm(工作长度 600mm)
	角度	上部 160°范围
	伸缩油缸推力×行程×压力	480kN ×1200mm×24MPa
扇形挡板	数量	7 个(2×7 个油缸)
	推力×行程×压力	210kN ×800mm×27MPa
推进油缸	数量	16 个
	总推进力	28000kN
皮带输送机	能力	$400m^3/h$
	功率	37kW
刮板输送机	宽度	1000mm(有效工作宽度 810mm)
	刮板速度	1.18m/s
扒渣装置	星轮直径	1250mm
	扭矩	7.5kN·m
	功率	45kW(泵)
挖掘装置	类型	铲斗，反铲挖掘
	范围	覆盖整个掌子面
后配套拖车	拖车数量	5 节
	拖车轨距	2100mm

第二节　北京工程地质、水文地质介绍

8. 北京地区工程地质情况是怎样的?

答:北京市区域工程地质条件见图7-10,简要情况如下。

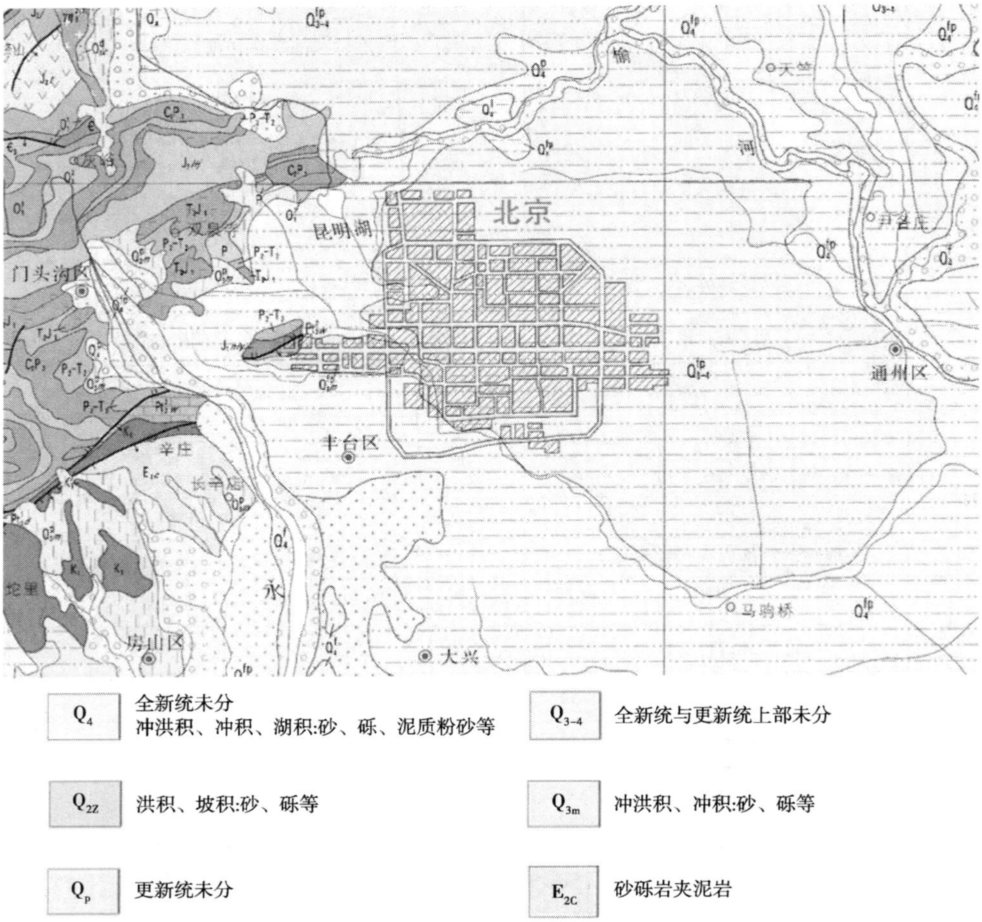

图7-10　北京市平原区(六环内)工程地质图

1)沿山地带的工程地质条件

北京地区西部和北部沿山地带的地貌单元主要有洪积锥、河流阶地、黄土台地、残坡积斜坡、排洪沟道等。

(1)洪积锥的工程地质条件

洪积锥多分布在大小山沟的沟口处,地形坡度一般在1%~3%之间,排水条件良好,地下水位埋藏较深。其顶部主要为分选不良的洪积漂石,由黏性土透镜体的砂、砾、卵石和略有磨圆的碎石碎屑物质组成。其边缘则以黏性土为主,土质均匀性差,但毕竟是水中沉积物,密度好于坡积层,压缩性轻微~中等,处理不太困难,工程地质条件还是比较好的,适宜作为一般建筑的地基。

(2)河流阶地的工程地质条件

沿山大小河流的两岸,往往有阶地分布。其地势较高,地形比较平坦完整,地下水位一般多大于4.5m,供水条件也较好。地基土具有层理,不均匀性中等,主要由黏性土或黏性土与砂、砾、卵石层互层组成。工程地质条件好,适于作为一般建筑的地基。

(3)黄土台地的工程地质条件

沿山地带分布很广泛,其外观为山前缓倾台地,近山及台地边缘冲沟发育,切割较深,地下水位埋藏很深。地基土结构疏松多大孔,土层比较均一。对工程的影响主要是具有湿陷性,易于冲刷,应适当采取措施。但北京地区多为次生黄土,湿陷性并不严重,稍加处理即可,其工程地质条件仍可作为一般建筑的地基。但地下水源贫乏,供水条件较差。

(4)山麓斜坡和起伏丘陵地的工程地质条件

北京西山和北山都存在山区向平原过渡的山麓斜坡地带或起伏丘陵地,地形坡度大于5%,有残丘、孤山分布其间,冲沟发育,地形变化复杂,高差显著。地基土主要为残积物混风化碎石屑或坡积碎石以及碎石与黏性土互层;地下水位埋藏无规律,变化很大,在这些地段进行工程建筑,应详细进行勘察。其工程地质条件适于兴建小型建筑。由于地形多变,土石方量大,上下水及管道工程和市政设施投资比平原区多。

(5)排洪沟道的工程地质条件

雨季时作为排泄洪水的通道,其工程地质条件除修建水利设施及桥梁外,不宜作为建筑用地。

2)主要河流冲、洪积扇形地的工程地质条件

在山麓以下,就进入到主要河流冲、洪积扇形地的范围。冲、洪积扇形地一般自顶部向边缘呈辐射状倾斜低落,顶部平凸,地势较高,地形坡度一般在1‰~5‰之间。顶部以下的地形逐渐低平,坡度减小到1‰左右。其岩性在顶部以砂、砾、卵石层为主,厚度在20m以上。在顶部以下由砾、卵石逐渐过渡到以砂、黏性土为主,卵石层距地表渐深,粗粒、细粒与黏性土呈互层。在冲、洪积扇顶部,地下水位埋藏较深,在顶部的边缘,由于地形坡度一般大于地下水位坡度,地下水位逐渐由深变浅,局部呈沼泽化现象。在冲洪积扇下部,由于地形坡度缓于地下水位坡度,水位又由浅变得深一些。这种变化的特性也就引起了冲、洪积扇形地自上而下各部位的工程地质条件也有很大的差别。

(1)扇形地顶部的工程地质条件

北京市西部田村、西黄村、吴家村、张仪村一线以西地段,密云县新庄、靳各庄一线以北,以田各庄为中心地段;房山区半壁店、毛家屯以西地段,分别为永定河、潮白河、拒马河冲、洪积扇形地的顶部地区(顶部的下限在地形等高线60m左右)。这些地区地形坡度在3‰左右,排水条件良好,地基土为厚层砂、砾、卵石层,地下水位埋藏很深。扇形地顶部是北京平原地区工程地质条件最好的地区,但要防止对地下水的污染。

(2)地下水溢出带的工程地质条件

在扇形地顶部的下方,如北京市区范围内的昆明湖—六郎庄、万泉庄和大井、小井、马家堡

一带，昌平区的马池口、百泉庄一带，怀柔县的周各庄—王化庄一带，在地下水未大量开采前，都是地下水溢出带。这些地带的地势较低平，地下水位高，地基土上部土层较软弱，承载力特征值一般在120～140kPa之间，表层还往往分布有淤泥、淤泥质土和有机土，地基条件恶劣，承载力特征值仅为50kPa左右，因此，这一带的工程地质条件较差，抗震性能也差。

(3)扇形地中下部的工程地质条件

包括主要河流冲、洪积扇形地潜水溢出带以下，直至冲积平原以上的广大地区。这些地区地势略低，地形平坦，平均坡度为1‰左右。地基土以黏质粉土、粉质黏土、重粉质黏土为主，夹有砂质粉土、粉细砂层，地下水位一般为1.5～4.5m。埋藏较深的地方，一般是地面相对较高的部位；埋藏较浅的部位，一般是相对低洼的地方。即使有些地区地下水位较高，但处理也不复杂。总的情况看，扇形地中下部的工程地质条件较好，适于作为一般建(构)筑物地基。

3)冲积平原的工程地质条件

在上述主要河流冲、洪积扇形地以外的广大冲积平原，是北京地区地势最低的水流汇集之地，地形更平坦，坡度小于1‰，地基土主要是黏性土及粉、细砂层，在广大河流故道及泛滥区内有疏松粉细砂层，地下水位一般埋藏较浅。因此，北京平原东部、南部的工程地质条件就差一些。需要考虑的是，本地区广泛分布的饱和与疏松粉细砂层，在地震作用下有发生液化的可能，且在排水、防水问题方面也需采取适当处理措施。

4)昌平南口、平谷山麓半盆地的工程地质条件

这两个地区是三面环山、一面开口的半盆地。地形坡度要比一般平原陡一些，排水条件良好。地基土主要为厚层中高～中等压缩性的黏性土，上部为褐黄色，下部为褐灰色，粉细砂层仅局限在河流附近分布，工程地质条件要比主要河流扇形地中下部差一些。在山麓与平原交界低洼处，常有新近沉积的高压缩性有机土及草炭夹层，工程地质条件较差。

5)河流沿岸及河漫滩地带的工程地质条件

在主要河流沿岸存在自然堤后洼地，如永定河西岸卢沟桥以下的稻田村—闫仙垡一带及东岸的北天堂、芦城、鹅房村一带，地势低洼，地下水位高且受透堤水的影响，经常处于沼泽状态，工程地质条件差。此外在河流两岸附近阶地的边缘，冲沟发育，地形破碎，需要处理。

在主要河流沿岸地区，常常有冲积砂粒被风吹扬成砂丘地，地形上呈波状起伏，与洼地做有规律地交替。地基土多为疏松粉细砂层，地下水位因地形起伏而变化较大，工程地质条件较差。

在主要河流两侧的河漫滩，随河流而变化。历史上曾都是被洪水淹没部分，一般工程建设都不能利用。永定河、潮白河流域大，物质成分比较复杂，出山冲、洪积扇部位的河漫滩的组成物质多为粗砂、砾砂、卵石，可作为砂石料开采基地。在下游的河漫滩的物质，主要为新近沉积的细颗粒黏性土及砂土。

6)北京城镇人工堆积区的工程地质条件

目前北京城镇地区由于大规模的工程建设活动，使得在这些地区地表浅层的土体受人为破坏较严重，堆积了大量的人工填土。同时20世纪70～90年代留下的大量的采砂石和采土坑，目前大部分都已填埋，填埋的物质成分复杂，另也有大量被淹埋的历代河、湖、沟、坑分布。

因此，在这些地点堆积有较厚的不同性质的人工填土，其中有素填土、生活垃圾、建筑垃圾等杂填土，分布极不规律，压缩性不一，成分极不均匀，有的素填土还有湿陷性。被淹埋的历代河、湖、沟、坑分布地带，在底部往往有淤泥夹杂其间。上述人工填土区作为工程建筑地基时，必须进行勘察设计和地基处理。一般来说，地基处理较复杂，投资费用高，如兴建带有地下室的高层建筑反而比较经济。

9. 北京地区水文地质情况是怎样的？

根据地质、地貌和水文地质条件，北京可划分为山区、平原区两大水文地质单元。图 7-11 为北京市水文地质图。

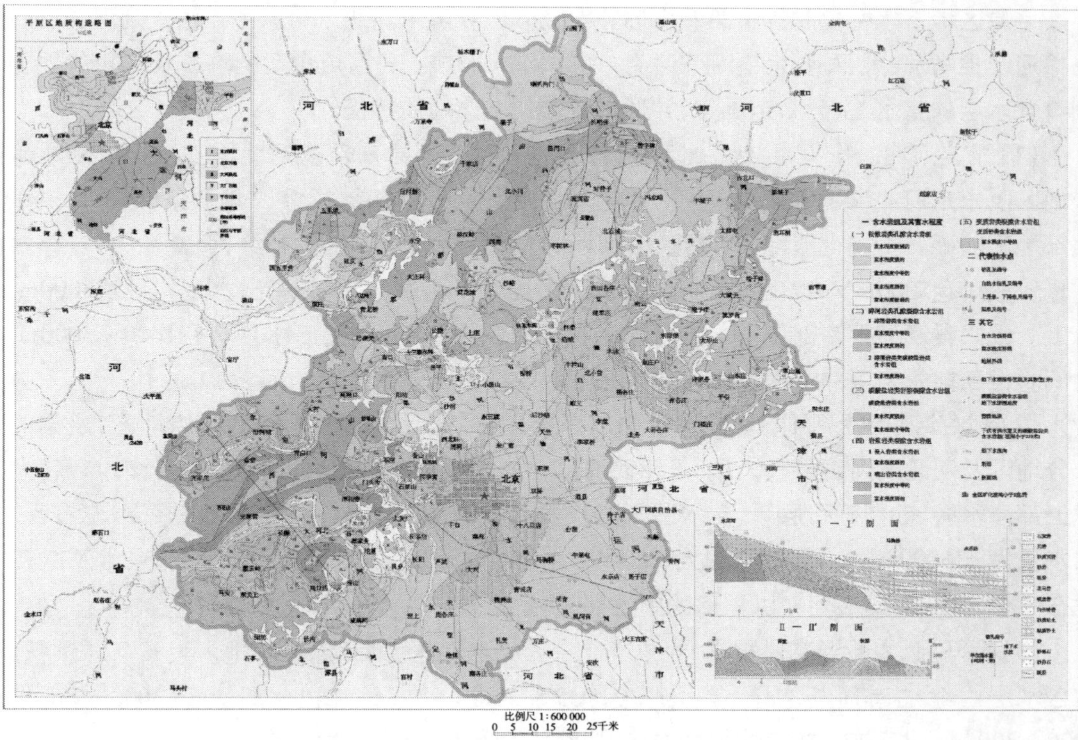

图 7-11　北京市水文地质图

1）山区水文地质条件

山区地下水的分布主要受基岩岩性和构造控制，富水性变化比较复杂。地下水主要赋存于基岩的孔隙、裂隙或溶隙之中，按含水介质的不同分为三个含水岩组：碳酸盐岩岩溶裂隙水含水岩组、碎屑岩裂隙水含水岩组、岩浆岩和变质岩裂隙水含水岩组。

（1）碳酸盐岩岩溶裂隙水含水岩组：主要指中上元古界、古生界灰岩及白云岩地层。该地层岩溶裂隙一般较发育，导水性能较好，可接受大气降水和地表水补给，形成比较丰富的岩溶裂隙水。由于该岩组地层主要分布于地形较高地区，多为地下水的补给区，地下水埋藏深，开采困难，但易在地形低洼的构造部位及山前一带以泉水的形式排泄，或通过岩溶裂隙补给平原第四系含水层，成为平原地下水的重要来源。

（2）碎屑岩裂隙水含水岩组：主要指中上元古界、中生界和新生界以碎屑岩为主的地层，其岩性为砂岩、砾岩、页岩、砂质页岩。地下水主要赋存于构造裂隙或风化裂隙中，岩层的富水性一般较差，在构造破碎带、地形低洼处及地层严重风化的地区有一定的供水能力，但水量小，单井出水量一般不超过300m^3/d。

（3）岩浆岩和变质岩裂隙水含水岩组：主要指中生代侵入岩、喷出岩和太古宙变质岩地层，各类火山岩和变质岩富水性一般较差，只在个别构造裂隙发育地段出水能力较好。

官厅水库上游洋河山间盆地地区地下水主要富水地段为山前冲洪积扇及主要河谷（漫滩及阶地）地带，含水层岩性主要为中砂、粗砂、砂砾石。

2）平原区水文地质条件

平原区地下水主要赋存于第四系砂卵石及砂层孔隙中。北京平原主要由永定河、潮白河、温榆河及拒马河、大石河、沟错河等河流冲洪积作用形成。各河流搬运的物质及作用的强弱控制着含水层的富水性、分布范围等，并形成各自的水文地质特征。

（1）永定河冲洪积平原：包括北京城近郊大兴县及通县南部及河北固安、永清、廊坊等部分地区。永定河冲洪积平原是不同时期的多期冲洪积扇的复合体，水文地质条件好，冲洪积扇顶部地区卵砾石直接裸露地表，厚度大，面积较广，有利于地下水的补给，调蓄能力强，单井出水量一般可达5000m^3/d以上。城近郊区及大兴县城以北潜水区，单井出水量均可达3000m^3/d以上。大兴县及通县南部位于永定河冲洪积平原的中下部，单井出水量也在1000～3000m^3/d之间。但目前永定河冲洪积平原已成为北京地质环境问题最多的地区。

（2）潮白河冲洪积平原：在北京平原的东部，包括密云、怀柔、顺义的平原地区，通县的大部分地区及河北三河、香河、大厂、天津武清部分地区。潮白河冲洪积扇地下水比较丰富，尤其是上部潜水区，砂卵砾石层厚，含水层一般累积厚度为50～70m不等，局部在百米左右，单井出水量大于5000m^3/d，顺义县城以南单井出水量在1500～3000m^3/d之间。北京水源八厂就建在牛栏山以北、潮白河冲洪积扇的中上部，为重要城市供水水源地。

（3）拒马河、大石河冲洪积平原：位于北京西南房山区、河北涿县等地。大石河冲洪积扇，其含水层由北往南逐渐增厚，累积厚度为5～30m不等，单井出水量大于3000m^3/d或为1000～3000m^3/d不等。顶部含水层较薄，调蓄能力差，干旱年易被疏干。

拒马河冲洪积扇分布在北京房山区的张坊、南尚乐、长沟等乡，河北涿县—新城一带，含水层主要岩性为砂砾石、卵石。冲洪积扇顶部单井出水量可达5000m^3/d。

在北京平原区第四系以下分布着较好的隐伏基岩水含水层，其储存的水量较为丰富，开采较为容易，是城市的应急备用水源。隐伏基岩埋深从数十米至上千米变化，其水文地质条件受构造和岩性控制，在一定深度内存在富水区域。碳酸盐岩分布的地区，单井出水量一般在1000～3000m^3/d之间（水头降低5m时）。目前，昌平、大兴、通州等地已开采隐伏基岩水作为城镇供水水源。

10. 北京区域地质条件的特点有哪些？

答：北京地层，除缺少震旦系、上奥陶统、志留系、泥盆系、下石炭统、三叠系及上白垩统外，其他地层都有发育，总厚度达 60000m 以上。

岩石类型较为齐全，包括各种沉积岩、变质岩和火成岩。大部分岩石出露在西部和北部山地，平原区则广泛分布着第四纪松散沉积物。

1）构造格局演变

在第三纪，北京平原已形成“两隆一凹”的构造格局。以八宝山—高丽营断裂和南苑—通县断裂为界，北京平原划分为京西隆起、北京凹陷和大兴隆起三个构造单元（见图 7-12）。

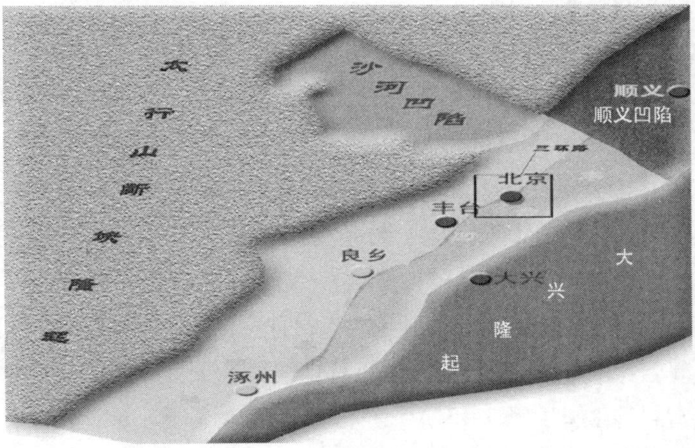

图 7-12　北京区域地质构造示意图

第四纪以来，新构造格局由“两隆一凹”变为“两凹一隆”。原“北京凹陷”隆起，与大兴隆起形成一个块体，沿着良乡顺义断裂向南倾斜；原“京西隆起”因北京西山抬升和八宝山断裂以南地块隆起，形成凹陷区（另一个凹陷区为顺义凹陷），以北东向与北西向断裂为界线。

2）地质构造与断裂

北京地区位于华北平原北部边缘。北部、西部为山区，属于燕山和太行山余脉，大地构造位置位于祁吕贺山字形构造东翼反射弧南翼，新华夏系第二沉降带与第三隆起带之间。活动断裂较为发育，其中北东向和北西向断裂是构成北京地区构造格局的两组主要断裂，控制着北京山区和平原第四纪的构造轮廓。北西向断裂活动幅度较大，对沉积物的分布有明显的控制作用。通过北京市的主要隐伏断裂有：

（1）北东向断裂：八宝山断裂、黄庄—高丽营断裂、莲花池断裂、良乡—前门断裂、南苑—通县断裂。

（2）北西向断裂：南口—孙河断裂、禾子涧—香山断裂。

3）第四系成因及特点

北京市区位于华北大平原的西北缘，西、北及东北面三面环山，东、南及东南面为广阔的平原区，称之为“北京平原”。第四纪以来，由于受新构造运动的影响，山区不断抬升，平原强烈下降，并接受了巨厚的第四纪。

古河流沉积物：在北京平原区的不同区域，由于受断裂活动的影响和古地理环境的限制，第四纪沉积物的厚度有明显的差异。在北京市区，第四纪沉积地层的厚度由西向东逐渐增大，岩相分布由山地向平原具有明显过渡的特征，即市区西部的第四纪古河流形成的冲洪积扇顶部、中上部的地层以厚层砂土、卵砾石层为主，向东过渡为冲洪积扇的中部和中下部，第四纪地层为黏性土、粉土与砂土、卵砾石交互沉积层。

第三节　北京盾构工程施工材料使用情况

11. 目前北京主要使用的盾构管片密封橡胶垫有哪几种?

答:EPDM 橡胶弹性密封垫是目前国内外用于拼装式隧道管片密封止水的主流材料，它由单一的多孔型三元乙丙橡胶组成或由多孔型三元乙丙橡胶与遇水膨胀橡胶复合而成。多孔型弹性橡胶密封垫能减少装配时的压缩应力，并具有较好的耐压缩应力松弛性能，可延长使用寿命。当工程施工中管片之间产生一定的间隙和偏移时，也能有效地确保密封止水作用。

此外，遇水膨胀橡胶与 EPDM 复合型密封条和帘子线与 EPDM 复合型密封条一次成型工艺技术的应用，可以取代目前普遍使用的对人体健康有危害的胶黏剂，提高劳动效率及产品的内在和外观质量，增强盾构隧道封顶块橡胶密封垫的拉伸强度，方便隧道封顶块装配，提高了工程施工的进度。复合结构橡胶密封垫具有双重保险的密封止水功能。

各种盾构管片密封橡胶垫如图7-13所示。

图 7-13　各种盾构管片密封橡胶垫

复合结构橡胶密封垫的特点如下:

(1)具有优良的弹性，耐老化性、耐化学介质性、耐臭氧性好;

(2)在较宽的温度范围内，均可发挥优良的止水性能，耐候性优良;

(3)适用于低温环境、寒冷地区的施工。

12. 盾构施工渣土改良的目的是什么?

答:盾构掘进施工中的渣土改良就是通过盾构机配置的专用注入设备，向刀盘前方、土仓或螺旋输送机内注入水、泡沫、膨润土泥浆、高分子聚合物等添加材料，利用刀盘、搅拌装置及螺旋机叶片的旋转搅拌作用，保证土渣与添加剂均匀混合，使刀具切削下来的渣土具有良好的流塑性、合适的稠度、较低的透水性和较小的摩阻力。

渣土改良的主要目的是:

(1)使渣土具有良好的泥土压力平衡效果，有利于开挖面稳定，有利于有效控制地表沉降;

(2)提高渣土的不透水性，使渣土具有较好的止水性，有效控制地下水的侵入;

(3)提高渣土的流动性，有利于渣土的顺利排出;

(4)防止开挖的渣土黏结在刀盘上和土仓内而产生"结泥饼"现象;

(5)防止螺旋输送机排土时出现喷涌现象;

(6)降低刀盘、螺旋输送机的扭矩，减少渣土对刀具和其他与土渣接触的运动部件的磨损，提高盾构掘进效率。

渣土改良添加剂的常用种类如图 7-14 所示。

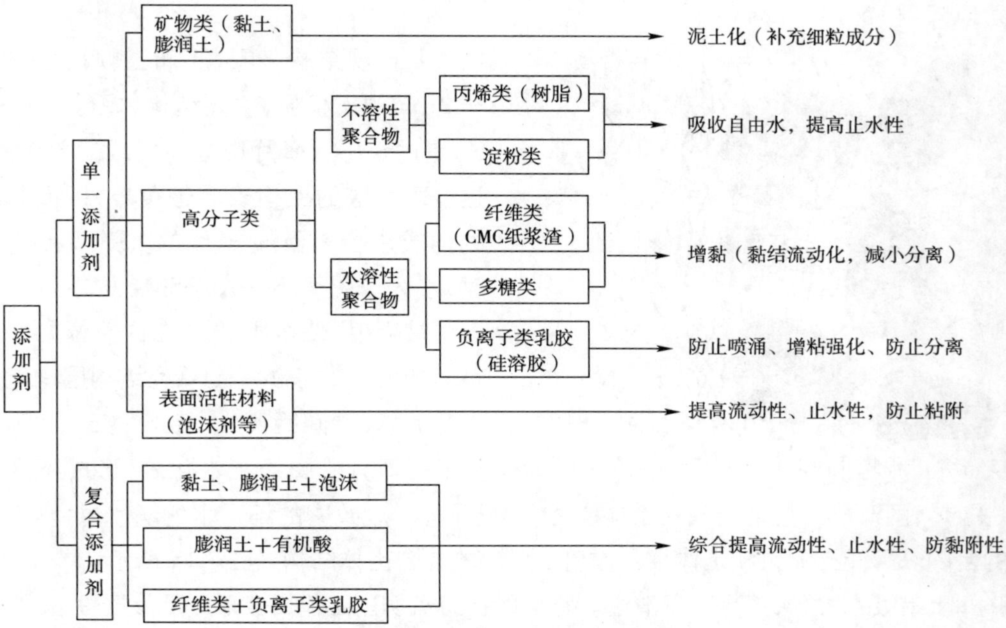

图 7-14　渣土改良添加剂的常用种类

盾构施工常用的渣土改良添加剂对比见表 7-7。

盾构施工常用渣土改良添加剂对比表　　表 7-7

种　类	代表产品	适用土质	主要作用	缺　点
矿物类	膨润土	各种土质	改善不透水性、流动性	泥浆制备设备昂贵,废弃物需处理
水溶性高分子	CMC	无黏性土	增大黏性	废弃物需处理
高吸水性树脂	环氧树脂	高水位、含水量高	形成胶凝状态防止喷涌	在酸碱地基和化学加固区吸水能力降低
界面活性材料	泡沫剂	各种土质	改善不透水性、流动性,防止黏附	发泡设备昂贵

13. 膨润土泥浆是如何进行渣土改良的?

答:盾构掘进中所使用的膨润土是黏土的一种,其主要成分为蒙脱石,蒙脱石是 2:1 型层状铝硅酸盐,其四面体中的硅可被铝随机置换,八面体中的铝可被同价或低价离子如 Ca^{2+}、Na^{+}、Mg^{2+} 等类质同像置换,这种类质同像置换过程使蒙脱石晶层面有过剩的负电荷,在层间产生一个静电场,因此蒙脱石层间可吸附 Ca^{2+}、Na^{+}、Mg^{2+} 等阳离子和水(H_3O^{+})、氨(NH_4^{+})等极性分子。正是蒙脱石这种特有的吸附功能使得膨润土具有很强的膨胀能力。

膨润土按属性分为钠基膨润土和钙基膨润土。膨润土的层间阳离子种类决定膨润土的类型,层间阳离子为 Na^{+} 时称钠基膨润土,以 NaB 表示;层间阳离子为 Ca^{2+} 时称钙基膨润土,以 CaB 表示。钠基膨润土分为天然钠基膨润土和人工钠基膨润土,分别以 NNaB 和 ANaB 表示。在工程中多使用钠基膨润土,其颗粒的单位晶层中存在极弱的键,钠离子本身半径小,离子价低,水很容易进入单位晶层间,引起晶格膨胀,颗粒的体积膨胀为原来颗粒体积的 10 ~ 40 倍,吸水后形成一道不透水的防渗层。若再经过较长一段时间,则膨润土颗粒会变成膏脂状,渗透系数可以降到 1×10^{-7}m/s 以下。

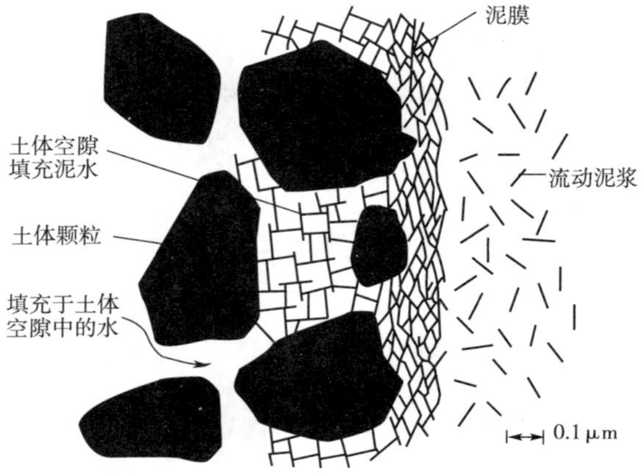

图 7-15　膨润土泥浆与土体相互作用后形成的混合土体结构

从微观结构来看,膨润土颗粒是粒径小于2μm 的无机质,主要结构体系为 Si—Al—Si,是由云母状薄片堆垒而形成的单个颗粒。这些薄片层的上下表面带负电,因而膨润土的构成单位是互相排斥的。膨润土在水化时,水分子沿着 Si—Al—Si 结构单位的硅层表面被吸附,使得相邻的结构单位层之间的距离加大。钠基膨润土单位结构层间能吸附大量的水,层间距离大,膨胀率高,钠离子连接各层薄片。膨润土水化后,形成不透水的可塑性胶体,同时挤占与之接触的土颗粒之间的孔隙,形成致密的不透水的防水层,从而达到防水的目的。膨润土泥浆和土体相互作用后形成的混合土体结构如图 7-15 所示。

膨润土易吸水膨胀,并具有润滑性。它可以在刀盘切削工作面上形成低渗透性的泥膜,这样有利于给工作面传递密封舱的压力,以便平衡地层中的水土压力,也可以改变密封舱内土的和易性,提高砂性土的塑性,以便于渣土排出,减少喷涌。盾壳周边充满膨润土泥浆,可以减少盾构推进阻力,提高有效推力,降低扭矩,节约能耗。

膨润土泥浆的常用性能指标见表 7-8。

膨润土泥浆的常用性能指标　　表 7-8

主要项目	性能指标	检验方法
相对密度	1.05 ~ 1.15g/cm^3	泥浆比重计
黏度	40 ~ 60s	漏斗法
胶体率	>95%	量杯法
pH 值	7 ~ 9	pH 试纸

膨润土水化后性能优良的泥浆如图 7-16 所示。

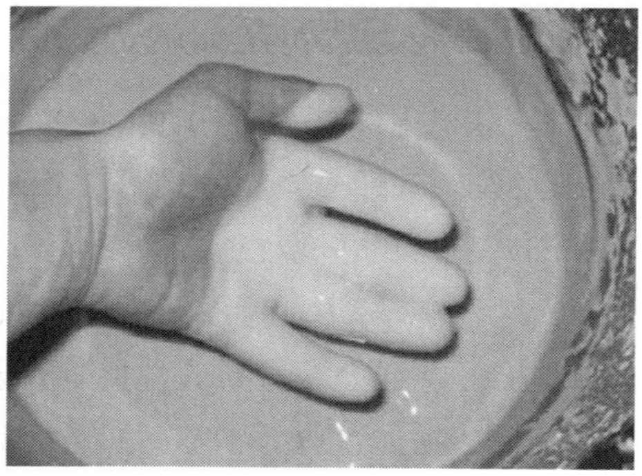
图 7-16　膨润土水化后性能优良的膨润土泥浆

一般情况下适合使用膨润土改良的地层有以下两种。

(1)细颗粒含量少的土体:在土压平衡盾构施工中,为了使开挖下来的渣土具有一定的流动性和止水性,并保证盾构机的正常推进,盾构机压力仓内的土体必须保证一定含量的微细颗粒,一般情况下微细颗粒的含量应该在 35% 以上。所以膨润土泥浆适用于细颗粒含量少的中粗砂土、砂砾土、卵石、漂石地层等。其主要原因就在于膨润土泥浆能够补充砂砾土中相对缺乏的微细颗粒含量,提高和易性、级配性,从而可以提高其止水性。

(2)透水性高的土体：膨润土泥浆适用于高透水性的土体，因为在高透水性地层中，膨润土泥浆在一定压力作用下容易渗入土体并填充孔隙，而且渗入的距离较长，易于与土体结合并包裹形成较厚的泥膜以防止地下水的大量侵入，且容易有效控制渣土改良的效果，使土渣顺利排除并控制喷涌。

14. 土体改良泡沫剂的主要作用是什么，泡沫剂原液有何特性？

答：土压平衡盾构施工中除极少数地层（类似于上海淤泥质黏土层）不需要进行土体改良外，大多数地层都需要进行有效的土体改良来保障施工的顺利进行。泡沫剂是一种非常有效的土体改良剂，几乎所有的地层都需要泡沫剂来辅助土压平衡盾构施工。

泡沫是由一种特殊的泡沫剂、水和压缩空气混合后而产生的。泡沫作为土体改良材料，主要是通过注入装置喷射到盾构刀盘前方与开挖土体混合，以改善渣土的流塑状态。对于富水的砂性土，泡沫能挤走土中的自由水，并依靠泡沫的支撑作用提高土体的流塑性和止水性；对于高黏性土，泡沫可以增大土体的空隙率，改善土体的流塑性从而防止泥土“结泥饼”，使渣土顺利排出。泡沫剂的主要作用如下：

(1)泡沫有良好的润滑作用和一定的强度，可降低压力仓内土体的内摩擦角，提高开挖土的流动性，防止“闭塞”现象发生，同时降低刀盘和排土器的扭矩，减少刀盘、螺旋输送机的磨损，防止机械能耗过高发热而发生故障，利于稳定掘进。

(2)泡沫具有压缩性，可提高改良后的开挖土的压缩性，抑制“结泥饼”问题的发生，同时开挖土压变动小，利于开挖面的稳定。

(3)泡沫有一定的弹性和润滑作用，能降低土体的黏度，防止开挖土黏附于盾构机刀盘面板、进渣口和压力仓内壁，有利于松散出土。

(4)泡沫能置换土颗粒间隙中的水，提高开挖土的止水性，防止地下水位高的砂卵石地层中“喷涌”现象的发生。

(5)改良后的开挖土，出土容易，可用于回填，无残留、无毒害，泡沫喷射装置操作简单，泡沫对机器无腐蚀。

泡沫剂的主要特性为：改良土体，增加土体的可压缩性，保证土压平稳；润滑土体，降低刀盘掘进扭矩；保护盾构掘进、排渣部件，减少设备磨损；置换地下水，防止喷涌。

下面以 CONDAT 牌土体改良泡沫剂为例，其主要特性见表 7-9。

CONDAT 牌土体改良泡沫剂主要特性 表 7-9

特性	单位	CLB F4 AD
颜色		无色/亚麻色
状态		液体
密度(15℃)		100
黏度(20℃)	cP①	10.5
pH 值		8～11
倾点	℃	0

注：① $1cP = 10^{-3}Pa \cdot s$。

15. 如何鉴别泡沫剂的性能？

答：泡沫剂的性能可以通过泡沫剂溶液（泡沫原液与水的混合液）发出气泡的性能进行评价，即把泡沫剂按不同比例配成不同浓度的溶液，进行发泡试验，检测所得气泡稳定性来评价气泡的性能。泡沫的稳定性是指泡沫存在寿命的长短，可以通过泡沫的消泡率来体现。测定气泡的稳定性即测定泡沫的消泡率，消泡率可以通过泡沫的半衰期这一指标来进行衡量。泡沫的半衰期就是指泡沫消散一半所消耗的时间，因为一旦泡沫重新变成液态之后土体的改良作用就削弱了，与加水没有多大区别。气泡半衰期越长，则气泡的性能越稳定，开挖土体经改良后的状态可以保持更长时间。所以，衡量泡沫的半衰期指标也能十分直观地判断泡沫的好坏。

通过泡沫剂溶液浓度试验，可以发现泡沫剂溶液浓度越高，所发出的泡沫稳定性也越高。其中，当泡沫溶液浓度从2%上升到8%这一过程中，泡沫的稳定性变化明显，随着泡沫剂溶液浓度的进一步提高，半衰期曲线的斜率增长趋于平缓，气泡的稳定性变化不大。所以一般把溶液浓度设定在2%～8%范围内。

泡沫溶液浓度一定时，气泡半衰期时间随着发泡率的增加而延长，气泡更加稳定；当发泡率从15倍到20倍的过程中，泡沫的稳定性变化明显，随着发泡率的进一步提高，气泡的稳定性变化不大。一般发泡率在低于15倍时，泡沫剂溶液发泡不充分，所发出的气泡未将泡沫剂溶液充分利用，故应尽可能加大发泡率到20倍左右，在获得高性能泡沫的同时起到节约泡沫剂用量的作用。

通常在施工现场通过取样进行外观比较的方法直接判断泡沫剂发泡质量的优劣，如图7-17所示。

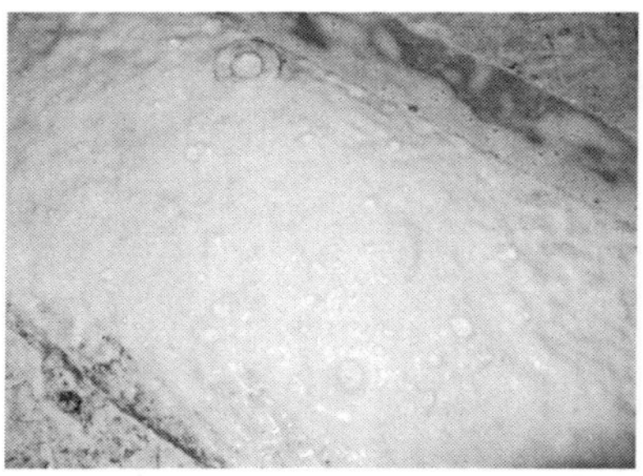

a)质量较差的泡沫

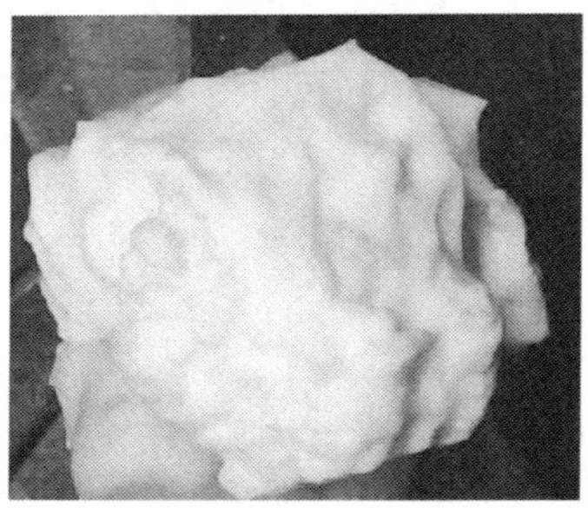

b)质量较好的泡沫

图7-17　外观比较法直接判断泡沫剂发泡质量的优劣

无论出于何种目的而使用泡沫剂，首先需要遵循的一定是发泡效果要好，泡沫尽可能细腻，这样才能起到理想的效果。如果发泡效果不佳，则与通常意义上加水、膨润土改良相比没有明显优势。如果土层含水量较大，需要调高泡沫膨胀率，使泡沫更加干燥并填充土层内间隙，进而起到一定的止水作用。

16. 高分子聚合物在盾构掘进中起什么作用？

答：聚合物是一种长链分子的有机化合物，它可以单独使用，也可与泡沫等混合使用（一般情况下聚合物与膨润土泥浆不混合使用)。当聚合物与渣土混合时,聚合物的分子就会附着在土颗粒的表面,当这些颗粒相互碰到一起时,聚合物的分子就将颗粒黏结在一起。其主要作用是提高泡沫稳定性,提高土体流变性,增强土体触变性,防止土体离析,提高土体抗渗性,保证出土顺畅。

当可溶聚合物或部分可溶聚合物加入混合土体中时,聚合物因吸水而膨胀,使得混合土体变得"干燥",防止喷涌发生。其作用机理如图 7-18 所示。

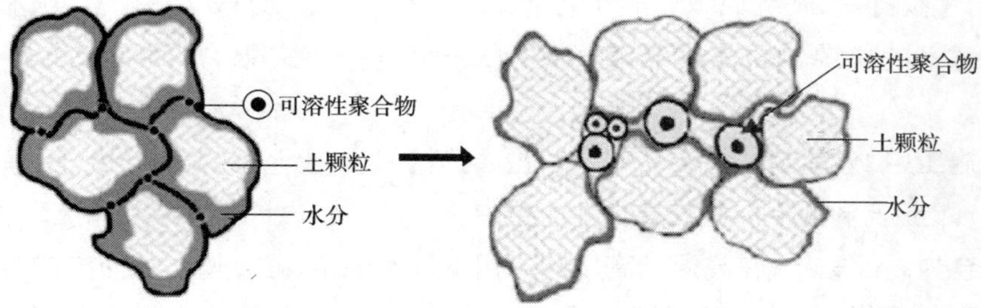

图 7-18　聚合物与土渣作用机理图

高吸水性树脂是高分子类、不溶性聚合物,这种材料吸水但不溶于水,不会被地下水稀释而劣化,一般应用于高水压的地层,以防喷涌发生。同时由于其能够填充土砂颗粒间隙,减小颗粒之间的摩擦,因而能够有效提高土体的流动性。但是,对于含盐浓度高的海水和金属离子多的地层,或强碱(如化学注浆区)和强酸性地层而言,其吸水性能则大为降低。

纤维类、多糖类及负离子类材料属水溶性高分子聚合物,黏稠性高,可把砂土颗粒间隙中的自由水挤走。负离子类乳胶材料可在砂土颗粒与水之间形成絮状凝聚物,使其产生黏结,并减小土砂内摩擦角,提高土体流动性。

在高压富水地段,为有效防止喷涌、漏渣,向刀盘前加注高分子聚合物改良渣土,利用聚合物的高吸水性凝胶和高黏性溶胶对水与土砂的分离的阻抗作用,能够有效防止螺旋机闸门处出现地下水喷涌现象,其明显的渣土改良效果如图 7-19 所示。

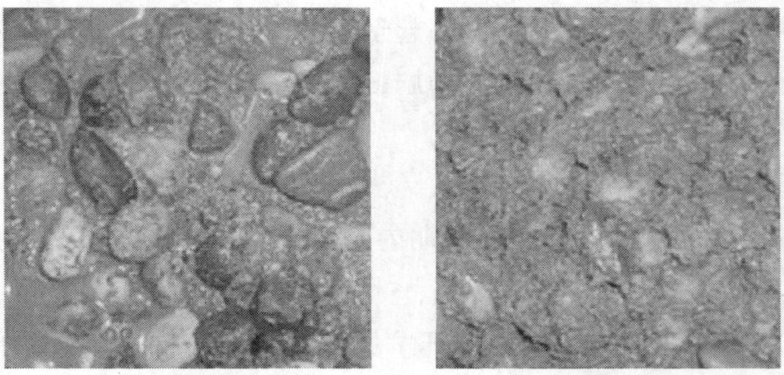

a)加入前状态　　b)加入后状态

图 7-19　富水砂卵石加入高分子聚合物前后对比照片

另外,聚合物中高黏性溶胶和高吸水性凝胶均匀吸附于刀盘切削工作面的表面,具有防透水性能,从而达到稳定工作面的作用。

17. 分散剂在盾构施工中有什么用途?

答:分散剂是一种在分子内同时具有亲油性和亲水性两种相反性质的界面活性剂,可均一分散那些难于溶解于液体的固体颗粒,同时也能防止固体颗粒的沉淀和再次凝聚。它能提高和改善固体或液体物料的分散性能。例如固体染料研磨时,加入分散剂,有助于颗粒粉碎并阻止已碎颗粒凝聚而保持分散体稳定。又如不溶于水的油性液体在高剪切力搅拌下,可分散成很小的液珠,停搅拌后,在界面张力的作用下很快分层,而加入分散剂后搅拌,则能形成稳定的乳浊液。分散剂的主要作用是降低液—液和固—液间的界面张力,因而它也是一种表面活性剂。

在盾构施工中,分散剂的主要功能是防止盾构机刀盘、土仓"结泥饼"和"闭塞"。

结泥饼:即土压平衡盾构机在高黏性地层中施工时,由于土体黏性大和流动性差异,土体在刀盘或土仓内局部黏结,在高温和高压的作用下排水固结,强度增长从而结成饼状硬块。

闭塞:即"结泥饼"的范围不断扩大,最后堵塞整个刀盘、土仓,使得盾构掘进无法进行。

在盾构施工中针对高黏性土地层,在改良渣土塑流化状态或出现"结泥饼"征兆时,可加入分散剂等辅助材料,在固体颗粒的表面形成吸附层,使固体颗粒表面的电荷增加,提高形成立体阻碍的颗粒间的反作用力,从而改良渣土和易性,以促进土渣顺利排出,保证盾构正常掘进。

18. 盾尾密封油脂主要作用是什么,有何主要特性?

答:盾尾密封油脂是一种专门用于地下工程盾构法施工隧道盾构机盾尾密封的油脂类材料,填充于两道盾尾刷之间的尾仓空隙,并形成一定压力,可确保盾构机对地下淡水或海水的水密性。它主要起到润滑、密封、防水、防蚀的作用,通过油脂泵以一定压力注满盾尾钢丝刷的孔间间隙,从而增强钢丝刷的密封性能,防止土砂和泥水的渗入。盾构机在掘进的过程中边推进、边注入密封油脂,借助油脂的挤压力,使盾尾的运动间隙产生密封作用,形成一道牢固的密封层;借助油脂材料与钢板和管片的附着力,起到防水与润滑的作用。盾尾密封油脂对盾尾钢结构有防锈、防蚀和减少磨损的作用,对改善施工条件、提高施工安全性、提高施工质量及施工效率都起到了较好的作用。

盾尾密封油脂应具有以下主要特性:

(1)产品稳定:抗老化、抗氧化,在质保期内无离析、无干缩,泵送性良好,不易被泥浆侵入,价格低廉。

(2)黏附性强:盾尾密封油脂不论是涂在金属板上、混凝土表面,或处于干燥、湿润、水中的状态下,都应具有良好的黏附性。

(3)密封性强:应能承受4~5MPa的水压力而不渗漏,并抗磨损、抗流失。

(4)环保卫生:产品应无毒、无气味,对设备无腐蚀,不侵蚀管片间垫片,不腐蚀盾尾刷,能有效保护盾尾刷并延长其使用寿命。

此外,盾尾密封油脂应具有在较大温度范围环境下使用,仍具有良好泵送性能的特性。同时盾尾油脂必须是可以生物降解的产品，对环境没有毒害，有防水、抗水冲洗、抗蠕动等性能。下面以 CONDAT WR89 NG 牌盾尾密封油脂为例，其主要特性见表 7-10。

CONDAT 牌盾尾密封油脂的主要特性表 表 7-10

理 化 特 性	WR89 NG
气味	无
颜色	天然羊毛色
外观	有纤维状
稠度(按 NFT60132 标准)	250/270
密度	1.3 ±0.05
着火点	≥205℃
经硫酸处理后的灰分	≤50%
不溶性	≤50%
机械特性	WR89
按 JISA 5758 标准,25℃时的蠕动测试	≥30mm
按 NFT 60139 标准,在压力为 10bar 温度为 25℃时的可泵送性测试	45 ~55gr/mm
按 ASTMD 4049 方法,用 38℃人工合成海水作冲失测试	≤7%
按 JISA 5751 标准,油的停滞性测试中渗透度过滤器数量	≤12
按 ASTMD 972 标准,挥发性测试	≤3
按 maltsumara 方法,水密封测试	合格

19. 注入盾尾密封油脂有哪些注意事项？

答：从盾构始发掘进开始，需要往前后两道盾尾仓内注入掘进使用的盾尾油脂，将盾尾整个密封起来。尤其是始发阶段，在盾构机刚掘进时，对于盾构姿态、盾构掘进区间的土质情况，以及同步注浆时的各项压力数据的把握要求相对较高。考虑到上述这些情况，因此在始发后第一时间内形成良好的盾尾保护就更加重要。由于是始发阶段，盾尾油脂的消耗量可能也相对较高，其并非正常掘进最终用量，进入正常段掘进后，应以保持稳定的注入压力和良好的密封效果来确定油脂用量。在掘进施工时，不建议因为漏浆漏水原因而不计后果地过量注入盾尾油脂，而是应当找到渗漏的直接原因，采用物理特性较好的盾尾油脂来满足需求，并采取合理措施重新构建盾尾的密封保护。

盾尾油脂和管片表面存在一定的摩擦系数。正常掘进情况下，泵送油脂在混凝土管片表面每平方米的平均摩擦消耗量约为 1.0 ~1.2kg，可据此估算油脂的合理用量。但针对不同掘进环境，一般应适当增加消耗量 20% ~30% 以提高安全系数，这也是考虑到盾尾间隙不均匀、地层条件变化较大、地下水压以及注浆压力等等因素的影响。

盾尾油脂的消耗量一般主要取决于以下几个因素：土质情况与注浆压力；盾构机的位置（埋深与盾构姿态）；管片外壁表面的平整度（拼装错缝影响）；加注处的容积（盾尾间隙）等。盾尾油脂用量偏高的原因如下：

（1）注浆压力偏大。实际施工中，注浆压力越高，对于盾尾的保护就将造成更大的压力，原则上盾尾仓内油脂保持的压力一定要略大于注浆压力与地下水压，否则很容易出现盾尾击穿的严重后果。理想情况下，压力一般控制在能够顺利注浆的最低压力。另外造成压力较大的原因也可能是浆液的配比。厚浆虽然相对稳定，但是管路压力就相对较高；薄浆易流动，注浆压力可能相对较低，因此，如何选择浆液配比也需要针对土质的特性来权衡。土质所造成的影响，譬如区间内上层覆盖土以粉细砂为主，该土质在有空隙的情况下也具有一定的流动性和坍落度，从而在盾尾处下滑影响注浆的顺利度，如果在这种情况下想要改善注浆，除降低盾尾保护压力外，还需要结合土质改良进行。

(2)盾尾保压压力较大。各盾构机盾尾油脂注入界面设定参数不同，以海瑞克盾构机为例，该盾构机的自动油脂注入系统涉及盾尾保压以及油脂泵行程数，系统程序中一般会有预先设置盾尾保护时所需达到的盾尾仓压力。原则上盾尾压力设定值应略大于注浆压力和地下水压，一般略高 0.5 ~0.7bar 即可，以防盾尾被击穿，这些主要也是涉及盾构机埋深的问题，所以不必为了追求极高的安全系数而将盾尾压力设定过高，同样能起到控制盾尾油脂用量的作用。

出现以下两种情况时应予注意：

①掘进时，盾尾仓内部压力始终达不到设定压力，油脂泵就会不停工作，油脂用量一定会偏高。

②能够达到设定压力，但因为盾尾内部设定压力过高，同样油脂管路就需要更大的注入压力来维持油脂孔出口正常注入，此时可能会为了达到如此高的管路压力，油脂泵工作次数上升。原本工作 1 ~2 次能够达到压力正常注入的情况，如今需要油脂泵工作 3 ~4 次才能达到足够要求。这也是造成油脂用量偏高的一项因素。

(3)盾构姿态与管片平整度。某些情况下盾构内径与管片外径的间隙距离较大，对盾尾刷的弹性要求就较高，一旦尾刷失去弹性，在盾构纠偏过程中间隙过大可能造成尾刷无法正常触封管片外壁，此时就需要更多的油脂来填充间隙。同时，为纠偏姿态，实际前后环管片的拼装和盾尾处都会出现细微变化，这样就势必会造成管片的平整度问题，尤其当后一环管片外壁表面较前一环有所高出时，当盾构机掘进至盾尾刷划过此处时，一部分油脂被错缝刮走，将损失掉较多的油脂，远远超出正常管片表面消耗量范围。

(4)掘进速度。因为很多施工单位采用的是自动注入油脂方式，实际施工中油脂泵基本没有暂停过，也就是从推进开始到结束一直在泵送，因此如果能提高掘进速度，缩短掘进时间，油脂相对也能节省下来。因为盾尾仓压力随时间的增长也会逐渐下降，此为自然泄压，有别于掘进消耗造成的压力下降。实际施工中，据记录，当推进速度稳定在 4 ~5cm/min 时，盾尾油脂在油脂泵不停工作条件下消耗量基本在 30kg(其前提是控制好油脂泵的泵送压力和泵送频率，这在油脂泵处可以调节，不同厂家的盾尾油脂在同样压力下油脂泵泵送频率不同，这是由于油脂纤维和稠度所造成的)。当掘进施工扭矩过大，掘进速度经常难以控制，只能达到 1 ~2cm/min时，因油脂泵需要不停地工作，所以油脂用量也会偏大。

(5)盾尾油脂注入方式。一般情况下，在没有出现掘进问题时，盾尾油脂基本都采用自动注入方式。它主要分为两大类，即时间循环和保压检测。在国内绝大部分 8m 以上泥水盾构机基本都采用保压检测的自动注入方式，此方式以检测油脂注入出口的压力来控制盾尾各处的油脂注入量，需要对盾尾各仓各点合理设置保仓压力以便控制油脂用量。而 6m 左右的地铁盾构机一般都是采用时间循环的自动注入方式，此种方式通常盾尾所有油脂注入孔轮流依次注入，基本各点都是以设定的循环时间平均注入，在某些情况下，现有的自动循环平均注入或许会不够理想，譬如因盾构姿态和管片平整度造成实际情况盾构上部消耗量大于其他部分，因此上部的油脂供应以自动注入方式跟不上，尤其在后半环尾刷经过前一环管片错缝时，往往造成漏浆后再调回手动强制注入，这样不仅起不到预防作用，反而增加用量。所以针对各种实际情况，应提前注意选择何种油脂注入方式，不要等到漏浆后才注意到对盾尾的保护。全程使用手动强制注入对盾构司机的经验要求较高，所以建议关注掘进情况，采用手动强制注入和自动循环注入相结合的方式进行盾尾油脂的加注。

20. 北京常用的盾构刀具有哪些类型？

答：北京地区地质条件主要以黏土、砂、卵石地层为主，一般情况下盾构刀具配置以各类软土刀具为主，如遇到粒径较大的砾石或漂石，也可辅以配置滚刀进行破碎。在砂层、砂卵石地层施工时，需设置切刀、周边刮刀、先行刀、中心刀、仿形刀等刀具。切刀是主刀具，用于开挖面大部分断面的开挖；周边刮刀也称保径刀，用于切削外周的土体，以保证开挖断面的直径；先行刀在开挖面沿径向分层切削，用于预先疏松土体，降低切刀的冲击荷载，减少切削力矩；中心刀用于开挖面中心断面的开挖，起到定心和疏松部分土体的作用；仿形刀用于曲线开挖和纠偏；滚刀用于破碎粒径较大的砾石、漂石或岩层。

第八章　盾构工程有关管理制度及规定

第一节　盾构工程有关管理制度

1. 施工单位应履行哪些安全生产管理职责？（京建发〔2011〕4号第三条）

答： 施工单位应当对盾构机的安全使用负责，并履行下列安全生产管理职责：

(1) 应根据盾构隧道地质勘探资料、周边环境信息等情况进行盾构机选型，所选用的盾构机应保证其各项配置满足盾构区间隧道施工要求，降低盾构施工风险，避免盾构施工过程施工事故的发生。

(2) 应当选择符合国际或国内相关设计、制造、安装等相关标准的盾构机，查验制造厂家的产品合格证或相关技术文件及盾构机使用说明书等。

(3) 要建立健全盾构机的安全技术档案，制定安全生产管理制度和盾构机使用的操作规程。

(4) 负责对盾构机运转情况进行日常检查和定期检查，发现设备隐患应立即采取措施进行整改，要做好检查记录和整改记录。

(5) 要对盾构掘进过程中必要的参数和相关信息进行记录，并按要求实时连续上传相关数据，保证盾构机正常运转。

(6) 要按照盾构机使用说明书及其他相关规定组织维修保养工作，做好维修保养记录，使其安全性能符合国家、行业及市有关标准规范的要求，严禁带病作业。

(7) 负责对盾构机管理及操作人员进行培训及安全生产教育，并配备齐全、有效的安全防护用品。

2. 对盾构标段的施工、监理单位主要负责人资历有哪些要求？（轨道监控字〔2012〕69号第六条）

答： 对新线工程含有盾构标段的施工、监理单位主要负责人资历要求如下：

(1) 项目经理、总监具有盾构施工经历或经过相关盾构技术培训。

(2) 项目总工、总监代表具有盾构施工经历或经过相关盾构技术培训。

(3) 盾构副经理具有盾构施工经历，且担任过盾构施工主要管理职务。

(4) 盾构隧道工程师具有盾构施工经历和经过相关盾构技术培训。

(5) 盾构操作手具有相关培训经历和类似地层盾构操作经验。

（6）盾构标段驻地监理工程师具有盾构区间施工经验或管理经历，且经过相关盾构技术培训。

3. 对盾构从业人员上岗有哪些要求？（轨道监控字〔2012〕69 号第七条）

答：盾构标段的项目经理、项目总工、盾构副经理、盾构隧道工程师、隧道质量管理人员、管片拼装手、注浆人员、盾构操作手、总监、总监代表和驻地监理工程师须经公司或公司认可的培训机构培训合格后方可上岗。

4. 盾构机技术档案包括哪些内容？（轨道监控字〔2012〕69 号第九条）

答：施工单位应严格按照《关于加强盾构机安全使用管理的规定》的相关要求建立健全盾构机的安全技术档案，内容应包括设备制造厂商名称及编号、生产日期、主要技术参数、累计使用年限、累计施工隧道长度、设备产权单位、主要穿越地层情况及设备运行状况等。

5. 施工单位在盾构设备进场前 6 个月应做什么工作？（轨道监控字〔2012〕69 号第十条）

答：施工单位必须提交自有盾构机产权证明或新购设备合同，报监理单位审核。

6. 盾构设备进场前施工单位要完成的盾构设备适用性自评估报告至少有哪些内容？（轨道监控字〔2012〕69 号第十一条）

答：盾构设备适应性自评估报告至少应包括以下内容：

（1）刀盘形式、刀具布置与地层的适应性评价，计划换刀地点和换刀方案的适应性评价。

（2）同步注浆及二次补浆设备与盾构机主体设备和地层的适应性评价。

（3）泡沫、膨润土等土体改良设备的性能、能力及其适应性评价。

（4）螺旋输送机的地层适应性评价。

（5）皮带输送机的相关特性及其适应性评价。

（6）润滑及密封系统的适应性评价。

（7）推力及刀盘扭矩的地层适应性评价。

（8）盾构机主体设备使用年限超过 8 年或累计已施工隧道长度超过 10km（含）的盾构机，其设备适应性自评估报告中需明确盾构机主轴承及其密封的残余寿命。

7. 盾构设备进场前、现场组装前、组装完成后的审查审核验收有什么要求？（轨道监控字〔2012〕69 号第十二～十四条）

答：盾构设备进场前，总监理工程师负责组织专家、施工标段项目总工、盾构副经理工点设计负责人、盾构咨询组主要负责人、项目管理单位分管领导及业主代表，对盾构机设备适应性自评估报告进行审查。审查通过后，报项目管理单位备案。

盾构设备现场组装前，监理单位应对吊装方案进行审核，审核通过后盾构机方可下井组装。

盾构施工现场组装完成后，施工单位需对盾构设备进行验收，并形成验收报告。监理单位负责对盾构设备及验收报告进行核查，签字确认后，报项目管理单位备案。

8. 北京对盾构机吊装方案的制订、论证、执行的规定有哪些要求？（京建发〔2011〕4号第四条）

答：施工单位应当制订吊装作业的专项方案，并从“北京市危险性较大的分部分项工程专家库”中抽取专家对专项方案进行论证，专项方案的编制和专家论证应执行《关于印发 <危险性较大的分部分项工程安全管理办法> 的通知》（建质〔2009〕87号）和《北京市实施 <危险性较大的分部分项工程安全管理办法> 规定》（京建施〔2009〕841号）的有关规定。实施吊装作业过程中，施工单位应按照吊装作业的专项方案、国家和本市相关的技术规程、规定要求实施吊装。

9. 盾构机吊装前安全技术交底应由谁做，吊装设备、施工人员、作业范围有什么要求？（京建发〔2011〕4号第五条）

答：吊装作业前，吊装作业专项方案编制人员或项目技术负责人应当向现场管理人员和吊装作业人员进行安全技术交底。按照国家和本市起重机械设备安全管理的有关规定，施工单位应确保施工现场满足盾构机吊装作业所需的条件，实施吊装的单位应确保吊装作业的起重机械设备符合相关规定，起重机械操作人员和信号指挥人员必须持证上岗。盾构机吊装作业时，施工单位应设置吊装作业警戒区，并指派专人负责统一指挥和监督，禁止无关人员进入。

10. 与盾构施工相关的哪些专项方案需要论证，论证时需要哪些人员参加？（轨道监控字〔2012〕69号第十五条）

答：施工单位须组织专家对盾构施工组段划分报告、吊装作业专项方案、始发与到达专项施工方案、开仓方案、区间联络通道施工方案、穿越一级及以上风险工程专项施工方案及应急预案等内容进行论证。方案论证通过并修改完善后，报监理单位审批签字确认。方案论证时，要求施工标段项目总工、盾构施工副经理、总监理工程师或总监代表、第三方监测项目技术负责人、勘察单位项目技术负责人、工点设计负责人、相关咨询组主要负责人、业主代表及项目管理单位相关人员参会。

11. 盾构施工过程中突发重大设备故障或由于地质、障碍等原因无法推进时需采取哪些措施、方案和论证？（轨道监控字〔2012〕69号第十七、十八条）

答：盾构施工过程中突发重大设备故障，需停机维修或更换重要设备部件时，施工单位应立即向项目管理单位和监理单位汇报，组织编写专项方案（包括恢复掘进）及应急预案，论证后的方案报监理审批，并报项目管理单位备案。

盾构施工过程中由于地质、障碍物等原因导致盾构机无法推进，需停机处置时，施工单位应立即向项目管理单位和监理单位汇报，并由总监理工程师或总监代表组织施工标段业主代表、项目经理或总工、盾构施工副经理、第三方监测项目技术负责人及盾构咨询组主要负责人等召开专题分析会，制订处理措施（含恢复掘进的措施和应急预案）。

12. 哪些盾构工序在施工前应进行条件验收？（轨道监控字〔2012〕69 号第十六条）

答：盾构始发与到达、开仓、区间联络通道开口、穿越特一级风险工程施工前均应进行条件验收，并应严格执行《北京市轨道交通建设工程重要部位和环节施工前条件验收暂行管理办法》（京建发〔2010〕746 号）的相关规定。

13. 盾构始发与到达有哪些关键工序管理要求？（轨道监控字〔2012〕69 号第二十一条）

答：盾构始发与到达有如下关键工序管理要求：

（1）盾构机始发与到达前，施工单位应按照设计图纸文件要求对相应区域的地层进行加固，对端头地层加固效果进行抽芯检测，抽芯时监理须全程旁站。

（2）监理单位根据抽芯检测结果对端头加固效果进行评价，填写《盾构机始发与到达端头加固质量评价表》，并签字确认。

（3）监理单位按照《北京市轨道交通建设工程重要部位和环节施工前条件验收暂行管理办法》（京建发〔2010〕746 号）的要求对洞门止水橡胶帘布和扇形压板的安装情况进行确认。

（4）盾构机始发前，监理单位负责对反力架的强度和稳定性进行检验。

（5）在完成上述（1）~（4）后，方可进行盾构始发与到达的条件验收。

（6）盾构始发前，由控制测量单位对盾构测量控制基点进行复核测量，施工单位将测量结果和复核结果报监理单位审批后，盾构机方可始发。

（7）盾构始发（隧道开始 60 环）与到达（隧道最后 50 环）施工时，监理应按照盾构始发、到达专项方案的相关施工要求，重点对盾构机主要施工参数和二次补浆情况进行记录和监督。

14. 盾构施工过程中对土压管理有哪些要求？（道监控字〔2012〕69 号第二十二条）

答：盾构施工过程中，土仓压力须严格按照组段划分报告中设定的范围来控制，监理单位进行实时监控，第三方监测单位、盾构咨询组进行过程监控。土仓压力出现异常时，应及时分析原因，制定应对措施，并经监理审核。

15. 盾构穿越重大风险工程影响范围如何界定？（道监控字〔2012〕69 号第二十七条）

答：盾构穿越重大风险工程影响范围界定为：

（1）轴线方向：穿越前盾构机刀盘距风险工程 15m，穿越后盾尾距风险工程 20m。

（2）径向方向：隧道轮廓线外两侧各两倍隧道洞径。

16. 穿越重大风险工程时出现什么情况监理需下监理通知或工程暂停令？（道监控字〔2012〕69号第二十九、三十条）

答：穿越过程中，须严格执行专项方案的要求，出现下列情况时之一时，监理单位应立即下监理通知，并督促整改；出现下列两种及以上情况时，监理单位应立即下工程暂停令，并督促整改和处理。

（1）同步注浆和二次补浆浆液质量不合要求。

（2）同步注浆量低于控制范围。

（3）二次补浆不及时或补浆位置不合理。

穿越过程中，出现下列情况之一时，监理单位应立即下工程暂停令，总监理工程师组织施工标段项目经理、项目总工、盾构副经理、第三方监测项目技术负责人及盾构咨询组主要负责人等召开专题分析会，制定处理措施，并报项目管理单位备案。

（1）土压力持续5min或盾构推进10cm隧道长度范围内低于最低控制值。

（2）连续2环同步注浆量高于控制范围，且注浆压力低于控制范围。

（3）一环出土量超出理论计算值$3m^3$及以上。

（4）含水地层螺旋输送机发生喷涌。

（5）沉降量较大，出现3个及以上橙色监测预警或1个及以上橙色巡视预警，并经分析有风险。

17. 盾构吊装对盾构机吊装单位资质有哪些规定？

答：盾构机吊装单位必须具备北京市住建委颁发的特种专业工程专业承包（吊装）资质，并取得安全生产许可证。没有吊装资质的施工总承包单位，严禁以起重机租赁方式进行盾构机吊装。

18. 盾构吊装对盾构机吊装单位及人员有什么要求？

答：盾构机吊装单位必须具有盾构机吊装施工经验，拥有能够满足施工要求的吊装设备及相应的专业人员。参与盾构机吊装特种作业人员必须取得相应的资质证书方可上岗，每台盾构机吊装的组织机构中，参与人员的数量及资格不能低于表8-1要求。

盾构吊装对吊装单位及人员的要求　　表8-1

序　号	岗　位	职　责	人数	资格证书要求
1	吊装负责人	全面负责吊装工程的实施	1	工程师
2	专职安全员	负责监督执行安全制度，及时消除现场的安全隐患	1	安全员证
3	起重工	分别在竖井上、下负责指挥起重机，使盾构机就位	2	特种作业操作证（指挥司索）
4	起重机司机	操作起重机	2	特种作业操作证（流动式司机）

19. 盾构吊装方案应包括哪些内容？

答：盾构吊装方案应包括以下内容：

(1)编制说明和依据。

(2)工程概况：

①工程特点及难点；

②盾构机的外形尺寸及重量等参数；

③吊装作业环境情况描述。

(3)施工计划与资源配置：

①工期计划；

②人员配置；

③机具配置；

④场地布置。

(4)盾构机下井吊装与组装工艺：

①吊装设备结构及吊装性能简介；

②起重机在现场的站位；

③盾构机各部件下井顺序；

④盾体翻身方法；

⑤吊装及组装。

(5)盾构机接收解体与吊装施工工艺：

①吊装设备结构及吊装性能简介；

②起重机在现场的站位；

③盾构机各部件下井顺序；

④盾体翻身方法；

⑤吊装及组装。

(6)吊装计算(包括起重机起重能力验算、钢丝绳强度验算、起重机在吊装过程中吊臂与吊物水平和垂直距离的计算)。

(7)技术质量及安全保证措施。

(8)吊装作业应急预案。

(9)吊装平面图(包括起重机的站位、竖井位置、起重机周围的管线等)。

第二节　盾构施工测量及控制的有关规定

20. 盾构施工测量包括哪些内容？(见 GB 50446—2008[①] 的 5.1.1 条)

答：施工测量主要内容应包括地面控制测量、联系测量、地下控制测量、掘进施工测量、贯通测量和竣工测量。

---

① GB 50446—2008 指《盾构法隧道施工与验收规范》。

21. 盾构施工贯通测量中误差有哪些规定?（见 GB 50446—2008 的 5.1.4 条）

答:盾构施工贯通测量中误差应符合表 8-2 规定。

盾构施工贯通测量中误差规定 表 8-2

<table>
<tr><td rowspan="2">铁路、地铁隧道</td><td>横向贯通测量中误差</td><td>±50mm</td></tr>
<tr><td>高程贯通测量中误差</td><td>±25mm</td></tr>
<tr><td rowspan="2">公路、水工隧道</td><td>横向贯通测量中误差</td><td>±75mm</td></tr>
<tr><td>高程贯通测量中误差</td><td>±25mm</td></tr>
</table>

22. 对同一贯通区间内始发和接收工作井所使用的地面近井控制点有什么要求?（见 GB 50446—2008 的 5.1.5 条）

答:对同一贯通区间内始发和接收工作井所使用的地面近井间必须进行直接联测,并与区间内的其他地面控制点构成附和线路或附和网。

23. 隧道贯通后地下控制网有什么要求?（见 GB 50446—2008 的 5.1.6 条）

答:隧道贯通测量后必须以始发和接收工作井的地下近井控制点为起算数据,采用附和线路形式,对原有控制点重新组合或布设并施测地下控制网。

24. 地面控制网测量技术要求有哪些规定?（见 GB 50446—2008 的 5.2.3 条）

答:根据不同的地面控制网,其测量技术要求有不同的规定:

(1)一等平面控制网(GPS)测量技术要求应符合表 8-3 规定。

一等平面控制网(GPS)测量技术要求 表 8-3

平均边长(km)	最弱的点位中误差(mm)	相邻点的相对点位中误差(mm)	最弱边的相对中误差	与现有控制点的坐标较差(mm)
2	±12	±10	1/100000	≤50

(2)二等平面控制网(导线)测量技术要求应符合表 8-4 规定。

二等平面控制网(导线)测量技术要求 表 8-4

<table>
<tr><td rowspan="2">平均边长(m)</td><td rowspan="2">导线长度(km)</td><td rowspan="2">每边测距中误差(mm)</td><td rowspan="2">测距相对中误差</td><td rowspan="2">测角中误差(″)</td><td colspan="2">测回角</td><td rowspan="2">方位角闭合差(″)</td><td rowspan="2">全长相对闭合差</td><td rowspan="2">相邻点的相对点位中误差</td></tr>
<tr><td>DJ1</td><td>DJ2</td></tr>
<tr><td>350</td><td>3~4</td><td>±4</td><td>1/60000</td><td>±2.5</td><td>4</td><td>6</td><td>±5/n</td><td>1/35000</td><td>±8</td></tr>
</table>

(3)高程控制网(水准)测量技术要求应符合表 8-5 规定。

高程控制网(水准)测量技术要求 表 8-5

<table>
<tr><td colspan="2">每千米高差中数中误差(mm)</td><td rowspan="2">路线长度(km)</td><td rowspan="2">水准仪等级</td><td rowspan="2">水准尺</td><td>观测次数</td><td colspan="3">往返较差、附合或环线闭合差</td></tr>
<tr><td>偶然中误差</td><td>权重误差</td><td>与已知点联测</td><td>附合或环线</td><td>平地(mm)</td><td>山地(mm)</td></tr>
<tr><td>±2</td><td>±4</td><td>2~4</td><td>DSI</td><td>钢尺或条码尺</td><td>往返各一次</td><td>往返各一次</td><td>±8/L</td><td>±2/n</td></tr>
</table>

注:L 为往返测段、附合或环线的路线长度(单位 km),n 为单程的测站数。

25.联系测量主要包括哪些内容?(见 GB 50446—2008 的 5.3.1 条)

答:联系测量主要内容应包括地面近井导线测量和近井高程测量、工作井定向测量和导向高程测量,以及地下近井导线测量和近井高程测量等。

26.当采用联系三角形方法进行工作井定向测量时应符合哪些规定?(见 GB 50446—2008 的 5.3.3 条)

答:当采用联系三角形方法进行工作井测量时,应符合下列规定:

(1)每次应独立定向 3 次;

(2)悬吊钢丝间距(c 值)应尽量大;

(3)联系三角形应成直伸形;

(4)a/c 或(a_1/c)不应大于 1.5(a 和 a_1 分别为地面和地下连接点与其最近钢丝的间距);

(5)仪器至钢丝的距离可采用钢尺丈量或在钢丝上粘贴反射片进行电磁波测距,地面、地下同一边测量较差应小于 2mm;

(6)角度观测应使用 DJ2 经纬仪或同等测量精度的全站仪,采用全圆测回法观测 4 测回,测角中误差为 ±2″;

(7)各测回测定的地下起始边方位角较差应小于 20″,方位角的平均误差为 ±12″。

27.联系测量采用陀螺经纬仪和垂准仪组合定向时应符合哪些规定?(见 GB 50446—2008 的 5.3.4 条)

答:当采用陀螺经纬仪和垂准仪组合定向时,应符合下列规定:

(1)全站仪角度标称精度不应低于 2″,测距标称精度不应低于 2mm +2ppm;

(2)陀螺经纬仪一次定向精度应小于 20″;

(3)垂直仪投点中误差为 ±3mm;

(4)同一边应定向三次,每测回间陀螺仪方位角较差应小于 20″,独立三次定向陀螺方位角平均值中误差为 ±12″。

28.地下控制测量主要有哪些内容?(见 GB 50446—2008 的 5.4.1 条)

答:地下控制测量主要内容应包括地下施工导线测量、施工控制导线测量、地下施工水准测量和施工控制水准测量。

29.对地下控制测量起算点有哪些要求?(见 GB 50446—2008 的 5.4.2 条)

答:地下控制测量起算点必须采用直接从地面通过联系测量传递到工作井下的平面和高程控制点,通常地下平面起算点不应少于 3 个,起算方位边不应少于 2 条,高程起算点不应少于 2 个。

30. 施工控制导线应满足哪些技术要求?(见 GB 50446—2008 的5.4.6条)

答:施工控制导线应满足下列技术要求:

(1)直线隧道的导线平均边长宜为150m,曲线隧道的导线平均边长宜为60m;

(2)采用DJ2全站仪施测,左右角各测2测回,左右角平均值之和与360°较差应小于6″;

(3)导线点横向中误差m_u宜满足下列要求:

$$m_u \leqslant m = \frac{4}{5} \frac{l_d}{L_d}$$

式中:m_u——导线点横向中误差(mm);

m——贯通中误差(mm);

l_d——导线长度(m);

L_d——贯通距离(m)。

31. 盾构掘进施工测量标志点应符合哪些规定?(见 GB 50446—2008 的5.5.2条)

答:掘进施工测量标志点应符合下列规定:

(1)标志点应牢固设置在盾构纵向或横向截面上,且不应少于2个,标志点间距应尽量大,标志点可粘贴反射片或安置棱镜;

(2)标志点间三维坐标系统应和盾构几何坐标系统一致,当不一致时,应建立明确的换算关系。

32. 盾构竣工测量主要内容有哪些?(见 GB 50446—2008 的5.7.2条)

答:隧道竣工测量主要内容应包括隧道轴线平面偏差、高程偏差、衬砌环椭圆度以及隧道纵、横断面测量等。

第三节 盾构施工中管片制作有关规定

33. 对钢筋混凝土管片原材料有什么要求?(见 GB 50446—2008 的6.3.1条)

答:钢筋混凝土管片原材料应符合下列规定:

(1)具有产品质量证明文件,并应复检合格;

(2)宜采用非碱活性骨料;当采用碱活性骨料时,混凝土中碱含量的限制值应符合现行国家标准《混凝土结构设计规范》(GB 50010—2010)的规定;

(3)预埋件规格和性能应符合设计要求。

34. 对钢筋混凝土管片模具的基本要求?(见 GB 50446—2008 的6.4.1条)

答:模具必须有足够的承载能力、刚度、稳定性、和良好的密封性,并满足管片的尺寸和形状要求。

35. 钢筋混凝土管片模具验收符合规定有什么要求？（见 GB 50446—2008 的 6.4.3 条）

答：模具验收应符合下列规定：

（1）模具制造应编制完善的技术文件；

（2）模具材料应符合质量要求；

（3）模具各部加工应符合设计要求；

（4）模具安装后应进行初验，符合设计要求后可试生产；在试生产的管片中，应随机抽取 3 环进行水平拼装实验，合格后方可正式验收。

36. 对钢筋混凝土管片加工合模、开模与出模的规定？（见 GB 50446—2008 的 6.4.4 条）

答：（1）合模前应清理模具各部位，脱模剂涂刷应薄而均匀，无积聚、流淌现象。

（2）应按模具使用说明书规定的顺序合模和开模，并应对模具进行检查。

（3）螺栓孔预埋件、中心吊装孔预埋件以及其他预埋件和模具接触面应密封良好，钢筋骨架和预埋件严禁接触脱模剂。

（4）管片出模强度应符合设计要求；当设计无要求时，强度应根据管片尺寸、混凝土强度设计等级、起吊方式和存放方式等因素综合确定。

（5）开模和出模时应注意保护模具。

37. 模具周转 100 环时应进行哪些检查？（见 GB 50446—2008 的 6.4.5 条）

答：模具周转 100 环时必须进行检验，允许偏差和检验方法应符合表 8-6 的规定。

模具允许偏差和检验方法 表 8-6

项 目	允许偏差（mm）	检验工具	检查数量
宽度	±0.4	内径千分尺	6 点/个
弧、弦长	±0.4	样板、塞尺	2 点/个，每点 2 次
内腔高度	−1 ~ +2	高度尺	4 点/个

38. 管片钢筋骨架成型应符合哪些规定？（见 GB 50446—2008 的 6.5.3 条）

答：钢筋骨架成型应符合下列规定：

（1）骨架连接时，应按料表核对级别、规格、长度、根数及胎具型号。

（2）采用焊接连接时，应根据钢筋级别、直径及焊机性能进行试焊，并在确定焊接参数后，方可批量焊接；焊接骨架的焊点设置应符合设计要求；当无设计规定时，应采用对称跳点焊接。

（3）焊接前应对焊接处进行检查，不应有水锈、油渍，焊接后不应有焊接缺陷。

（4）骨架入模后，各部件保护层应符合设计要求。

39. 管片钢筋及骨架制作与安装质量应符合哪些规定?(见 GB 50446—2008 的6.5.4条)

答:管片钢筋及骨架制作与安装质量应符合下列规定:

(1)浇筑混凝土前,应进行钢筋隐蔽工程验收。验收项目主要包括下列内容:

①钢筋主筋的品种、规格、数量、位置等;

②箍筋、横向钢筋的品种、规格、数量、间距等;

③预埋件的规格、数量、间距等。

(2)钢筋加工偏差和检查方法应符合表8-7规定。

钢筋加工偏差和检查方法 表8-7

项 目	允许偏差(mm)	检测工具	检验数量
主筋和构造筋长度	±10	钢卷尺	每班同设备生产15环同类型钢骨架,应抽检不少于5根
主筋弯折点位置	±10		
钢筋内净尺寸	±5		

(3)钢筋骨架制作、安装偏差和检查方法应符合表8-8规定。

钢筋骨架制作、安装偏差和检查方法 表8-8

项目		允许偏差(mm)	检验工具	检验数量
钢筋骨架	长	+5,-10	钢卷尺	按日生产量的3%进行抽检,每日抽检不少于3件,且每件检验4点
	宽	+5,-10		
	高	+5,-10		
主筋	间距	±5		
	层距	±5		
	保护层厚度	±5,-3		
箍筋间距		±10		
分布筋间距		±5		

40. 钢筋混凝土管片应做哪些标识?(见 GB 50446—2008 的6.7.1条)

答:应在内弧面角部进行标识,标识内容包括管片型号、管片编号、模具编号、生产日期、生产厂家。

41. 管片的质量要求应符合哪些规定?(见 GB 50446—2008 的6.7.2条)

答:管片质量要求应符合下列规定:

(1)应按设计要求进行结构性能检验,检查结果应符合设计要求;

(2)管片强度和抗渗等级应符合设计要求;

(3)吊装预埋件首次使用前必须进行抗拉拔试验,试验结果应符合设计要求;

(4)管片不应存在露筋、孔洞、疏松、夹渣、有害裂缝、缺棱掉脚、飞边等缺陷,麻面面积不得大于管片面积的5%；

(5)日生产每15环应抽取1块管片进行检查，允许偏差和检查方法应符合表8-9的规定。

抽查管片的允许偏差及其检查方法　　表8-9

项　目	允许偏差(mm)	检验工具	检验数量
宽度	±1	卡尺	3点
弧，弦长	±1	样板，塞尺	3点
厚度	+3，-1	钢卷尺	3点

42. 每生产200环管片后应进行什么检查？检查标准是什么？(见GB 50446—2008的6.7.2条)

答：每生产200环管片后应进行水平拼装检查一次，其如许偏差和检验方法应符合表8-10规定。

管片水平拼装允许偏差及其检查方法　　表8-10

项　目	允许偏差(mm)	检验频率	检验工具
环向缝间距	2	每缝测6点	塞尺
纵向缝间距	2	每缝测2点	塞尺
成环后内径	±2	测4条(不放衬垫)	钢卷尺
成环后外径	+6，-2	测4条(不放衬垫)	钢卷尺

第四节　盾构掘进施工有关规定

43. 盾构施工掘进一般划分哪三个阶段？(见GB 50446—2008的7.1.2条)

答：盾构掘进施工划分为始发、掘进和接收三个阶段，施工中应根据每个阶段施工特点采取针对性措施，保证施工安全，并应满足质量及环保要求。

44. 盾构掘进时遇到什么情况要及时处理？(见GB 50446—2008的7.1.8条)

答：盾构掘进过程中遇到下列情况时，应及时处理：

(1)盾构前方地层发生塌方或遇有障碍；

(2)盾构本体滚动角不小于3°；

(3)盾构轴线偏离隧道轴线不小于50mm；

(4)盾构推力与预计值相差值较大；

(5)管片严重开裂或严重错台；

(6)壁后注浆系统发生故障无法注浆；

(7)盾构掘进扭矩发生异常波动；

(8)动力系统、密封系统、控制系统等发生故障。

45. 盾构掘进参数应根据哪些因素制定?(见 GB 50446—2008 的 7.5.1 条)

答:应根据隧道工程地质和水文地质条件、隧道埋深、线路平面与坡度、地表环境、施工监测结果、盾构姿态以及盾构初始掘进阶段的经验设定盾构转动角 、俯仰角、偏角、刀盘转速、推力、扭矩、螺旋输送机转速、土仓压力、排土量等掘进参数。

46. 盾构姿态控制一般有哪些注意事项?(见 GB 50446—2008 的 7.8.1~5 条)

答:盾构姿态控制注意事项如下:

(1)盾构掘进过程中应随时监测和控制盾构姿态,使隧道轴线控制在设计容许偏差范围内。

(2)在竖曲线与平曲线段施工时,应考虑已成环衬砌环竖向、横向位移对隧道轴线控制的影响。

(3)应对盾构姿态及管片状态进行测量和人工复核,并详细记录;当发现偏差时,应及时采取措施纠偏。

(4)实施盾构纠偏必须逐环、小量纠偏,必须防止过量纠偏而损坏已拼装管片和盾尾密封。

(5)根据盾构的横向和竖向偏差,可采取千斤顶分组控制或使用仿形刀适量超挖或反转刀盘等措施调整盾构姿态。

47. 带压更换刀具应符合哪些规定?(见 GB 50446—2008 的 7.9.5 条)

答:带压更换刀具应符合下列规定:

(1)通过计算和实验确定合理气压,稳定工作面和防止地下水渗漏;

(2)刀盘前方地层和土仓满足气密性要求;

(3)由专业技术人员对开挖面稳定状态和刀盘、刀具磨损状态进行检查,确定刀具更换专项方案与安全操作规定;

(4)作业人员应按照刀具更换专项方案和安全操作规定更换刀具;

(5)保持开挖面和土仓空气新鲜;

(6)作业人员进仓工作时间应符合表 8-11 规定。

带压更换刀具作业人员进仓工作时间规定 表 8-11

仓内压力(MPa)	工作时间		
	仓内工作时间(h)	加压时间(min)	减压时间(min)
0.01~0.13	5	6	14
0.13~0.17	4.5	7	24
0.17~0.255	3	9	51

48. 管片拼装有哪些一般规定?(见 GB 50446—2008 的 9.1 条)

答:管片拼装一般规定如下:

（1）必须使用合格的防水密封条；

（2）应根据上一环砌块姿态、盾构姿态、盾尾间隙等确定管片排序；

（3）应按拼装工序要求逐块拼装，并及时连接成环；

（4）拼装管片时，拼装机作业范围内严禁站人。

49. 管片拼装前应做哪些准备工作？（见 GB 50446—2008 的 9.2 条）

答：管片拼装前应做的准备工作有：

（1）对管片及密封条应进行验收，并应按拼装顺序存放；

（2）对上一衬砌环面应进行质量检查；

（3）对拼装机具和材料应进行质量检查。

50. 管片拼装作业时应注意哪些环节？（见 GB 50446—2008 的 9.3 条）

答：管片拼装作业时应注意如下环节：

（1）应严格控制千斤顶的压力和伸缩量，并保持盾构姿态稳定；

（2）管片连接螺栓紧固质量应符合设计要求；

（3）拼装管片时应防止管片及密封条损坏；

（4）对已拼装成环的衬块环应进行椭圆度抽查，确保拼装精度；

（5）曲线段拼装管片时，应使用各种管片在环向定位准确，隧道轴线应符合设计要求；

（6）在特殊位置拼装管片时，应根据管片的设计位置，预先调整盾构姿态和盾尾间隙，管片拼装应符合设计要求。

51. 管片拼装质量控制有哪些控制项目？（见 GB 50446—2008 的 9.4 条）

答：管片拼装质量控制项目如下：

（1）管片拼装应严格按设计要求进行，管片不得有内外贯穿裂缝和宽度大于 0.2mm 的裂缝及混凝土剥落现象。

（2）管片防水密封质量应符合设计要求，不得缺损，黏结应牢固、平整，防水垫圈不得遗漏。

（3）螺栓质量及拧紧度必须符合设计要求。

（4）管片拼装过程中应对隧道轴线和高程进行控制，其允许偏差和检验方法应符合表8-12规定。

管片拼装过程中对隧道轴线和高程控制的允许偏差和检验方法 表 8-12

项目	允许偏差(mm)			检验方法	检验频率
	地铁隧道	公路隧道	水工隧道		
隧道轴线平面位置	±50	±75	±100	用经纬仪测中线	1点/环
隧道轴线高程	±50	±75	±100	用水平仪测高程	1点/环

（5）施工过程中管片拼装允许偏差和检验方法应符合表 8-13 的规定。

施工过程中管片拼装允许偏差和检验方法　　表 8-13

项　目	允许偏差(mm)			检 验 方 法	检 验 频 率
	地铁隧道	公路隧道	水工隧道		
衬砌环直径椭圆度	±5‰D	±6‰D	±8‰D	尺量后计算	4 点/环
相邻管片的径向错台	5	6	8	用尺量	4 点/环
相邻管片的环面错台	6	7	9	用尺量	1 点/环

注：D 指隧道的外径，单位为 mm。

(6)粘贴管片防水密封条前应将管片密封条槽清理干净，粘贴后的防水密封条应牢固、平整、严密、位置正确，不得有起鼓、超长和缺口现象。管片防水密封条粘贴完毕并达到粘贴时间要求后方可拼装。管片拼装前应对粘贴的密封条进行检查，拼装时不得损坏密封条。

(7)螺栓孔密封胶条应按设计要求安装，不得遗漏，且不宜外露。

(8)管片嵌缝防水应符合设计要求。当无设计要求时，应符合现行国家标准《地下工程防水技术规范》(GB 50108—2008)中 8.1.8 条的规定。

52. 注浆参数选择应考虑哪些因素？(见 GB 50446—2008 的 10.2 条)

答：注浆参数选择应考虑以下因素：

(1)注浆压力应根据地质条件、注浆方式、管片强度、设备性能、浆液特性和隧道埋深等综合因素确定。

(2)同步注浆和即时注浆的注浆量充填系数应根据地层条件、施工状态和环境要求确定，充填系数 1.30～2.50。

(3)同步注浆的注浆速度应根据注浆量和推进速度确定。

(4)根据隧道稳定状态和环境保护要求，可进行二次补强注浆。二次补强注浆的注浆量和注浆速度应根据环境条件和沉降监测结果等确定。

53. 接缝防水有哪些要求？(见 GB 50446—2008 的 11.2 条)

答：接缝防水有要求如下：

(1)防水材料必须按设计要求选择，施工前应分批进行抽检。

(2)防水密封条粘贴应符合下列规定：

①按管片型号使用，严禁尺寸不符或有质量缺陷；

②变形缝、柔性接头等管片接缝防水的处理应符合设计要求。

(3)管片采用嵌缝防水材料时，槽缝应清理，并应使用专用工具填塞平整、密实。

第五节　施工监测有关规定

54. 盾构法施工监控量测项目有哪些？(见 DB 11/490—2007① 的 5.0.1 条)

答：地铁采用盾构法施工时，应对土体介质、隧道结构(主要为管片衬砌)和周边环境进行

① DB11/490—2007 指《地铁工程监控量测技术规程》。

监控量测，量测项目见表8-14。

盾构法施工监控量测项目

表8-14

类别	监测项目	监测仪器及元件	监测精度	测点布置	监测频率
应测项目	洞内及洞外观察				每天不少于一次
	地表沉降（或隆起）	水准仪	符合DB 11/490—2007的3.2.5条的有关要求	详见DB 11/490—2007的5.0.4条	详见DB 11/490—2007的5.0.4条
	临近建（构）筑物	水准仪； 全站仪或经纬仪； 裂缝观测仪	符合DB 11/490—2007的3.2.5条的有关要求； ±2″±(2mm+2ppm)	根据建（构）筑物的沉降、倾斜、裂缝的不同内容分别布置，详见相关的条文	周围建（构）筑物的沉降和倾斜监测频率与地表沉降的观测频率相同。 建（构）筑物裂缝监测频率按照控制两次观测期间裂缝发展不大于0.1mm及裂缝所处位置而定
	地下管线沉降	水准仪	符合DB 11/490—2007的3.2.5条的有关要求	地下管线每5~15m一个测点，管线接头处或位移变化敏感部位	与地表沉降相同
	管片衬砌变形	全站仪； 收敛仪； 断面扫描仪	±2″，±(2mm+2ppm)；0.06mm；1mm	每一盾构施工的区间隧道设1~2个主测断面	与地表沉降相同
选测项目	分层沉降及水平位移	分层沉降仪； 测斜仪	1.0mm； 0.02mm/0.5m	与上述主断面相对应设1~2个主测断面	与地表沉降相同
	管片衬砌和地层间接触应力	土压力盒； 频率接收仪	0.15% F.s	与上述主断面相对应设1~2个主测断面，每个断面不少于5个测点	与地表沉降相同
	管片内力	钢筋应力计； 混凝土应力计； 螺栓应力计	0.15% F.s	与上述主断面相对应设1~2个主测断面，每个断面不少于5个测点	与地表沉降相同

55. 地表沉降监测有哪些要求？（见DB11/490—2007的5.0.4条）

答：1）地表沉降测点的埋设

地表沉降测点的埋设应按《地铁工程监控量测技术规程》（DB 11/490—2007）第3.2.2条执行。

2）测点的布置

（1）纵向地表测点沿盾构推进轴线设置，测点间距为10～30m。在地层或周边环境复杂地段布置横向监测断面。横向地表测点的布置范围应根据预测的沉降槽确定，一般可在地铁结构外沿两侧各30m范围内布设。一排横向地表测点不宜少于7个，且根据近密远疏的原则布置。

（2）在盾构始发的100m初始掘进段内，监测布点宜适当加密，并宜布置一定数量的横向监测断面。

（3）在工法和结构断面变化的部位如车站与区间的结合部、车站与风道结合部位等应设监测点。

3）监测仪器及精度

地表沉降（或隆起）采用水准测量方法进行。监测仪器采用DSI水准仪，其监测精度符合《地铁工程监控量测技术规程》（DB 11/490—2007）3.2.5条Ⅲ等级要求。

4）监测频率

监测频率应根据盾构施工情况、监测断面距开挖面的距离和沉降速率来确定。出现异常情况时，应增大监测频率。

一般情况下可选用如下监测频率：

掘进面距监测断面前后≤20m时，1～2次/天；

掘进面距监测断面前后≤50m时，1次/2天；

掘进面距监测断面前后>50m时，1次/周；

根据数据分析确定沉降基本稳定后，1次/月。

56. 管片衬砌变形监测有哪些要求？（见DB 11/490—2007的5.0.5条）

答：管片衬砌变形监测主要包括隆沉、水平位移监测及断面收敛变形监测。

1）监测布置

盾构施工的每一区间隧道设1～2个主测断面。

如采用收敛仪监测，主测断面的拱顶（0°）、拱底（180°）、拱腰（90°和270°）处共设4个测点，测量横向和竖向的变化，并以椭圆度表示管片圆环的变形，实测椭圆度为横向与竖向测量值之差。

2）测量仪器及精度

管片衬砌隆沉及水平位移监测采用全站仪及反射棱镜，其监测精度：测角和测距分别为2.0″和2mm+2ppm。隆沉也可采用水准仪，精度符合《地铁工程监控量测技术规程》（DB 11/490—2007）表3.2.5的有关要求。

3）监测频率

分别在衬砌拼装成环尚未拖出盾尾即无外荷载作用时和衬砌环脱出盾尾承受外荷载作用且能通视时两个阶段进行监测。衬砌环脱出盾尾后，1次/天；距盾尾50m后，1次/2天；距盾尾100m后，1次/周；基本稳定后，1次/月。

57. 土体分层沉降和水平位移监测要点是什么？（见 DB 11/490—2007 的5.0.6条）

答：监测断面应与《地铁工程监控量测技术规程》(DB 11/490—2007)5.0.5 条所设测量断面相对应，以监测盾构施工对地层的影响。

土体深层沉降应采用钻孔埋设分层沉降标，用分层沉降仪进行监测，也可采用多点位移计等进行测量。土体水平位移应采用钻孔埋设测斜管，用测斜仪进行监测。

1)测点布置

对土体分层沉降，磁性沉降标的设置间距为 1～2m。埋设沉降标时，在隧道两侧的钻孔深度应超过隧道底板 2～3m，而位于隧道顶部的钻孔深度应在隧道拱顶之上 2～3m。测点的埋设稳定期应视不同情况在 10～30 天之间。

测斜时，每 0.5m 或 1.0m 读数一次。测斜管的埋设必须与周围土体紧密相连，埋设稳定期应视不同情况在 10～30 天之间。

2)监测仪器及精度

分层沉降：分层沉降仪、多点位移计等；监测精度为 1.0mm。水平位移：测斜仪；监测精度为 0.02mm/0.5m。

3)监测频率

监测频率应根据盾构施工情况、监测断面距开挖面的距离和沉降速率来确定。出现异常情况时，应增大监测频率。

掘进面距监测断面前后≤20m 时，1～2 次/天；

掘进面距监测断面前后≤50m 时，1 次/2 天；

掘进面距监测断面前后>50m 时，1 次/周；

根据数据分析确定沉降基本稳定后，1 次/月。

第六节　施工环境有关规定

58. 隧道内照明有哪些规定？（见 DBJ 01-87—2005[①] 的 4.2.19 条）

答：照明应符合下列规定：照明灯具宜选用高光效荧光灯。灯具防护等级不得低于 IP44，其外壳应接地。灯具应高于人行道 2.4m(含)以上。小直径隧道，由于空间限制，达不到上述要求时，应采取特殊安全措施。

(1)照明线路宜采用三项五线制。电缆应采用挂钩悬挂，挂钩间距不得大于 3m。

(2)隧道内照明线路的接续宜采用插头座连接。插头座必须为电源侧，插头为接续侧。

(3)当照明线路采用支架绝缘子架设时，支架间距不大于 5m，线间距不小于 10cm，架设高度宜在人行道 2.4m(含)以上，由于条件限制不能满足要求时，必须采取保护措施。

---

① DBJ 01-87—2005 指《北京市市政基础设施工程暗挖施工安全技术规程》。

(4)隧道和竖井内应安装应急照明灯，其间距不宜大于25m。

(5)照明线路首端必须装设漏电保护开关，其漏电动作电流不得大于30mA，动作时间不得大于0.1s。

59. 隧道施工对通风量、风速有哪些要求？（见 DBJ 01-87—2005 的 16.2～3 条）

答：隧道施工对通风量、风速应要求如下：

(1)通风机能力应满足隧(管)道内各项作业所需要的最大风量。风量应按每人每分钟供给 $3m^3$ 新鲜空气计算，使用内燃机作业时，供风量不宜小于 $3m^3/(kW \cdot min)$ 或 $2.2m^3/(hp$①$\cdot min)$。

(2)通风的风速，全断面开挖不得小于0.15m/s，分布开挖不得小于0.25m/s，且不大于6m/s。

60. 隧道内作业环境有哪些规定？（见 DBJ 01-87—2005 的 16.6.1 条）

答：隧道内作业环境应符合下列固定：

(1)氧气不得低于20%(按体积比)。

(2)粉尘允许浓度：每立方米空气中含有10%以上游离二氧化硅的粉尘必须在2mg以下。

(3)有害气体浓度：

①一氧化碳浓度不得大于 $30mg/m^3$；在特殊情况下人员必须进入超过规定的作业面时，浓度不得大于 $100mg/m^3$，其作业时间不得大于30min；

②二氧化碳不得大于0.5%(按体积计)；

③氮氧化物(换算成二氧化氮)浓度不得大于 $5mg/m^3$；

④二氧化硫浓度不得大于 $15mg/m^3$；

⑤硫化氢浓度不得大于 $10mg/m^3$；

⑥氨的浓度不得大于 $30mg/m^3$。

(4)气温不得高于28℃。

(5)噪声不得大于90dB。

(6)当发现瓦斯时，必须按《北京市市政基础设施工程暗挖施工安全技术规程》(DBJ 01-87—2005)第16.4节的规定采取相应的安全技术措施。

61. 隧道出现瓦斯时如何应对？（见 DBJ 01-87—2005 的 16.4 条）

答：隧道出现瓦斯时采取如下措施：

(1)隧道施工过程中，通过检测发现隧道内存在瓦斯时，必须按瓦斯隧道的要求进行动态监测，当浓度达到0.3%时，应按瓦斯隧道的要求组织施工。

(2)瓦斯隧道、含瓦斯隧道的分类和分级应符合现行《铁路瓦斯隧道技术规范》(TB 10120—2002)的有关规定。

---

① 1hp = 745.700W。

(3)瓦斯隧道施工应建立专门机构进行通风和防瓦斯突出、防爆与瓦斯检测工作，并设置消防设施和救护队。

(4)开工前必须对施工管理人员和作业人员进行安全技术培训。爆破、电工瓦斯检测等特种作业人员必须持证上岗。

(5)施工前，必须编制瓦斯隧道施工通风设计，并考虑贯通后的风流调整和防爆要求。

(6)施工期间，应建立瓦斯通风监控、检测组织系统，测定气象、瓦斯浓度以及风速、分量等参数。低瓦斯隧道、地段可用便携式瓦斯检测仪，高瓦斯和瓦斯突出隧道、地段除用便携式瓦斯检测仪外，尚应配置高浓度瓦斯检测仪和瓦斯自动检测报警断电装置。

(7)隧道内高瓦斯和瓦斯突出地段必须采用安全防爆型机电设备。非防爆型行走机械严禁驶入高瓦斯和瓦斯突出地段。

(8)严禁火源进入瓦斯隧道。任何人员进入瓦斯隧道前必须在洞口进行登记并接受值班人员的检查，进入瓦斯突出地段的作业人员必须携带个人自救器。

(9)一旦发生瓦斯事故，必须立即向企业负责人和政府主管部门报告，并组织人员尽快探明事故性质、原因、范围、遇难人数和事故地点所在位置与洞内瓦斯以及通风情况，制订抢救方案，认真组织实施。

62. 隧道通风对供气、风速有哪些要求？（见 DBJ 01-87—2005 的 16.2.2～3 条）

答：隧道通风对供气、风速有如下要求：

(1)通风机能力应能满足隧(管)道内各项作业所需的最大风量。风量应按每人每分钟供给 $3m^3$ 新鲜空气计算，使用内燃机作业时，供风量不宜小于 $3m^3/(kW \cdot min)$ 或 $2.2m^3/(hp \cdot min)$；

(2)通风的风速，全断面开挖不得小于 0.15m/s，且均不得大于 6m/s。

第七节　盾构施工安全用电有关规定

63. 盾构施工对高压闭电所有哪些要求？（见 DBJ 01-87—2005 的 4.2.1～2 条）

答：采用盾构施工时，现场应设 10kV 开闭所，并遵守下列规定：

(1)开闭所位于竖井或隧道外施工机械的作用范围以外，且与其保持一定的安全距离。

(2)宜采用箱式开闭所，并应装设在平台上，平台高度不应低于 80cm。

(3)开闭所内设置的 10kV 高压配电装置，应保证满足配电变压器和 10kV 电缆线路继电保护与自控装置的技术要求。

(4)向隧道内馈电的 10kV 高压开关柜必须装设短路保护、过流保护、零序保护和过电压保护。

64. 盾构施工对隧道内变压器有哪些要求？（见 DBJ 01-87—2005 的 4.2.3-6 条）

答：盾构施工对隧道内变压器有如下要求：

(1)隧道内变压器宜选用树脂绝缘干式变压器，外壳防护等级不低于 IP44，并应装设温度控制和通风散热装置。

(2)隧道内变配电系统低压馈电线路首端必须装设具有短路保护、过载保护和漏电保护功能的断路器。

(3)隧道内变压器、高压开关柜等，其内部带电导体与金属外壳之间的安全距离必须符合现行《北京地区电气工程安装规程》的有关规定。当不能满足规定时，必须采取有效的绝缘隔离措施。

(4)变压器系统的继电保护装置应灵敏可靠，并应定期检查、试验。

65. 盾构施工隧道内对保护接地有哪些规定？(见 DBJ 01-87—2005 的 4.2.7 条)

答：保护接地应符合下列规定：

(1)竖井或隧道内电气设备的接地保护宜采用共用接地极接地方式。条件允许时，可利用竖井(或地铁站等结构)钢筋作为自然接地体。当其接地电阻不满足要求时，应另埋设人工接地极与之连接，总接地电阻不能大于 1Ω。隧道内应单独敷设接地干线，接地干线应选用截面不小于 $70cm^2$ 的铜芯导线。

(2)隧道内电器设备的接地保护可利用运输轨道作为辅助接地线。两条轨道之间和每节轨道之间应做电器连接。

(3)隧道、竖井内所有电气设备的金属外壳和传动装置的金属部件与支架、电气线路保护管等均应做保护接地，运输车轨道、人行步道、各种管道、安全梯、防护栏等金属结构均应进行等电位连接。

(4)盾构机相邻的两台车之间保护接地连线不得少于两处，且应采用铜芯软导线连接，导线截面不得少于 $16mm^2$。

(5)施工现场的龙门吊、塔吊等设备应按现行《北京地区电气工程安装规程》的有关规定做防雷接地。

66. 盾构施工隧道内对电缆敷设有哪些规定？(见 DBJ 01-87—2005 的 4.2.8 条)

答：电缆敷设应遵守下列规定：

(1)隧道内 10kV 电缆应采用乙丙橡胶铜芯电缆。

(2)从开闭所至竖井或隧道口的电缆应穿钢管敷设，并采取保护措施。

(3)竖井内电缆应敷设在不易遭受外力损伤的部位，并应穿钢管保护。

(4)钢管固定应牢固，隧道内电缆宜用挂钩悬挂敷设。金属挂钩应装设绝缘套管，挂钩间距不宜大于 2m。电缆敷设应留有适当弛度。

(5)对人员经常接触或易遭受外力损伤的电缆线段，应采取有效的保护措施。

(6)每条电缆的两端应拴挂电缆标牌。电力电缆应有相色标志。

(7)隧道内高压电缆应敷设在无人行道的一侧，其高度宜在运输车辆顶部 20cm(含)以上。

（8）隧道内高、低压电缆宜分别敷设于隧道两侧上方。若受条件限制必须同侧敷设时，高低压电缆间距不得小于10cm。

（9）隧道内电缆与其他管线同侧敷设时，电缆应敷设在管道上方，并不与其交叉。

（10）盾构机及其台车内的低压电缆线路，应按设备要求部位穿钢管敷设，或沿电缆通道敷设，不得随意拖拉、悬挂。

67. 隧道内对10kV电缆中间接头有哪些规定？（见DBJ 01-87—2005的4.2.9条）

答：10kV电缆中间接头应符合下列规定：

（1）应选用专用活接头或专用接线箱。

（2）采用专用活接头时，其产品应为具有资质的生产企业生产的合格产品，并具有合格证。使用前应检验，确认合格并形成文件后，方可使用。

（3）采用接线箱时，带电体与箱内壁距离不得小于20cm，缆线相间距离不得小于20cm。接线箱进出线孔应设防护垫圈，接线箱应安装牢固并可靠接地。

（4）接线应牢固，缆芯不得承受外力。

（5）接线前必须停电。接线完后，应经高压摇表检测绝缘电阻，确认合格并形成文件后，方可使用。

68. 盾构始发阶段对电缆展放有哪些规定？（见DBJ 01-87—2005的4.2.11条）

答：盾构初始掘进阶段，其电缆展放应遵守下列规定：

（1）竖井外应开辟盘放临时接线电缆的场地，场地应平整、不积水、无泥土、无杂物，场地四周应设护栏，非作业人员不得进入。

（2）临时接线电缆应梳理通顺并迂回盘放，以便于展放。

（3）竖井内竖直排列的电缆应顺直，不得互相缠绕、松紧不一，防止部分电缆超重受力。

（4）进入隧道内的电缆，宜采用滚轴式托架展放；当采用悬挂电缆时，应采用吊带，禁止使用裸金属丝直接捆绑悬吊电缆。

（5）临时设于露天的电缆台车应按其进洞顺序排列整齐，并采取防雨、雪、风、尘的措施。

第九章　盾构施工工程案例

第一节　北京地铁6号线慈寿寺站—花园桥站区间盾构施工

1. 工程概况

1）工程概述

本盾构工程为北京地铁6号线慈寿寺站—花园桥站区间，其示意图如图9-1所示。

区间右线设计全长1141.761m，区间左线设计全长1141.755m，双线合计2283.516m，设置1处联络通道。区间覆土厚度在18.6m～20.6m之间。盾构隧道结构形式为双线单圆形隧道，隧道内径为5400mm，外径为6000mm，宽度为1200mm，厚度为300mm。

2）工程环境

慈寿寺站—花园桥站区间线路基本沿玲珑路呈东西走向，玲珑路为双向6车道，道路交通十分繁忙，道路两侧多为中高层的住宅小区、商务楼。区间下穿京密引水渠，侧穿慈寿寺桥台桥桩、颐安嘉园商务楼等建（构）筑物。

3）工程地质和水文地质

本区间土层自上而下依次为人工填土层、第四纪全新世冲洪积层和第四纪晚更新世冲洪积层。区间隧道主要位于卵石⑦层，局部夹杂粉质黏土⑥层、粉细砂⑦－1层。卵石⑦层密实，湿～饱和，低压缩性，亚圆形，偶含漂石，漂石最大粒径大于40cm。卵石最大粒径大于10cm，一般为2～6cm，级配良好，卵石含量约为总质量的60～70%，中粗砂填充，局部夹杂圆砾、砂类土或黏性土薄层。地下水类型为潜水，潜水（二）位于隧道顶部上方附近。

区间隧道穿越地层岩土组成如图图9-2所示。

图9-1　慈寿寺站—花园桥站区间示意图

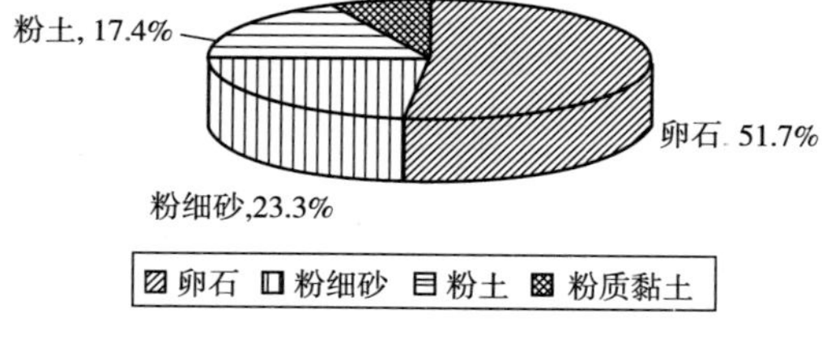

图9-2　区间隧道穿越地层岩土组成

2. 工程风险源

本区间一级风险源 2 项，详情见表 9-1。

风险源基本情况汇总表 表 9-1

一级风险源			
序号	风险工程名称	位置、里程范围	风险基本状况描述
1	盾构区间垂直下穿京密引水渠	K1 +979 ~ K2 +030 K1 +984 ~ K2 +028	京密引水渠为全混凝土衬砌复合式断面，河底宽约 28m，河道上口宽约 57m，隧道结构与渠底最小间距约为 7m
2	盾构区间右线下穿热力小室，临近慈寿寺桥桥台	K2 +076 K2 +074.09	桥结构为三跨现浇等截面钢与混凝土组合连续箱梁结构，钢箱梁与桥面板之间采用剪力钉连接，桥长 123m。区间在 K1 +945 ~ K2 +076 范围内从慈寿寺桥北侧穿越，左线在 K2 +076 处距慈寿寺桥东侧桥台最近，其水平净距为 4.15m，桥台桩底与隧道结构顶基本平齐。热力管沟尺寸为 5300mm × 3500mm，隧道结构距管沟内底最小间距约为 3.21m

3. 分体始发

1）盾构始发概述

受始发井场地限制，本工程左右线盾构机均采用分体始发的方式。

本工程始发井单侧尺寸约为 13m × 9m，深度约为 25.4m，始发可利用的前后净空约为 29m（与暗挖施工合用），以上始发条件及特点制约了盾构始发方式。现以左线始发为例，对盾构机分体始发进行说明。

本次始发采取分体始发的方式，即盾体摆放在始发井底部，后备台车（见图 9-3a）摆放在地面上，两车之间通过加长的管线（见图 9-3b）连接。

a) b)

图 9-3 后备台车与加长管线

本次始发共推进负环 10 环（1.2m 宽直线环），钢制负环 1 环，正环 55 环；负环掘进段共 12.65m，正环掘进段共 72m（含盾体长度），长于本盾构机总长 68m。根据本工程的特点，将始发掘进分为两个阶段论述如下，即：

第一阶段：是指盾构负环掘进阶段，此时盾构机在始发基座上。

第二阶段：是指 +1 ~ +55 环的掘进，此时盾体穿过洞门，+4 环掘进完成后，盾位脱离连续墙外侧约 1.05m，在此阶段盾尾逐渐进入到土体内。

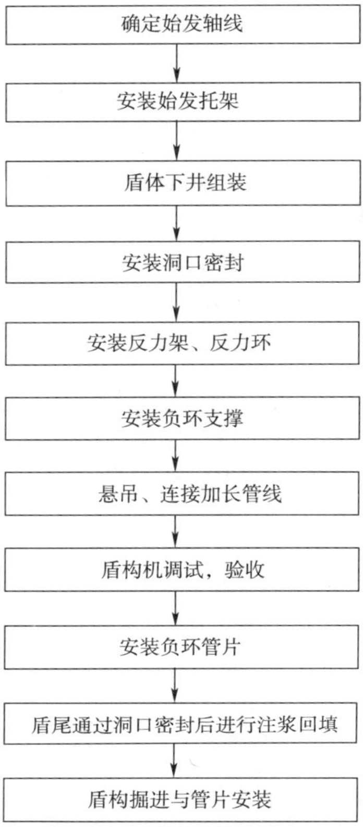

图 9-4　盾构始发工艺流程图

2）盾构始发施工

盾构始发工艺流程如图 9-4 所示。现分述如下：

（1）确定始发轴线

本工程左右线盾构机均在直线上始发，始发前须对盾构机的洞门中心位置进行复核，之后综合考虑洞门中心的实际偏差和规范要求，确定始发轴线。

（2）安装始发基座

根据始发竖井的长度，盾构机始发基座设计为两段，分别为 7.5m 和 4.5m。始发基座依据始发轴线进行定位。考虑始发基座在盾构始发时要承受纵向力、横向力以及抵抗盾构的反向扭矩，所以在盾构始发之前，用 H 型对始发基座两侧钢进行加固（见图 9-5）。

盾构始发基座的高度设计为：盾构机安装在基座上后，刀盘的中心比盾构洞门的理论中心略高 20mm，防止盾构机向下扎头。

每段基座都设计为两侧螺接的方式，解体下井后再从井下拼接。基座连接、调平后沿设计轴线焊接在底板预埋件上。

（3）盾体下井组装

本工程所用的德国海瑞克盾构机盾体全重约 300t，由六大块部件组成，最大的部件重约 83t。考虑到场地条件和吊车的工作半径，盾体下井采用 SANY 公司的 SCC2500C 型履带吊。

吊装中、前体时，需要进行空中翻转，SCC2500C 型履带吊配有起重能力为 80t 的副钩，主、副钩配合能实现中、前体空中翻转。在安装拼装机和螺旋机时，需要手拉葫芦与履带吊配合作业，此外需要外加的液压泵站前后移动中、前体进行组合。盾构机吊装如图 9-6 所示。

图 9-5　始发基座 H 型钢加固

图 9-6　盾构机吊装

(4)安装洞口密封

洞口密封采用帘布橡胶板和折页密封压板，施工分两步进行。第一步在始发井端墙施工过程中，做好始发洞门预埋件的埋设工作，预埋件必须与端墙结构钢筋紧密相连；第二步在盾构正式始发之前，清理完洞口的渣土，完成洞口密封压板及橡胶帘布板的安装。洞门密封装置如图 9-7 所示。

(5)安装反力架

反力架分为五部分，即下横梁，左右立柱，上横梁及斜撑。拼装顺序为：先定位下横梁，左右立柱与下横梁连接，最后连接上横梁。待全部螺栓紧固完毕后，反力架与预埋钢板焊接牢固。反力架框架安装完毕后，安装斜撑。将斜撑与预埋钢板焊接牢固，之后在反力架框架上面安装固定反力环。反力架及斜撑安装如图 9-8 所示。

图 9-7　洞门密封装置

图 9-8　反力架及斜撑安装

(6)安装负环支撑

始发基座及负环管片在盾构始发时会承受纵向力、横向力以及盾构的反向扭矩，所以在盾构始发之前，用 H 型钢和木楔对始发基座及负环管片(露出盾尾部分)两侧进行加固(见图 9-9)。

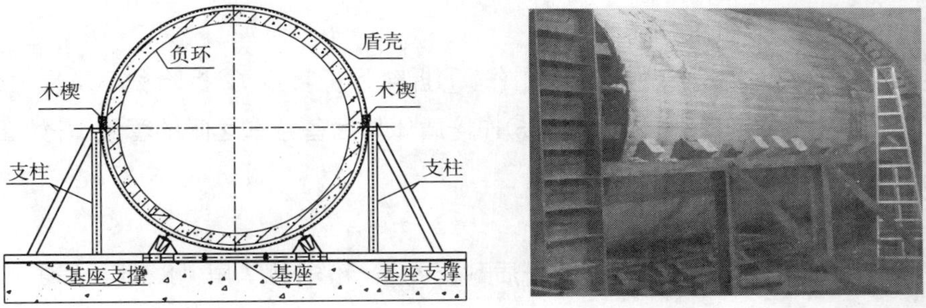

图 9-9　负环支撑图

(7)悬吊、连接加长管线

为方便盾构始发过程中管线随盾构机的前进而延长，将加长管线通过手拉葫芦悬吊在始发井内。隧道内的延长管线通过滑车悬吊在隧道内的横梁上，盾构机拖拽延长管线向前移动。

(8)盾构机调试和验收

管线连接完毕后，盾构机经过空载调试和负荷调试，并经验收合格后再进行下一步工作。

(9)安装负环管片

负环管片由 10 环 1.2m 宽直线环管片组成。负环采用在盾壳内拼装后再整体推出盾壳的方式进行安装。为保证负环的拼装质量，拼装负环之前，在盾尾内焊接槽钢以保证合适的盾尾间隙。

(10) 盾尾通过洞口密封后进行注浆回填

盾尾通过洞口密封后，开始同步注浆，此时盾构机的注浆压力不宜超过 0.2MPa。当同步注浆漏失严重时，可用洞口预埋的注浆管注入双液浆进行封堵。

由于采用分体始发，注浆泵和浆液罐位于第一节台车之上，因此浆液拌和后直接泵送到 1 号台车上的浆液罐，再由同步注浆泵注浆。由于出渣和管片运输时间较长，且临时注浆管较长，应注意及时清洗注浆管路。

(11) 始发掘进阶段的列车编组

由于始发井长度条件的限制，因此始发阶段的出渣、运输采用特殊的编组形式，即用 1 节蓄电池车、1 节渣车、1 节小管片车，始发掘进阶段列车编组如图 9-10 所示。小管片车与机车共用轨道，管片横向放置，每次运送 1 片管片。

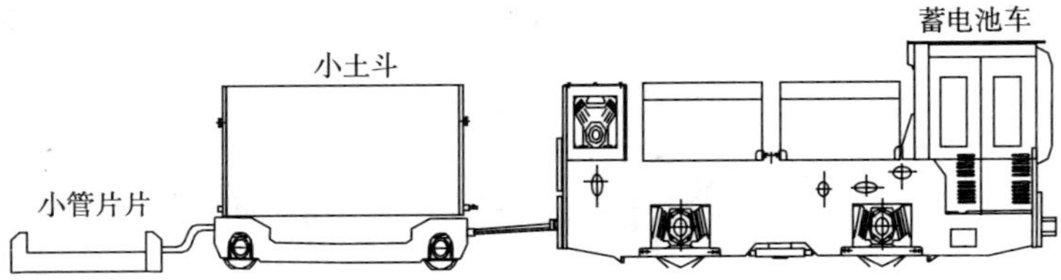

图 9-10　始发掘进阶段列车编组

(12) 盾构始发掘进阶段轨道转换

由于皮带运输机以及桥架取消，排渣时需将渣土车运送到螺旋输送器下方，拼装管片时需将管片直接运送到管片拼装机下方。因此，在分体始发阶段，将蓄电池车运输轨道降低 300mm，同时制作管片滑板及 $6m^3$ 的小渣土车。待始发掘进结束后，将轨道转换为正常掘进轨道。

(13) 后备台车转换、正常掘进

掘进完成 55 环后(72m)，进行以下工作：①拆除加长管线；②拆除负环及反力架；③拆除低轨道，铺设正常轨道；④台车移入隧道；⑤连接盾体与后备台车之间的管线，开始正常掘进。

4. 砂卵石地层掘进施工

本工程区间隧道穿过的主要土层为粉质黏土⑥层、粉细砂⑦层、卵石层，局部为粉土⑥-2 层，以粉质黏土、粉细砂和卵石为主。针对砂卵石地层的掘进施工，采取以下方法和措施。

1) 土压管理

砂卵石地层是一种典型的力学不稳定地层，其基本特征是地层结构松散、无胶结，呈大小不等的颗粒状。若土仓内土压过低，开挖面支撑压力不足，在刀盘前上方会产生较大的松散区域，卵石或砾石将相继松动，在开挖面上方引起较大的塌落区。

在砂卵石地层中进行盾构施工时，土压控制值必须综合考虑刀具磨损和地层沉降两个因素，通过掘进过程中的监控量测，不断对土仓内的土压控制值进行修正，找出合理的土压控制值。

2) 添加剂使用

盾构机穿越砂卵石地层时，采取同时向刀盘切削面加注膨润土液和泡沫的措施来改善土体的流动性。在大粒径卵石含量高的地层还需要向仓内加注膨润土液，以进一步增加土体中黏性颗粒、细颗粒的含量来改善渣土流动性。膨润土液和泡沫的加注量以刀盘扭矩不高、螺旋输送机能够将卵石和砂子顺畅排出为宜。

3）同步注浆控制

砂卵石地层中，由于土体渗透系数较大，注入的浆液容易渗入土层的空隙中，适当加大同步注浆量，单液浆的注入系数取1.7左右。

4）其他控制措施

砂卵石地层掘进时，盾构机长时间停机后可能会发生刀盘卡死现象，因此掘进应保持均衡连续。每次停止掘进前向掘削面和土仓内加注一定量土体改良材料，搅拌均匀后再停机。开始掘进前先向掘削面和土仓内加注一定量土体改良材料，搅拌均匀后再开始掘进。

砂卵石地层的膨润土液消耗量很大，在施工部署时需充分考虑。膨润土使用配制好的速溶型桩基膨润土，以缩短膨润土的浸泡膨化时间。砂卵石地层中进行盾构施工必须严格控制刀盘扭矩及掘进速度，推进速度不易太快，否则会加剧刀具的磨损。

5. 刀具管理

在本工程施工过程中，左、右线各进行了2次刀具检查和更换工作，整个区间实施了4次检查、换刀作业。刀具的检查、更换是采用从地面开挖竖井到达刀盘的方式，作业地点均位于玲珑路上。

1）刀具检修方法

为节省工期，盾构机到达刀具检修位置之前，先行在拟定的换刀位置人工开挖直径为2200mm（竖井外径，护壁为200mm）的小竖井，至拱顶3m时停止开挖。盾构刀盘掘进至换刀位置停机，继续开挖竖井至盾构机刀盘拱顶下约2.5m，露出刀盘后清理泥土，清理完毕后进行刀盘刀具检修和更换。竖井作业面上的刀具检修完毕后转动刀盘检查下一批刀具，直至完成全部的刀具检修。刀盘修理采用的焊条、焊丝和钢板的强度均不小于刀盘的原有值。

2）刀具检查位置的确定

刀具检查和更换的频率由刀具的磨损量来确定。最外圈的刀具磨耗量的推测值可按下式计算：

$$\delta = K \cdot \pi \cdot D \cdot N \cdot L/V$$

式中：δ——磨耗量（mm）；

K——磨耗系数（mm/km）；

D——盾构机的外径（m）；

N——刀盘转速（r/min）；

L——刀具切削长度（km）；

V——掘进速度（m/min）。

按以上公式推算，每掘进约320环需要进行一次刀具检修作业。结合类似地层的施工经验，决定每掘进315环左右检查换刀一次。

3）刀具检修位置的地质状况

由于左线两次换刀位置与右线相应两次换刀位置相差仅差10m，地层状况相差不大，故合并为两张地质图加以说明，详见图9-11、图9-12。竖井开挖和换刀作业受层间潜水层（二）的影响，其水位标高位于刀盘上方约2m处。

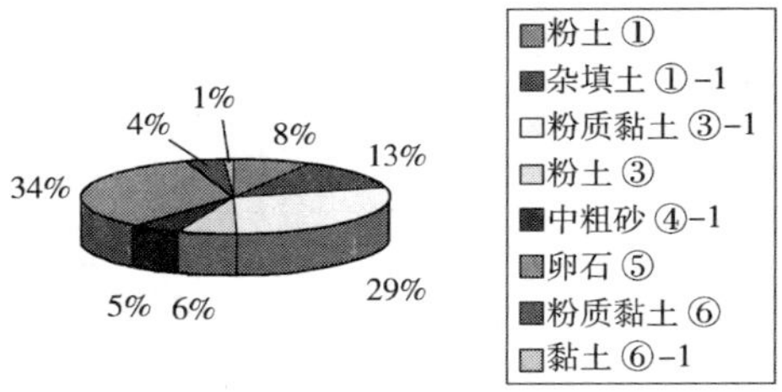

图9-11　第一次刀具检修处岩土组成图

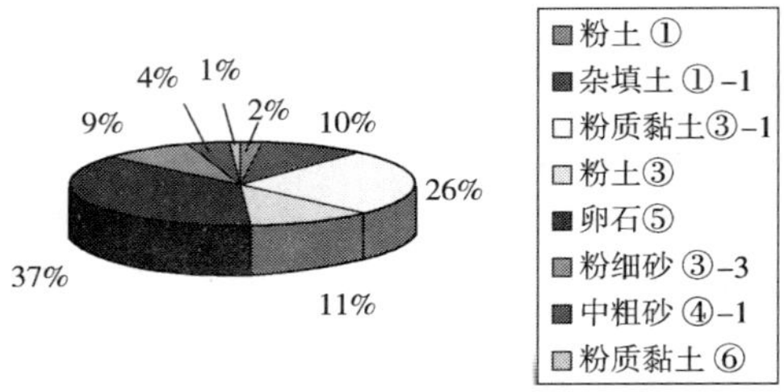

图9-12　第二次刀具检修处岩土组成图

4）刀具检查及刀具更换施工

（1）刀具检查及更换步骤

刀具检查及更换施工步骤如图9-13所示。

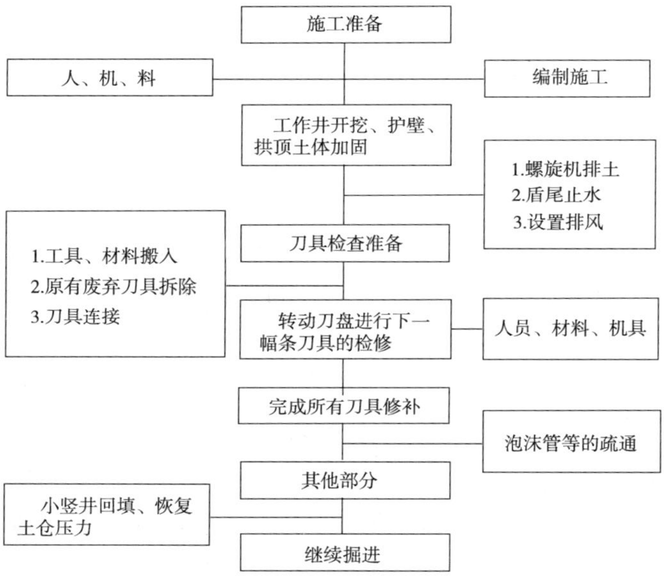

图9-13　刀具检查及更换施工步骤图

检修井施工及钢板护壁分别如图9-14和图9-15所示，检修井排水、通风、照明如图9-16所示。

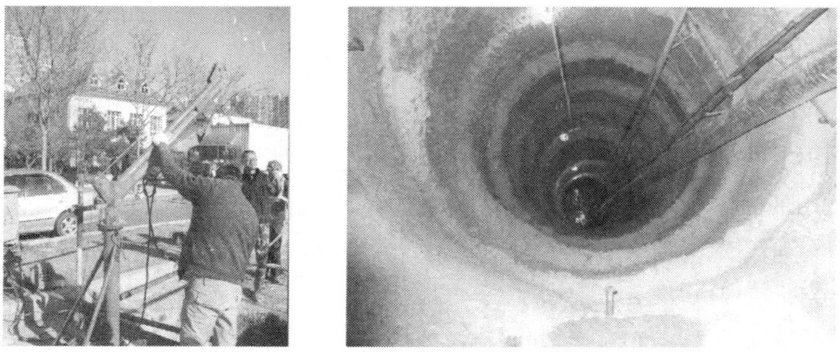

图9-14　检修井施工

图 9-15 检修井钢板护壁

图 9-16 检修井排水、通风、照明

(2)竖井内检查

①竖井内及作业面状态的确认

竖井施工完毕后必须由土建工程师对整个结构及工作面进行检查,确认安全后才可进行下一步施工。

②照明装置检查确认

竖井及工作面内要保证足够的照明亮度,同时还要检查照明装置的防水、防爆性能。

③有毒有害气体的检测

人员下井前先通风半个小时,再用空气质量检测仪检测竖井内的空气质量,确认气体合格后人员才可下井。

(3)换刀检查准备

①排水和清理

换刀作业处于含水地层,需要做好持续的排水工作,露出刀盘后,应对刀盘进行清理以便进行后续工作。

②空转刀盘

刀盘旋转前,人员及工具要撤离工作面及竖井,并以低于 0.5r/min 的速度转动刀盘。刀盘旋转结束后由土建工程师对刀盘位置、工作面及竖井的安全性进行重新评估。

(4)刀盘、刀具更换及修复

因工作井内作业空间狭小,所以需配备合适的工具、材料,具体包括排水、通风照明设备安装,工具(焊接设备、起重设备、套筒扳手等物料)搬运,焊接、切割设备接线(注意防止焊接设备漏电)。

①刀盘、刀具磨损的标准:

a. 周边切削刀耐磨块磨损超过 15mm 即需要更换。

b. 周边切削刀的刀座受损现象严重即需要补焊。

c. 齿刀磨损超过 10mm 需即要更换。

d. 刀盘硬质合金保护层磨损严重即需要堆焊。

刀盘刀具磨损如图 9-17 所示。

②刀具的更换及刀盘的修复:

a. 刀具更换的程序和方法：每次更换时，工作人员先将刀具周围的泥土清掉，保证有一定的工作空间。之后检查、更换刀盘外侧的周边刀，再向内逐个检查齿刀、先行刀等刀具的磨损情况，确定需要更换时，做好记录。

周边刀更换时用套筒及加力杆卸下固定螺栓，将拆下的螺栓及附件放入随身携带的工具袋内，以防丢失。同时将固定螺栓和固定座清洗干净，将新的刀具按原来的位置安装好，并将固定螺栓拧紧，采用506焊条焊接齿刀。

b. 刀盘其他部分的修复：刀盘表面的硬质合金层磨损严重时需要进行堆焊，采用600、700焊条堆焊。

图9-17　刀盘刀具磨损图

(5)其他部分的检查和清理

刀盘、刀具检修完成后，清理、疏通刀盘上的添加剂注入口，清理完成后进行测试。

6. 穿越风险源的施工

1)风险源施工说明

为保证盾构施工时京密引水渠、热力管沟、慈寿寺桥、颐安嘉园商务楼、热力小室风险源的安全，在盾构施工时采取提前换刀、优化盾构施工参数的洞内施工措施，并采取加强地面监测的地面措施，同时做好工前、工后风险源所在位置地质缺陷情况的评估，制定二次补注浆、注聚氨酯等应急预案。具体见以下风险源施工保护措施。

2)洞内施工措施

(1)优化施工参数

①土压设定值

土压设定的原则是维持开挖仓内的水土压力与设定土压力的吻合性，保持开挖面的稳定。

在掘进施工之前，根据沿线隧道埋深、地质和水文参数，每隔5环计算出慈寿寺站—花园桥站区间土压设定值，列出盾构设定土压管理表以指导施工，每环掘进土压波动范围控制在0.02MPa以内。

②设定合理的掘进速度和相匹配的排渣土量

穿越风险源时做到连续、平稳掘进，掘进速度控制在25mm/min左右，每环出土量控制在40～43m^3。

③同步注浆

穿越风险源段同步注浆采用单浆液，浆液初凝时间为4～5h，每环的同步注浆量约为$4.2m^3$，注浆量为理论空隙体积的140%。

④土体改良

在推进中，根据地层变化情况及推进参数的变化及时调整泥浆的配比。正常推进时，每一环实际的加泥量约为$3.5～5.5m^3$，占开挖土方的8%～12%。泡沫的实际使用量约占切削土体的15%～24%（生成泡沫后与土体的体积比）。

（2）设置试验段

根据盾构机与风险源的相对距离（即盾构施工对风险源的影响大小），将左右线隧道划分试验段、影响段、穿越段，分别采取针对性施工措施。

在正式穿越前，通过试验段的掘进来验证暂定施工参数对地面沉降控制的有效性。在试验段掘进完成后对盾构施工洞内措施施工效果进行评估，确认地面沉降控制符合要求后，再掘进影响段和穿越段。

3）地面施工措施

①开展工前、工后探查

在穿越施工前，首先对影响范围内的地下管线和地下孔洞情况进行地面雷达探测。在穿越之后，如风险源位置累计沉降量较大（达到橙色预警值），则应对风险源位置的土体进行密实度探查，探查采用洛阳铲或地质雷达。如发现有空洞等地质缺陷，应进行处理以确保风险源的安全。

②加强地面监测

主要监测京密引水渠和热力管沟、慈寿寺桥沉降情况，做好信息化施工。

4）应急施工措施

①止水装置

在穿越风险源之前，对盾构机进行一次彻底的检修，以保证盾构施工的平稳、连续。特别是对盾构机的盾尾密封系统、铰接密封系统、螺旋机前后排土门及排土门密封系统进行检测，以防穿越京密引水渠时出现漏水、漏浆情况。

②二次补注浆

根据沉降监测结果，必要时进行二次管片补注浆。当地面监测到河堤、桥墩达到橙色预警值后进行二次补注浆，方法是打开管片吊装孔，用气动或电动注浆泵通过吊装孔注入1∶1纯水泥浆。

③注聚氨酯

如果穿越京密引水渠过程中盾尾密封刷不能阻止地下水渗入隧道，可通过盾尾附近的吊装孔向土体中注入聚氨酯液以封堵盾尾。

④注入高分子聚合物

当穿越京密引水渠施工由于地层含水量增大导致出土过稀时，可向土仓内注入高分子聚合物。高分子聚合物可增加泥浆的黏结性，防止出土口泥浆的喷涌。

图9-18为过河段的出渣情况。

图 9-18　过河段的出渣情况

7. 盾构接收段施工

接收段施工是指从盾构机掘进至慈寿寺站盾构接收井前方 50m 直至推上接收基座的整个施工过程。其工作内容包括盾构机定位及接收洞门位置复核测量、地层加固、洞门处理、安装洞门圈密封设备、安装接收基座等。

盾构到达施工工艺流程如图 9-19 所示。

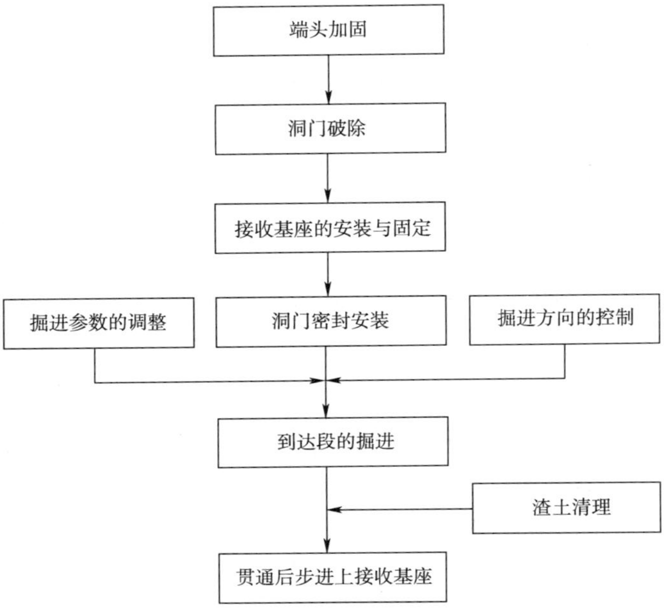

图 9-19　盾构到达施工流程图

1) 盾构机到达加固区前的工作

(1) 吊出井端头加固

盾构机到达前完成端头加固，检查加固效果满足盾构机安全出洞要求后再进行下一步工作。

(2) 接收洞门位置复核测量

在距离隧道贯通 100m 之前对盾构机到达洞门位置进行复核测量，测量项目包括洞门中心位置偏差、洞门半径等。

(3) 盾构姿态调整

在进入到达段前，对盾构机的位置进行准确的测量，确定实际隧道中心轴线与设计中心轴线的关系，同时对接收洞门位置进行复核测量，确定盾构机的贯通姿态，制定掘进纠偏计划。

(4)洞内导线点复核及人工校核盾构姿态

在盾构机距贯通面150m时进行线路复测。对洞内所有的测量控制点进行一次整体、系统的复核，对所有控制点的坐标进行精密、准确的平差计算。

在100m和50m处对导向系统进行复核测量。在盾构到站前的最后一次导向系统搬站时，充分利用在贯通前150m时线路复测的结果，用测量二等控制点的办法精确测量测站、后视点的坐标和高程(测量经纬仪和后视棱镜的坐标和高程)，每一测量点的测量不少于8个测回。同时，在贯通前50m时，进一步加强管片姿态监测与控制。

2)洞门破除

在盾构刀盘抵达接收井围护结构后，人工或机械破除洞门围护结构。在洞门破除完毕后检查盾构贯通净空要求，确保盾构机能顺利进洞。

(1)洞门防水帘布的安装

接收时的洞门防水帘布的安装与始发时的洞门防水帘布安装相同。

(2)折页压板的调整与拉紧

盾构机推出洞门时，在盾壳接触帘布橡胶板前，先松弛钢丝绳，待盾构机进入洞门密封后，将折页压板向内作适当调整，并将钢丝绳适当拉紧。待盾尾推出洞门，管片外弧面接触帘布橡胶板后，尽量向内调整折页压板，将帘布橡胶板紧压在管片外弧面上，并拉紧钢丝绳。

(3)洞门导轨安装

为保证盾构机贯通后能顺利推出洞门，洞门凿除完成后在其拱底安装导轨。导轨高度根据预计盾构贯通姿态与洞门圈之间的空隙确定。导轨的安装如图9-20所示。

图9-20　导轨的安装

(4)接收基座安装

接收基座的中心轴线应与隧道设计轴线一致，同时还需要兼顾盾构机进洞姿态。接收基座的轨面标高比理论值降低了20mm，以便盾构机顺利推上托架。为保证盾构刀盘贯通后拼装管片有足够的反力，将接收基座以盾构机前进方向+5‰的坡度进行安装。

3)盾构接收

盾构机进入10m加固区范围后，由专人在洞门前进行观察指挥。盾构机在该范围掘进时，遵循“低推力、低刀盘转速，减小扰动”的原则进行控制。

为保证盾构机顺利出洞，操作上的工序衔接至关重要，操作人员要严格按照下面的要点进行施工：

(1)在加固体内掘进：根据掘进出土情况，靠近洞门的第三环开始可以欠压掘进，但是必须保持满仓，逐步根据掘进速度尽量减小推力。盾尾同步注浆要注意有效性，尽量减少浆液流失量。

(2)注浆堵水:盾构机掘进至刀盘距离地下围护结构30cm左右位置时停机,在盾尾后连续三环进行整环二次注浆。

(3)盾构机穿出洞门:盾构机尽快进入密封系统,做好盾尾同步注浆和双液注浆工作。注浆要低压进行,并要做好超量注浆的准备。

(4)盾构机推上接收托架:盾构机推出洞门前,需认真检查接收托架加固情况、盾构刀盘底部与接收托架高差等情况,确认无误后可将盾构机推上接收托架。盾构推进过程中必须密切关注接收托架以及接收托架加固与支撑的情况,一旦出现变形等异常情况,应及时停止推进并进行处理。

为保证盾构机能完全推上接收托架,需要在油缸后拼装临时管片以提供推进反力。为便于人员及材料运输从洞门通过,要求将盾尾推离洞门至少1.0m。

推进时根据总推力、托架受力等情况,在接收托架导轨上涂抹黄油以减小摩擦阻力。

4)盾构机井下平移

根据慈寿寺站接收端头场地实际情况,需把右线盾构机的较重部分(刀盘、前体、中体、盾尾)在井下平移至于左线吊出。为平移盾构机,在井下铺设了30mm钢板,平移的方法是盾构机连同基座在钢板表面滑行,钢板采用分块铺设,分块与底板预埋件焊接,所铺设的钢板处于同一水平面,误差在±5mm内。在铺设钢板之前,需要将井底的集水坑进行清理回填。井下钢板铺设如图9-21所示。

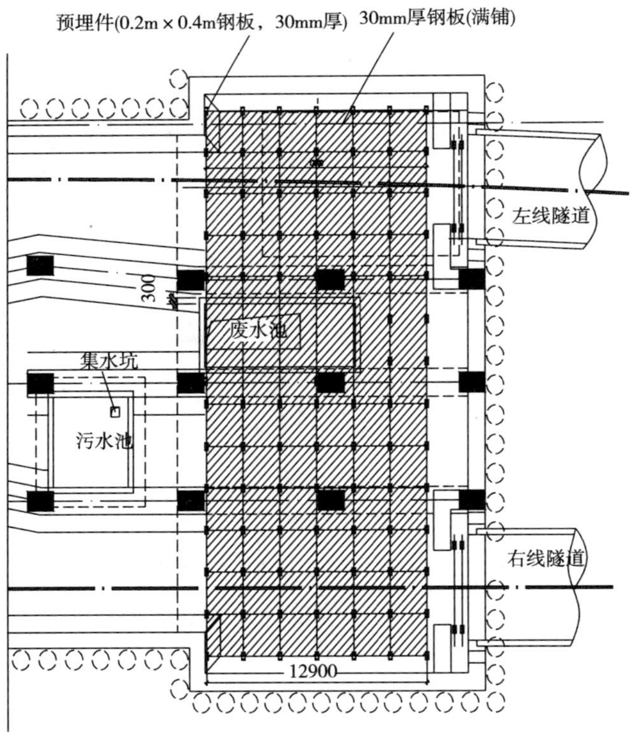

图9-21 井下钢板铺设

为方便平移,将接收基座分为四段,右线基座布置如图9-22所示,右线盾构机平移如图9-23所示。

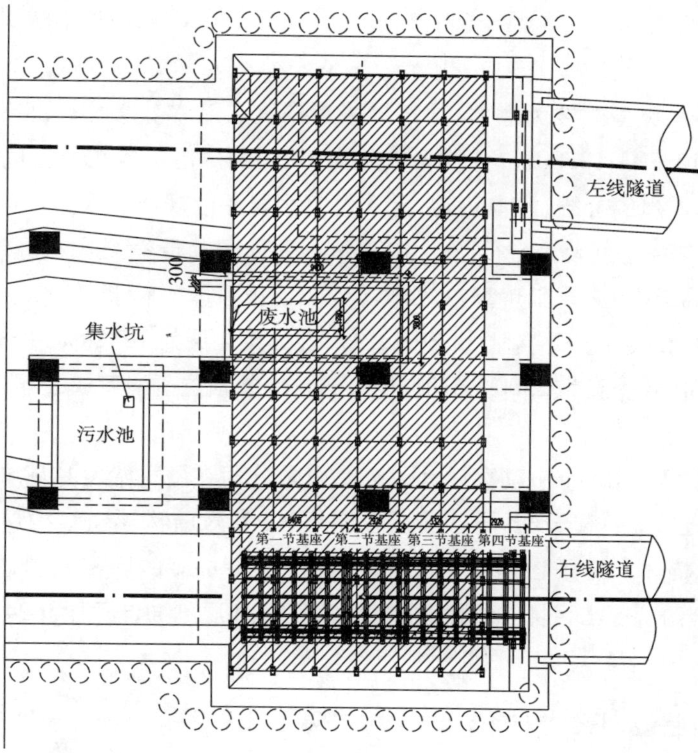

图 9-22　右线基座布置图

图 9-23　右线盾构机平移

第二节　北京地铁 9 号线玉渊潭区间盾构施工

1. 工程概况

北京地铁 9 号线玉渊潭区间位于军事博物馆站—白碓子站之间，区间长 1207.15m（单线）。盾构机在位于中心城区的军事博物馆北侧始发后连续穿越超过 70m 宽的永定河引水渠及 340m 宽玉渊潭东湖及近 100m 宽的引水湖等水面。隧道底板标高为 31.0～34.4m，隧道的左右线间距为 10～15m，隧道在水面下覆土厚 21.0～27.0m，其中穿越玉渊潭东湖段盾构机完全位于潜水水位以下 2m。

1）水文地质情况

本区间段地下水类型主要为潜水，局部地段存在上层滞水。水位标高在 38.49 ~ 38.77m 之间，水位埋深在 13.30 ~ 13.80m 之间，含水层为卵石、圆砾层。本工程区间隧道范围内地层大量接受引水渠及湖水的补给，水量稳定，且水位有明显潮汐规律。根据现场多处盾构换刀井施工情况，地层中均发现有大量粒径超过 1000mm 漂石，不排除有更大粒径漂石存在，且大粒径漂石含量较杂，局部孤立、局部也富集成群。经现场随机取样检测，卵石强度因石英含量的不同而有很大差异，石英 + 长石含量为 70% ~95%，石英含量为 10.28% ~48.54%，点荷载强度为 0.63 ~ 10.15MPa，硬度为 2500 ~ 6100MPa，样本的单轴抗压强度超过了 300MPa。

2）工程地质情况

自 2009 年 6 月 2 日，北京市勘察设计研究院有限公司在盾构始发井基坑开挖过程进行了现场跟踪，对地层进行了详细分析，再次形成勘查报告，并对盾构隧道结构深度范围内卵石粒径调查情况进行了描述。由于该地层中卵石粒径超过 300mm 的卵石含量超过 40%，且超过 1000mm 的漂石较普遍，提出了卵漂石地层的概念，工程地质剖面详见图 9-24。

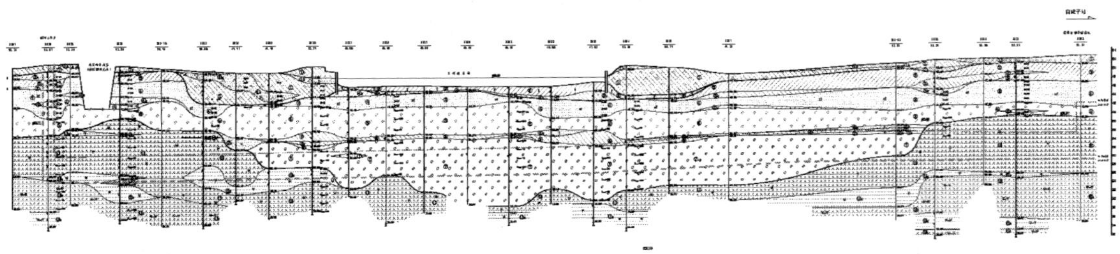

图 9-24 工程地质剖面图

3）卵石物理力学性质

现场开挖换刀井取样试验表明，卵石强度随岩性不同而差异很大，卵石岩性以花岗岩、闪长岩及火山碎屑岩等为主，矿物成分以石英、斜长石、碱性长石等为主，强度因卵石岩性的不同而有很大差异，现场开挖使用"破碎炮"也难以破碎。

由于盾构隧道穿越湖底埋深在地下 23m，且需要在区间范围连续穿越永定河引水渠及玉渊潭两处湖面、机要管理区等，加之隧道埋置较深，绝大多数地面基本无法采取辅助施工措施解决盾构连续推进难题，要求盾构施工做好充分准备，减少施工风险。

2. 存在的主要问题

由地层情况可知，玉渊潭湖底富水且富含漂石，漂石分布随机，由推进参数变化可以判断，大粒径漂石密集、孤立等状态都存在，该情况给盾构设备选定及掘进管理带来了非常大的风险。

对于设备风险除需保证在不停机情况下具备连续、间隔破石能力外，还需克服来自隧道上方稳定的潜水威胁，其主要表现在盾构刀盘严重磨损、盾构被困、螺旋输送器发生喷涌、盾尾密封失败、铰接密封失败、螺旋输送器密封失败、水压击穿主轴承密封、开挖面和湖水贯通等，且碎石时设备扭矩过大，设备控制失误会造成盾构机体旋转。

掘进管理面临的主要问题表现在渣土改良体系在富水状态下的适应性，刀具布置与渣土改良、设备扭矩的匹配性，刀盘转速、推力、螺旋开度等掘进管理参数的选择等方面。掘进管理的根本目的是延缓刀具损耗，减少刀具更换频率，节能降耗。

1）类似工程

成都地铁盾构机在砂卵石地层中穿越时，卵石粒径20cm为较大，且含量大、强度高，对盾构刀具和刀盘的磨损严重，工程前期需频繁更换刀具、加固刀盘，且换刀曾采用加固土体及临时竖井的方式换刀。

广州地铁施工时也曾在个别标段遇到球状风化体，造成掘进非常困难、频繁卡住刀盘、盾构姿态难以控制、盾构刀具磨损严重、刀座刀盘变形、掘进时振动等问题。广佛线曾因操作失误造成盾构机体旋转。盾构遇到球状风化体，先在地面对隧道范围进行钻探，找到球状风化体具体位置后，加固土体，洞内开仓爆破破岩后再继续推进。

加拿大温哥华、美国俄亥俄盾构隧道也曾先后在含漂石的地层中进行施工，掘进极其困难，多次变更刀盘形式并更换刀具配置，盾构机损耗极大。

2）适应性原则

就玉渊潭盾构区间地层情况而言，盾构掘进需解决如刀盘、刀具的耐磨性、刀具快速拆换；如何破碎大粒径漂石；如何在富水卵漂石层防止喷涌及盾构本身的密封性等问题，需要对盾构刀盘、刀具、设备动力、渣土改良系统、螺旋输送器、铰接系统、人闸系统、衬砌压浆系统、盾尾密封等进行专项设计，以提高盾构的适应性。

此外，由于粒径较大，强度高，且开挖断面将连续有漂石，盾构刀盘易卡死（确实在工程中出现）、换刀危险较大等因素，最终选择了面板式土压盾构机。

3）掘进管理

此次盾构掘进管理原则是在高效减阻基础上延缓刀具更换频率，所用措施主要是按刀盘高转速、较高土压、小推力掘进，同时高流量注入材料进行多点喷射等。此种情况下，设备始终处于高负荷状态下连续工作，设备损耗较大，设备冷却系统的工作压力一直较大。

通过工程实施中的经验教训积累，调整了刀具规格、数量、布置形式，摸索出了以刀盘转速、螺旋开度、土仓压力等三个参数为主控的掘进管理基准，经事实证明，有较强的适应性及破碎漂石效果，刀具耐久性有大幅提高。此外，渣土改良系统的重大革新也是完成此次隧道施工的关键。

3. 解决措施

1）常规破石机理

工程界及矿山、地质界公认的常规破岩方式主要有爆破破岩和流体破岩、热能破岩三种。其中流体破岩分为高压水射流、高压泥浆射流、电子束射流、高能加速器等四种，热能破岩分为火焰喷射破岩、激光破岩、红外线破岩、微波破岩、高频破岩等五种。流体及热能两种破岩方式由于盾构土仓空间小、操作环境多水等环境影响及破岩设备体积、作业环境要求高等限制，无法在隧道中应用。此外，膨胀破岩、钻孔核爆破岩也属于爆破破岩范畴。

2）盾构破岩机理

目前普遍认可的盾构破岩方式有冲击破岩、刮削破岩、挤压破岩。

冲击破岩方法有盘形滚刀破岩、钎头破岩、潜孔钻头破岩、射弹冲击破岩，刮削破岩方法有锯齿切割破岩、刮刀破岩、金刚石钻头破岩、环形取芯钻头破岩等，挤压破岩方法有牙轮钻头破岩、盘型滚刀破岩、齿形滚刀破岩等。其中，牙轮钻头有单牙轮、双牙轮、三牙轮、多牙轮等，盘形滚刀有单刃和双刃，齿形滚刀有铣齿滚刀、铸齿滚刀、镶齿滚刀等。

目前，地下隧道普遍利用滚刀破岩。滚刀破岩是靠滚刀滚动产生冲击压碎和剪切作用以达到破碎岩石的目的，属滚压破岩。当在母岩对卵石缺少约束力的砂卵石层或卵石层掘进时，地层无法给滚刀提供足够的转动力矩和滚刀破岩的支撑力，会导致滚刀不转，破岩效果下降。

3）破石机理选择

此次采用的破石机理初步可以概括为尖锐部划割挤压机理，即由刀盘提供高速旋转产生的较大冲击惯性带动重型撕裂刀对卵石、漂石进行“锤击”，尖锐合金点划割产生损伤裂痕，刀具有效的导流促成石块间挤压并配合面板挤压，大粒径漂石开裂变小。

本盘刀具配置理念是中心先行刀剥离，对掘进地层进行中心松动，稳定掘进方向；重型撕裂刀对掘进面较大漂石进行破碎，较小卵石随导流作用由刮刀收集至格栅口排入土仓，刀盘外沿滚刀保证刀盘开挖直径并降低工作扭矩。

经多次采集螺旋机的排渣进行统计分析，综合盾构刀具损耗情况，对照推进参数变化，整理盾构破石机理。初步推测破石过程为：盾构刀盘面板持续挤压，刀具随刀盘转动不断碰撞漂石，刀具刀冠上凸出尖锐合金（类似尖锤）碰撞漂石，卵石局部受力出现裂纹等压碎裂隙，在强压过程中撒裂刀刀冠镶嵌的合金划割岩石形成破裂面，在多个破裂面均受压状态下，坚石沿划伤的破裂面开裂。

在破碎漂石过程中，较小的卵石通过刀具间隙布置形成导流，避免刀具过多参与破碎较小（直径250mm以下）卵石，避免无限制增加刀具数量造成刀盘驱动扭矩加大，以致盾构启动困难等问题。

此次盾构安装的撕裂刀高度较高，布置较为疏松，且按照同心圆及特定规律，随刀盘旋转起到的搅拌、导流效果明显，面板前卵石布置、受力均匀，面板与卵石接触面趋向密贴。加之刀盘转速较高，在高速旋转的撕裂刀与面板间隙范围，由于高速离心力的作用，各个不同位置撕裂刀间隔击打、划割卵石，使其产生高速撞击，卵石在互相撞击的同时，也在撕裂刀和面板之间的涡流作用下互相撞击、摩擦从而粉碎。较小卵石汇集的导流作用促使大型漂石流向线速度较高的刀盘外沿，该处多方位的撕裂刀频繁划割，最终由刮刀收集至临近格栅开口位置进入土仓，满足螺旋机排石尺寸要求，最终排出。

4）设备改进

设备出厂性能参数：刀盘外径6264mm、最大推力37800kN、刀盘最大功率1200kW、主轴承直径3130.55mm、极限脱困扭矩7740kN·m、刀盘最大转速3.2r/min、最大掘进速度80mm/min、螺旋输送机通过粒径330mm、多个独立土体改良材料注入口、较大的刀盘开口率等。

设备主要特点：刀盘动力储备充足、极限扭矩高、主轴大、扭矩强，在遇到地层突变，扭矩剧烈变化时，刀盘不会出现较大变形，刀盘开挖系统可靠性高。变频电机驱动具有刚性扭矩大、极限扭矩高、能耗低、设备高效以及工作环境好(噪声小、温度低)、故障低、维修少、检修方便、消耗物资更少等优势。

采用Q690特种钢制造的刀盘，面板及易损位置铺设20mm碳化铬板作耐磨层。各同心圆轨迹上配备不少于3把重型撕裂刀和4把刮刀，保证刀盘一圈的漂石锤击频率达到3次，后期适当加装部分先行刀。

在刀盘正面与侧面、土仓内、螺旋输送机设独立渣土改良注射点，选用多种投注方式，可以单独或多点进行投注控制，以满足不同的投注点可以独立控制流量，并按照恒定、脉冲、变速不同方式进行分别投注的要求。投注部位多，单位时间内投注量较大。

刀盘开口率接近40%，开口率、开口大小与螺旋通过能力进行匹配，刀盘格栅开口与螺旋可通过粒径为330mm的漂石。尽量提高刀盘通过率，小于300mm漂石尽量输排，刀具不参与破碎，以降低刀具破碎负担。

5)盾构推进参数设定

以刀盘转速、螺旋开度、土仓压力作为主要控制参数，对照各种情况的扭矩变化，工程实施中分别按照固定土压、固定转速、变换开度进行设定。参照螺旋出口渣土情况，土仓压力分别按照0.15bar、0.1bar、0.08bar、0.06bar等进行设定，对照刀盘转速为1r/min、1.2r/min、1.5r/min、1.7r/min、1.9r/min、2.1r/min、2.5r/min，螺旋开度逐渐从10%增到80%，并对刀盘、螺旋扭矩变化进行统计分析。

通过PLC数据分析获取地层与渣土、推进等各系统间较为匹配的参数。推进中刀盘的较高转速及较高土压对于设备扭矩增加的影响非常大，高转速造成刀具单环磨损程度加剧。我们也曾经尝试降低土压进行推进，但盾构下扎的趋势非常严重，盾构掘进速度降低明显，掘进姿态及方向难以有效控制。分析是由于低土压状态下，盾构刀盘及前盾重量较大，面板前方搅拌、导流情况不佳，开挖面较大漂石积存较多，破石效率急速降低，地层扰动加剧无法承托盾构自重所致。

4.施工主要措施

玉渊潭区间工程工程实践表明，土建技术持续改进是顺利完成盾构掘进的关键。盾构工法是完成土建工程的手段，良好的操控是隧道工程顺利完成的决定因素。其中，渣土改良系统的优良是决定盾构掘进效率、经营效果的根本。

1)提前规划换刀井位置

在困难地层施工，土建工程师必须掌握及规划刀具更换位置，避免盾构机在敏感位置被动停机。初期换刀井间距按照150~180m布置。刀具、刀盘曾经在160m、180m处报警，并出现过刀盘面板本体支撑结构严重磨损情况。工程过程中，经多次刀具统计数据验证，各系统改进能极大降低刀具损耗、延长换刀间距。

2)渣土改良的持续改进

良好的渣土能有效降低刀盘磨损、增加开挖面稳定、降低扭矩及推力并使排土顺畅。泡沫可以减少渗透性、建立气垫效应、减少刀具磨损、稳定土仓土压作用；高分子聚合物可以将分散微粒聚合在一起，减少渗透性；适量注水可以稀释泡沫，降低泡沫和高分子聚合物的用量；加注膨润土能够起到润滑盾构、稳定盾构周边土体作用，并使泡沫、高分子聚合物等在开挖面具有不扩散、填充盾壳空隙、减少磨损等作用。

本次盾构先后试验了多种改良系统，调配稠度 15～200s 的泥浆，对渣土的制配、输送、投注等各系统进行了多次优化，并对照盾构推进参数变化，选用不同类型浆液。采用的主要材料有钠基膨润土、专业制浆剂等，泡沫为一级康达特，原液与混合液按 4% 混合。

5. 推进情况分析

隧道已经贯通，施工过程中先后进行了十余次完整的刀具测量统计工作，对推进情况的盾构推进参数、辅材消耗、刀具和刀盘磨损等进行了全面总结、分析，并按照刀具、刀盘报警前后两种不同状态进行了初步总结，力求找出盾构施工规律。

在推进中曾经将泡沫含量由 0.6% 先后分级调整到 3%，也调整了多种制浆剂及膨润土，改良后浆液稠度变化近 80 倍。富水卵漂石⑦层曾单环注入渣土改良材料近 100L，大体积优质的混合液及优质膨润土确实大幅度改善了盾构掘进状态，尤其降低了刀具、刀盘的单位损耗量。选用合理的渣土改良体系，掘进速度及扭矩状态改变非常明显，刀盘扭矩能够趋于平稳，减小趋势明显。

参照玉渊潭区间地质条件及计算参数以及盾构刀盘刀具的形状、尺寸和刀具布置数据，我们进行了仿真验证，验证推进主要性能参数关系。

6. 工艺改进方向

就完成过程看，如何完善隧道工程的施工预测、盾构性能评价以及刀盘、刀具布置优化等，还是下一步引导隧道掘进施工技术发展的方向。从玉渊潭盾构区间完成的过程分析，对于富水卵石、漂石地层盾构工艺改进，建议可以从以下几个方面入手。

1）盾构设备

此次破岩的理念是高刀盘转速情况下敲击、搅拌岩石，需要驱动控制系统的高精度反馈及转速的连续可调，因此，较高的扭矩保障是卵漂石地层中盾构设备必须考虑的。从完成过程看，盾构推力较小。

螺旋底部探入土仓的位置须合理，且螺旋自身要设计有脱困措施。在玉渊潭区间掘进中曾多次出现喷涌及被卡现象。在卵漂石地层中需要注意螺旋机扭矩与刀盘扭矩的配合，单级有轴螺旋能够有效确保螺旋驱动电机扭矩传递，保障排渣顺畅及螺旋脱困。螺旋机自身独立的渣土注入系统也是确保渣土顺畅及脱困的关键。

双级螺旋在卵石淤阻时难以清理，并且还会带给螺旋机额外的破石压力。

2）刀盘优化

面板式刀盘能够达到挤压破石的目的，较小的接触面无法捕捉到开挖面漂石，不固定漂石，则无从谈起有稳定的破碎过程。

此次刀盘主要辐条多垂直于中心，造成转动过程中辐条旋转产生附加扭矩，抵消了部分破石的有用功扭矩。刀盘弧形辐条设计可以降低扭矩损失，改善导流效果，对于减少非做功扭矩很有效果。此外，面板覆盖耐磨层也是减少损耗的有效措施。

探入土仓内的主动搅拌棒，对于土仓内部均匀搅拌渣土、改善土体流动性，使土体与渣土改良材料均匀接触、改善流动性和包裹性有较大帮助。

3）刀具优化

快拆、快装刀具体系，土仓内背装及标准刀箱是此次盾构机实现安全快速换刀的保障。但矩形刃口外形的刀具也抵消了部分扭矩，破岩功能的实现主要依赖刀具外侧合金端头。圆弧形、半月弧外沿设计可以有效减小刀盘扭矩，并且有效收集面板外侧渣土。刀具外形优化、合金嵌入效果是提高刀具耐磨的方向。

4）渣土改良

针对不同地层选择不同注入口位置、注入压力是能起到优化渣土系统的目的。渣土改良材料选择要考虑环保、再利用及降低成本的因素。

5）控制系统优化

PLC 系统简单合理，控制单元尽量相互独立，对于调整操作参数、查询设备故障、降低设备故障率是非常有效的。不建议系统集成的程度过高，电控设备灵敏程度提高的同时，对于作业环境的要求也越加严格，不一定适合于潮湿、复杂的地下隧道施工环境。

7. 结论及建议

玉渊潭区间盾构施工难点是对于漂石的破碎处理，特别是过玉渊潭东湖时在水下处理漂石。虽然盾构机可以为了特定施工环境而量身定做，但处于富水、富含漂石的复合地层中施工必须及时调整施工参数，密切关注盾构推进中的异常情况。不能简单加大推力，单纯利用盾构设备破石，而应采取合理辅助工法，这是在高水压下安全顺利穿越富含漂石地层的关键。

撕裂刀的敲击破碎及切削破岩的作用可以解决漂石破碎、体型减小问题，为在分布有连续、密集的较大体积漂石的地层中建设隧道并选择盾构工法提供较完整的工程实践。

由于北京地铁 9 号线玉渊潭区间地层较为特殊，特别是在富水条件下需要处理卵漂石，该项目中采用的各种辅助工法及盾构设备、盾构推进参数，仅可作为施工参考。北京地铁建设中成功解决砂卵石地层的经典案例较多，理念多有不同，此处仅通过介绍玉渊潭区间的情况，为业内同仁在遇连续漂石、孤石时提供参考。

参考文献

[1] 竺维彬,鞠世健. 复合地层中的盾构施工技术 [M]. 北京:中国科学技术出版社,2008.

[2] 李辉,刘银涛. 土压平衡盾构脱困技术及经验教训[J]. 隧道建设,2012,32(2):239-244.

[3] 曹丽娟,李守巨,上官子昌. 盾构机密封舱压力控制方法研究进展[J]. 隧道建设,2012,32(1):26-31.

[4] 杨书江,孙谋,洪开荣. 富水砂卵石地层盾构施工技术[M]. 北京:人民交通出版社,2011.

[5] 竺维彬,鞠世健. 地铁盾构施工风险源及典型事故的研究 [M]. 广州:暨南大学出版社,2008.

[6] 张文城,童念远. 潜盾机切口于桃园卵砾石层设计与施工探讨[J]. 隧道建设,2011,31(增刊1):394-400.

[7] 王树华. 成都砂、卵石地层盾构机耐磨性及刀具适用性研究[J]. 隧道建设,2012,32(1):11-18.

[8] 吴朝来. 盾构螺旋输送机驱动密封故障处理与防护技术[J]. 隧道建设,2012,32(1):134-138.

[9] 张厚美. 混合式盾构机在硬岩中的掘进性能数值仿真 [J]. 现代隧道技术,2006(增刊):284-290.

[10] 日本三菱重工. 盾构机操作手册.

[11] 蔡亚宁,等. 预制盾构管片的高性能混凝土研究[J]. 建筑技术,2004,35(1):32 – 33.

[12] 蔡亚宁,等. 预制混凝土盾构管片自动控制蒸养系统的研究[J]. 市政技术,2004,(22)2:117-119.

[13] 蔡亚宁. 补偿收缩纤维自密实混凝土在通道桥加固改建工程中的应用[J]. 新型建筑材料,2004,(10):6-8.

[14] 蔡亚宁,等. 北京地铁五号线预制盾构管片的高性能混凝土研究[J]. 现代隧道技术,2005,(42)1:20-24.

[15] 张晋勋,蔡亚宁,等. 清水混凝土预制构件生产与质量验收标准(DB 11/T 698—2009).

[16] 张池,蔡亚宁. 隧道盾构混凝土管片预制与模具[M]. 北京:中国建筑工业出版社,2010.